Todos los libros de Linkgua Ediciones cuentan con modelos de Inteligencia Artificial entrenados por hispanistas. Pregúntale al chat de tu libro lo que desees acerca de la obra o su autor/a.

Para ebooks: Accede a nuestro modelo de IA a través de este enlace.

Para libros impresos: Escanea el código QR de la portada con tu dispositivo móvil.

Obtén análisis detallados de nuestros libros, resúmenes, respuestas a tus preguntas y accede a nuestras ediciones críticas generativas para una experiencia de lectura más enriquecedora.
La transparencia y el respeto hacia la autoría de las fuentes utilizadas son distintivos básicos de nuestro proyecto. Por ello, las respuestas ofrecen, mediante un sistema de citas, las fuentes con las que han sido elaboradas.

Fray Luis de León

De los nombres de Cristo

Edición de Félix García

Barcelona 2024
Linkgua-ediciones.com

Créditos

Título original: De los nombres de Cristo.

© 2024, Red ediciones S.L.

e-mail: info@linkgua.com

Diseño de la colección: Michel Mallard.

ISBN rústica ilustrada: 978-84-9953-250-9.
ISBN tapa dura: 978-84-9897-323-5.
ISBN ebook: 978-84-9897-035-7.

Cualquier forma de reproducción, distribución, comunicación pública o transformación de esta obra solo puede ser realizada con la autorización de sus titulares, salvo excepción prevista por la ley. Diríjase a CEDRO (Centro Español de Derechos Reprográficos, www.cedro.org) si necesita fotocopiar, escanear o hacer copias digitales de algún fragmento de esta obra.

Sumario

Créditos	4
Brevísima presentación	7
La vida	7
De los nombres de Cristo	9
Libro primero de los nombres de Cristo	11
Introducción	19
Libro segundo de los nombres de cristo	165
A don Pedro Portocarrero	167
Libros a la carta	341

Brevísima presentación

La vida

Fray Luis de León (Belmonte, Cuenca, 1527-Madrigal de las Altas Torres, Ávila, 1591). España.

De familia ilustre con ascendientes judíos, Luis Ponce de León estudió en Alcalá de Henares y Toledo antes de ingresar como novicio en el convento salmantino de San Agustín. Participó en las polémicas que enfrentaban a dominicos y agustinos en la universidad de Salamanca. Frente al tomismo conservador de los primeros, postuló el análisis de las fuentes hebreas en los estudios bíblicos. Cuando se difundió su traducción al castellano del Cantar de los cantares a partir del hebreo, fue acusado de infringir la prohibición del Concilio de Trento, que estableció como oficial la versión latina de san Jerónimo. Procesado por la Inquisición, estuvo encarcelado entre 1572 y 1577, al final fue declarado inocente y pudo volver a sus clases. Hombre vehemente, sufrió otra amonestación inquisitorial en 1584. Tuvo las cátedras de filosofía y estudios bíblicos, y poco antes de su muerte, en 1591, fue nombrado provincial de la orden agustina en Castilla. Dominaba el griego, el latín, el hebreo, el caldeo y el italiano. Fue admirado por Cervantes (que lo llamó «ingenio que al mundo pone espanto»), por Lope de Vega que escribió:

«Tu prosa y verso iguales
conservarán la gloria de tu nombre»

y sobre todo por Francisco de Quevedo (quien lo consideró el «mejor blasón de la habla castellana»).

De los nombres de Cristo

EN DOS LIBROS, POR EL MAESTRO fray Luis de León
Con Privilegio.
En Salamanca, Por Juan Fernández M. D. LXXXIII.

Libro primero de los nombres de Cristo

[APROBACIÓN] Por orden de los señores del Consejo de su Majestad vi y examiné un libro intitulado De los nombres de Cristo, que compuso el muy reverendo padre nuestro fray Luis de León, de la Orden de San Agustín. Y me parece que no solo no tiene cosa que sea contra la fe y buenas costumbres, mas que como digno de tal autor está lleno de erudición y doctrina, y será de mucha consolación para los devotos cristianos, y así que se le debe dar licencia para que salga a luz y todos gocen de él. Fecha en nuestro Colegio de la Compañía de Jesús de esta Corte, a 20 de abril 1583.

EL DOCTOR RAMÍREZ [LICENCIA]

Su Majestad concede al maestro fray Luis de León por su privilegio, que por espacio de diez años él o quien su poder hubiere, y no otro alguno, imprima los libros intitulados De los nombres de Cristo y La perfecta casada, so la penas contenidas en dicho privilegio. En 5 de junio 1583.

A don Pedro Portocarrero, del Consejo de Su Majestad y del de la Santa y General Inquisición [DEDICATORIA]

[La lección de las Escrituras. Ocasión y motivo de escribir esta obra.] De las calamidades de nuestros tiempos, que, como vemos, son muchas y muy graves, una es, y no la menor de todas, muy ilustre señor, el haber venido los hombres a disposición que les sea ponzoña lo que les solía ser medicina y remedio; que es también claro indicio de que se les acerca su fin, y de que el mundo está vecino a la muerte, pues la halla en vida.

Notoria cosa es que las Escrituras que llamamos Sagradas las inspiró Dios a los profetas, que las escribieron para que nos fuesen en los trabajos de esta vida consuelo, y en las tinieblas y errores de ella clara y fiel luz, y para que en las llagas que hacen en nuestras almas la pasión y el pecado, allí, como en oficina general, tuviésemos para cada una propio y saludable remedio. Y porque las escribió para este fin, que es universal, también es manifiesto que pretendió que el uso de ellas fuese común a todos, y así, cuanto es de su parte, lo hizo; porque las compuso con palabras llanísimas y en lengua que era vulgar a aquellos a quien las dio primero.

Y después, cuando de aquéllos, juntamente con el verdadero conocimiento de Jesucristo, se comunicó y traspasó también este tesoro a las gentes, hizo que se pusiesen en muchas lenguas, y casi en todas aquellas que entonces eran más generales y más comunes, porque fueron gozadas comúnmente de todos. Y así fue que en los primeros tiempos de la Iglesia, y en no pocos años después, eran gran culpa en cualquiera de los fieles no ocuparse mucho en el estudio y lección de los libros divinos. Y los eclesiásticos y los que llamamos seglares, así los doctos como los que carecían de letras, por esta causa trataban tanto de este conocimiento, que el cuidado de los vulgares despertaba el estudio de los que por su oficio son maestros, quiero decir, de los perlados y obispos, los cuales, de ordinario en sus iglesias, casi todos los días declaraban las Santas Escrituras al pueblo, para que la lección particular que cada uno tenía de ellas en su casa alumbrada con la luz de aquella doctrina pública y como regida con la voz del maestro, careciese de error y fuese causa de más señalado provecho. El cual, a la verdad, fue tan grande cuanto aquel gobierno era bueno; y respondió el fruto a la sementera, como lo saben los que tienen alguna noticia de la historia de aquellos tiempos.

Pero, como decía, esto, que de suyo es tan bueno y que fue tan útil en aquel tiempo, la condición triste de nuestros siglos y la experiencia de nuestra grande desventura nos enseñan que nos es ocasión ahora de muchos daños. Y así, los que gobiernan la Iglesia, con maduro consejo y como forzados de la misma necesidad, han puesto una cierta y debida tasa en este negocio, ordenando que los libros de la Sagrada Escritura no anden en lenguas vulgares, de manera que los ignorantes los puedan leer; y como a gente animal y tosca, que, o no conocen estas riquezas o, si las conocen, no usan bien de ellas, se las han quitado al vulgo de entre las manos.

Y si alguno se maravilla —como a la verdad es cosa que hace maravillar— que en gentes que profesan una misma religión haya podido acontecer que lo que antes les aprovechaba les dañe ahora, y mayormente en cosas tan sustanciales, y si desea penetrar al origen de este mal, conociendo sus fuentes, digo que, a lo que yo alcanzo, las causas de esto son dos: ignorancia y soberbia, y más soberbia que ignorancia; en los cuales males ha venido a dar poco a poco el pueblo cristiano, decayendo de su primera virtud.

La ignorancia ha estado de parte de aquellos a quien incumbe el saber y el declarar estos libros; y la soberbia, de parte de los mismos y de los demás todos, aunque en diferente manera; porque en éstos la soberbia y el pundonor de su presunción y el título de maestros, que se arrogaban sin merecerlo, les cegaba los ojos para que ni conociesen sus faltas, ni se persuadiesen a que les estaba bien poner estudio y cuidado en aprender lo que no sabían y se prometían saber, y a los otros aqueste humor mismo, no solo les quitaba la voluntad de ser enseñados en estos Libros y letras, mas les persuadía también que ellos las podían saber y entender por sí mismos. Y así, presumiendo el pueblo de ser maestro, y no pudiendo, como convenía, serlo los que lo eran o debían de ser, convertíase la luz en tinieblas, y leer las Escrituras el vulgo le era ocasión de concebir muchos y muy perniciosos errores, que brotaban y se iban descubriendo por horas.

Mas si como los perlados eclesiásticos pudieron quitar a los indoctos las Escrituras, pudieran también ponerlas y asentarlas en el deseo y en el entendimiento y en la noticia de los que la han de enseñar, fuera menos de llorar aquesta miseria; porque estando éstos, que son como cielos, llenos y ricos con la virtud de este tesoro, derivárase de ellos necesariamente gran bien en los menores, que son el suelo sobre quien ellos influyen. Pero en muchos es esto tan al revés, que no solo no saben aquestas Letras, pero desprecian, o a lo menos muestran preciarse poco y no juzgar bien de los que las saben. Y con un pequeño gusto de ciertas cuestiones contento e hinchados, tienen título de maestros teólogos, y no tienen la Teología; de la cual, como se entiende, el principio son las cuestiones de la Escuela, y el crecimiento la doctrina que escriben los santos; y el colmo y perfección y lo más alto de ella las Letras Sagradas, a cuyo entendimiento todo lo de antes. como a fin necesario. se ordena.

Mas dejando éstos y tornando a los comunes del vulgo, a este daño, de que por su culpa y soberbia se hicieron inútiles para la lección de la Escritura divina, háseles seguido otro daño, no sé si diga peor: que se han entregado sin rienda a la lección de mil libros, no solamente vanos, sino señaladamente dañosos, los cuales, como por arte del demonio, como faltaron los buenos, en nuestra edad, más que en otra, han crecido. Y nos ha acontecido lo que acontece a la tierra, que, cuando no produce, da espinas.

Y digo que este segundo daño en parte vence al primero; porque en aquél pierden los hombres un grande instrumento para ser buenos, mas en éste le tienen para ser malos; allí quítasele a la virtud algún gobierno, aquí dase cebo a los vicios.

Porque si, como alega San Pablo, «las malas conversaciones corrompen las buenas costumbres», el libro torpe y dañado, que conversa con el que le lee a todas horas y a todos tiempos, ¿qué no hará?; o ¿cómo será posible que no críe viciosa y mala sangre el que se mantiene de malezas y de ponzoñas?

Y, a la verdad, si queremos mirar en ello con atención y ser justos jueces, no podemos dejar de juzgar sino que de estos libros perdidos y desconcertados, y de su lección, nace gran parte de los reveses y perdición que se descubren continuamente en nuestras costumbres. Y de un sabor de gentileza y de infidelidad, que los celosos del servicio de Dios sienten en ellas —que no sé yo si en edad alguna del pueblo cristiano se ha sentido mayor—, a mi juicio, el principio y la raíz y la causa toda son estos libros. Y es caso de gran compasión que muchas personas simples y puras se pierden en este mal paso, antes que se adviertan de él; y, como sin saber de dónde o de qué, se hallan emponzoñadas, y quiebran, simple y lastimosamente en esta roca encubierta. Porque muchos de estos malos escritos ordinariamente andan en las manos de mujeres doncellas y mozas; y no se recatan de ello sus padres; por donde las más de las veces les sale vano sin fruto todo el demás recato que tienen.

Por lo cual, como quiera que siempre haya sido provechoso y loable el escribir sanas doctrinas, que despierten las almas o las encaminen a la virtud, en este tiempo es así necesario que, a mi juicio, todos los buenos ingenios en quien puso Dios partes y facultad para semejante negocio, tienen obligación a ocuparse en él, componiendo en nuestra lengua para el uso común de todos algunas cosas que, o como nacidas de las Sagradas Letras, o como allegadas y conformes a ellas, suplan por ellas, cuanto es posible, con el común menester de los hombres, y juntamente les quiten de las manos, sucediendo en su lugar de ellos los libros dañosos y de vanidad.

Y aunque es verdad que algunas personas doctas y muy religiosas han trabajado en esto bien felizmente en muchas escrituras que nos han dado, llenas de utilidad y pureza; mas no por eso los demás, que pueden emplearse en lo mismo, se deben tener por desobligados, ni deben por eso alanzar de las manos la pluma; pues, en caso que todos los que pueden escribir escribiesen, todo ello sería mucho menos, no solo de lo que se puede escribir en semejantes materias, sino de aquello que, conforme a nuestra necesidad, es menester que se escriba así por ser los gustos de los hombres y sus inclinaciones tan diferentes, como por ser tantas ya y tan recibidas las escrituras malas, contra quien se ordenan las buenas. Y lo que en las baterías y cercos de los lugares fuertes se hace en la guerra, que los tientan por todas las partes y con todos los ingenios que nos enseña la facultad militar, eso mismo es necesario que hagan todos los buenos y doctos ingenios ahora, sin que uno se descuide con otro, en un mal uso tan torreado y fortificado como es este de que vamos hablando.

Yo así lo juzgo y juzgué siempre. Y aunque me conozco por el menor de todos los que, en esto que digo, pueden servir a la Iglesia, siempre la deseé servir en ello como pudiese; y con mi poca salud y muchas ocupaciones no lo he hecho hasta ahora. Mas ya que la vida pasada, ocupada y trabajosa, me fue estorbo para que no pusiese este mi deseo y juicio en ejecución, no me parece que debo perder la ocasión de este ocio, en que la injuria y mala voluntad de algunas personas me han puesto; porque, aunque son muchos los trabajos que me tienen cercado, pero el favor largo del cielo que Dios, Padre verdadero de los agraviados, sin merecerlo me da, y el testimonio de la conciencia en medio de todos ellos han serenado mi alma con tanta paz, que no solo en la enmienda de mis costumbres, sino también en el negocio y conocimiento de la verdad veo ahora y puedo hacer lo que antes no hacía. Y hame convertido este trabajo el Señor en mi luz y salud, y con las manos de los que me pretendían dañar ha sacado mi bien. A cuya excelente y divina merced en alguna manera no respondería yo con el agradecimiento debido, si ahora que puedo, en la forma que puedo y según la flaqueza de mi ingenio y mis fuerzas, no pusiese cuidado en esto, que, a lo que yo juzgo, es tan necesario para bien de sus fieles.

Pues a este propósito me vinieron a la memoria unos razonamientos que, en los años pasados, tres amigos míos y de mi Orden, los dos de ellos hombres de grandes letras e ingenio, tuvieron entre sí por cierta ocasión, acerca de los Nombres con los que es llamado Jesucristo en la Sagrada Escritura; los cuales me refirió a mí poco después el uno de ellos, y yo por su cualidad no los quise olvidar.

Y deseando yo agora escribir alguna cosa que fuese útil al pueblo de Cristo, hame parecido que comenzar por sus Nombres, para principio, es el más feliz y de mejor anuncio y para utilidad de los lectores, la cosa de más provecho; y para mi gusto particular, la materia más dulce y más apacible de todas. Porque así como Cristo Nuestro Señor es como fuente, o por mejor decir, como océano que comprende en sí todo lo provechoso y lo dulce que se reparte en los hombres, así el tratar de Él, y como si dijésemos, el desenvolver este tesoro, es conocimiento dulce y provechoso más que otro ninguno. Y por orden de buena razón se presupone a los demás tratados y conocimientos aqueste conocimiento, porque es el fundamento de todos ellos y es como el blanco adonde el cristiano endereza todos sus pensamientos y obras; y así, lo primero a que debemos dar asiento en el alma es a su deseo, y por la misma razón a su conocimiento, de quien nace y con quien se enciende y acrecienta el deseo.

　Y la propia y verdadera sabiduría del hombre es saber mucho de Cristo, y a la verdad es la más alta y más divina sabiduría de todas, porque entenderle a Él es entender «todos los tesoros de la sabiduría de Dios», que, como dice San Pablo, «están en Él cerrados»; y es entender el infinito amor que Dios tiene a los hombres, y la majestad de su grandeza, y el abismo de sus consejos sin suelo, y de su fuerza invencible el poder inmenso, con las demás grandezas y perfecciones que moran en Dios, y se descubren y resplandecen, más que en ninguna parte, en el misterio de Cristo. Las cuales perfecciones todas, o gran parte de ellas, se entenderán si entendiéremos la fuerza y la significación de los Nombres que el Espíritu Santo le da en la divina Escritura; porque son estos Nombres como unas cifras breves, en que Dios maravillosamente encerró todo lo que acerca de esto el humano entendimiento puede entender y le conviene que entienda.

　Pues lo que en ello se platicó entonces, recorriendo yo la memoria de ello después, casi en la misma forma como a mí me fue referido, y lo más conforme que ha sido posible al hecho de la verdad o a su semejanza, habiéndolo puesto por escrito, lo envío ahora a V. M., a cuyo servicio se enderezan todas mis cosas.

Introducción

Introdúcese en el asunto con la idea de un coloquio que tuvieron tres amigos en una casa de recreo
Era por el mes de junio, a las vueltas de la fiesta de San Juan, al tiempo que en Salamanca comienzan a cesar los estudios, cuando Marcelo, el uno de los que digo —que así le quiero llamar con nombre fingido, por ciertos respetos que tengo, y lo mismo haré a los demás—, después de una carrera tan larga como es la de un año en la vida que allí se vive, se retiró, como a puerto sabroso, a la soledad de una granja que, como V. M. sabe, tiene mi monasterio en la ribera del Tormes; y fuéronse con él, por hacerle compañía y por el mismo respeto, los otros dos. Adonde habiendo estado algunos días, aconteció que una mañana, que era la del día dedicado al apóstol San Pedro, después de haber dado al culto divino lo que se le debía, todos tres juntos se salieron de la casa a la huerta que se hace delante de ella.

Es la huerta grande, y estaba entonces bien poblada de árboles, aunque puestos sin orden; mas eso mismo hacía deleite en la vista, y, sobre todo, la hora y la sazón. Pues entrados en ella, primero, y por un espacio pequeño, se anduvieron paseando y gozando del frescor; y después se sentaron juntos a la sombra de unas parras y junto a la corriente de una pequeña fuente, en ciertos asientos.

Nace la fuente de la cuesta que tiene la casa a las espaldas, y entraba en la huerta por aquella parte; y corriendo y estropezando, parecía reírse. Tenían también delante de los ojos y cerca de ellos una alta y hermosa alameda. Y más adelante, y no muy lejos, se veía el río Tormes, que aun en aquel tiempo, hinchiendo bien sus riberas, iba torciendo el paso por aquella vega. El día era sosegado y purísimo, y la hora muy fresca.

Así que, asentándose, y callando por un pequeño tiempo, después de sentados, Sabino, que así me place llamar al que de los tres era el más mozo, mirando hacia Marcelo y sonriéndose, comenzó a decir así:

—Algunos hay a quien la vista del campo los enmudece; y debe de ser condición de espíritus de entendimiento profundo; mas yo, como los pájaros, en viendo lo verde, deseo o cantar o hablar.

—Bien entiendo por qué lo decís —respondió al punto Marcelo—; y no es alteza de entendimiento, como dais a entender por lisonjearme o por consolarme, sino cualidad de edad y humores diferentes, que nos predominan, y se despiertan con esta vista, en vos de sangre y en mí de melancolía. Mas sepamos —dice— de Juliano —que éste será el nombre del tercero— si es pájaro también o si es otro metal.

—No soy siempre de uno mismo —respondió Juliano—, aunque ahora al humor de Sabino me inclino algo más. Y pues él no puede ahora razonar consigo mismo mirando la belleza del campo y la grandeza del cielo, bien será que nos diga su gusto acerca de lo que podremos hablar.

Entonces Sabino, sacando del seno un papel escrito y no muy grande:

—Aquí —dice— está mi deseo y mi esperanza. Marcelo, que reconoció luego el papel, porque estaba escrito de su mano, dijo, vuelto a Sabino y riéndose:

—No os atormentará mucho el deseo a lo menos, Sabino pues tan en la mano tenéis la esperanza, ni aun deben ser ni lo uno ni lo otro muy ricos, pues se encierran en un tan pequeño papel.

—Si fueren pobres —dijo Sabino—, menos causa tendréis para no satisfacerme en una cosa tan pobre.

—¿En qué manera —respondió Marcelo— o qué parte soy yo para satisfacer vuestro deseo, o qué deseo es el que decís?

Entonces Sabino, desplegando el papel, leyó el título, que decía: De los Nombres de Cristo; y no leyó más. Y dijo luego: Por cierto caso hallé hoy este papel, que es de Marcelo, adonde, como parece, tiene apuntados algunos de los Nombres con que Cristo es llamado en la Sagrada Escritura, y los lugares de ella donde es llamado así. Y como le vi, me puso codicia de oírle algo sobre aqueste argumento, y por eso dije que mi deseo estaba en este papel. Y está en él mi esperanza también, porque, como parece de él, éste es argumento en que Marcelo ha puesto su estudio y cuidado, y argumento que le debe tener en la lengua; y así no podrá decirnos ahora lo que suele decir cuando se excusa, si le obligamos a hablar, que le tomamos desapercibido. Por manera que, pues le falta esta excusa y el tiempo es nuestro, y el día santo y la sazón tan a propósito de pláticas semejantes, no nos será dificultoso el rendir a Marcelo, si vos, Juliano, me favorecéis.

—En ninguna cosa me hallaréis más a vuestro lado, Sabino —respondió Juliano.

Y dichas y respondidas muchas cosas en este propósito, porque Marcelo se excusaba mucho, o, a lo menos, pedía que tomase Juliano su parte y dijese también; y quedando asentado que a su tiempo, cuando pareciese, o si pareciese ser menester, Juliano haría su oficio. Marcelo, vuelto a Sabino, dijo así:

—Pues el papel ha sido el despertador de esta plática, bien será que él mismo nos sea la guía en ella. Id leyendo, Sabino, en él; y de lo que en él estuviese y conforme a su orden, así iremos diciendo, si no os parece otra cosa.

—Antes nos parece lo mismo —respondieron como a una Sabino y Juliano.

Luego Sabino, poniendo los ojos en el escrito, con clara y moderada voz leyó así: [DE LOS NOMBRES EN GENERAL] [Explícase la naturaleza del nombre, qué oficio tiene, por qué fin se introdujo y en qué manera se suele poner] «Los nombres que en la Escritura se dan a Cristo son muchos, así como son muchas sus virtudes y oficios, pero los principales son diez, en los cuales se encierran y, como reducidos se recogen los demás, y los diez son éstos».

—Primero que vengamos a eso —dijo Marcelo alargando la mano hacia Sabino, para que se detuviese convendrá que digamos algunas cosas que se presuponen a ello—; y convendrá que tomemos el salto, como dicen, de más atrás, y que guiando el agua de su primer nacimiento, tratemos qué cosa es esto que llamamos nombre, y qué oficio tiene y por qué fin se introdujo y en qué manera se suele poner; y aun antes de todo esto hay otro principio.

—¿Qué otro principio —dijo Juliano— hay que sea primero que el ser de lo que se trata, y la declaración de ello breve, que la Escuela llama definición?

—Que como los que quieren hacerse a la vela —respondió Marcelo— y meterse en la mar antes que desplieguen los lienzos, vueltos al favor del cielo, le piden viaje seguro, así ahora en el principio de una semejante jornada, yo por mí, o por mejor decir, todos para mí, pidamos a Ese mismo, de quien hemos de hablar, sentidos y palabras cuales convienen para hablar de Él. Porque, si las cosas menores, no solo acabarlas no podemos bien, mas ni emprenderlas tampoco, sin que Dios particularmente nos favorezca, ¿quién podrá decir de Cristo y de cosas tan altas como son las que encierran los Nombre de Cristo, si no fuere alentado con la fuerza de su espíritu?

Por lo cual, desconfiando de nosotros mismos y confesando la insuficiencia de nuestro saber, y como derrocando por el suelo los corazones, supliquemos con humildad a esta divina Luz que nos amanezca, quiero decir, que envíe en mi alma los rayos de su resplandor y la alumbre, para que en esto que quiere decir de Él, sienta lo que es digno de Él; y para que lo que en esta manera sintiere, lo publique por la lengua en la forma que debe.

Porque, Señor, sin Ti, ¿quién podrá hablar como es justo de Ti? O ¿quién no se perderá, en el inmenso océano de tus excelencias metido, si Tú mismo no le guías al puerto? Luce pues, ¡oh solo verdadero Sol!, en mi alma, y luce con tan grande abundancia de luz, que con el rayo de ella juntamente y mi voluntad encendida te ame, y mi entendimiento esclarecido te vea, y enriquecida mi boca te hable y pregone, si no como eres del todo a lo menos como puedes de nosotros ser entendido, y solo a fin de que Tú seas glorioso y ensalzado en todo tiempo y de todos.

Y, dicho esto, calló, y los otros dos quedaron suspensos y atentos mirándole; y luego tornó a comenzar en esta manera:

—El nombre, si habemos de decirlo en pocas palabras, es una palabra breve que se substituye por aquello de quien se dice y se toma por ello mismo. O nombre es aquello mismo que se nombra, no en el ser real y verdadero que ello tiene, sino en el ser que da nuestra boca y entendimiento.

Porque se ha de entender que la perfección de todas las cosas, y señaladamente de aquellas que son capaces de entendimiento y razón, consiste en que cada una de ellas tenga en sí a todos las otras y en que, siendo una, sea todas cuanto le fuere posible; porque en esto se avecina a Dios, que en sí lo contiene todo. Y cuanto más en esto creciere, tanto se allegará más a Él, haciéndosele semejante.

La cual semejanza es, si conviene decirlo así, el pío general de todas las cosas, y el fin y como el blanco adonde envían sus deseos todas las criaturas.

Consiste, pues, la perfección de las cosas en que cada uno de nosotros sea un mundo perfecto, para que por esta manera, estando todos en mí y yo en todos los otros, y teniendo yo su ser de todos ellos, y todos y cada uno de ellos teniendo el ser mío, se abrace y eslabone toda esta máquina del universo, y se reduzca a unidad la muchedumbre de sus diferencias; y quedando no mezcladas, se mezclen; y permaneciendo muchas, no lo sean; y para que, extendiéndose y como desplegándose delante los ojos la variedad y diversidad, venza y reine y ponga su silla la unidad sobre todo. Lo cual es avecindarse la criatura a Dios, de quien mana, que en tres personas es una esencia, y en infinito número de excelencias no comprensibles, una sola perfecta y sencilla excelencia.

Pues siendo nuestra perfección aquesta que digo, y deseando cada uno naturalmente su perfección, y no siendo escasa la naturaleza en proveer a nuestros necesarios deseos, proveyó en esto como en todo lo demás con admirable artificio. Y fue que, porque no era posible que las cosas, así como son, materiales y toscas, estuviesen todas unas en otras, les dio a cada una de ellas, demás del ser real que tienen en sí, otro ser del todo semejante a este mismo; pero más delicado que él y que nace en cierta manera de él, con el cual estuviesen y viviesen cada una de ellas en los entendimientos de sus vecinos, y cada una en todas, y todas en cada una. Y ordenó también que de los entendimientos, por semejante manera, saliesen con la palabra a las bocas. Y dispuso que las que en su ser material piden cada una de ellas su propio lugar, en aquel espiritual ser pudiesen estar muchas, sin embarazarse, en un mismo lugar en compañía juntas; y aun lo que es más maravilloso, una misma en un mismo tiempo en muchos lugares.

De lo cual puede ser como ejemplo lo que en el espejo acontece: que si juntamos muchos espejos y los ponemos delante los ojos, la imagen del rostro, que es una reluce una misma y en un mismo tiempo en cada uno de ellos, y de ellos todas aquellas imágenes, sin confundirse, se tornan juntamente a los ojos, y de los ojos al alma de aquel que en los espejos se mira. Por manera que, en conclusión de lo dicho, todas las cosas viven y tienen ser en nuestro entendimiento, cuando las entendemos y cuando las nombramos en nuestras bocas y lenguas. Y lo que ellas son en sí mismas, esa misma razón de ser tienen en nosotros, si nuestras bocas y entendimientos son verdaderos.

Digo esa misma en razón de semejanza, aunque en cualidad de modo diferente, conforme a lo dicho. Porque el ser que tienen en sí es ser de tomo y de cuerpo, y ser estable y que así permanece; pero en el entendimiento que las entiende, hácense a la condición de él y son espirituales y delicadas; y para decirlo en una palabra, en sí son la verdad, mas en el entendimiento y en la boca son imágenes de la verdad, esto es, de sí mismas, e imágenes que substituyen y tienen la vez de sus mismas cosas para el efecto y fin que está dicho y, finalmente, en sí son ellas mismas, y en nuestra boca y entendimiento sus nombres. Y así queda claro lo que al principio dijimos, que el nombre es como imagen de la cosa de quien se dice, o la misma cosa disfrazada en otra manera, que substituye por ella y se toma por ella, para el fin y propósito de perfección y comunidad que dijimos.

Y de esto mismo se conoce también que hay dos maneras o dos diferencias de nombres: unos que están en el alma y otros que suenan en la boca. Los primeros son el ser que tienen las cosas en el entendimiento del que las entiende, y los otros, el ser que tienen en la boca del que, como las entiende, la declara y saca a luz con palabras. Entre las cuales hay esta conformidad, que los unos y los otros son imágenes, y como yo digo muchas veces, substitutos de aquellos cuyos nombres son. Mas hay también esta desconformidad, que los unos son imágenes por naturaleza, y los otros por arte. Quiero decir que la imagen y figura que está en el alma, substituye por aquellas cosas cuya figura es por la semejanza natural que tiene con ellas; mas las palabras, porque nosotros que fabricamos las voces, señalamos para cada cosa la suya, por eso substituyen por ellas. Y cuando decimos nombres, ordinariamente entendemos estos postreros, aunque aquellos primeros son los nombres principalmente.

Y así nosotros hablaremos de aquéllos, teniendo los ojos en éstos.

Y habiendo dicho Marcelo esto, y queriendo proseguir su razón, díjole Juliano:

—Paréceme que habéis guiado el agua muy desde su fuente, y como conviene que se guíe en todo aquello que se dice, para que sea perfectamente entendido. Y si he estado bien atento, de tres cosas que en el principio nos propusisteis, habéis ya dicho las dos, que son: lo que es el nombre, y el oficio para cuyo fin se ordenó. Resta decir lo tercero, que es la forma que se ha de guardar y aquello a que se ha de tener respeto cuando se pone.

—Antes de eso —respondió Marcelo— añadiremos esta palabra a lo dicho; y es que, como de las cosas que entendemos, unas veces formamos en el entendimiento una imagen, que es imagen de muchos, quiero decir, que es imagen de aquello en que muchas cosas, que en lo demás son diferentes, convienen entre sí y se parecen; y otras veces la imagen que figuramos es retrato de una cosa sola, y así propio retrato de ella que no dice con otra; por la misma manera hay unas palabras o nombres que se aplican a muchos, y se llaman nombres comunes, y otros que son propios de solo uno, y éstos son aquellos de quien hablamos ahora. En los cuales, cuando de intento se ponen, la razón y naturaleza de ellos pide que se guarde esta regla; que, pues han de ser propios, tengan significación de alguna particular propiedad, y de algo de lo que es propio a aquello de quien se dicen; y que se tomen y como nazcan y manen de algún minero suyo y particular; porque si el nombre, como hemos dicho, substituye por lo nombrado, y si su fin es hacer que lo ausente que significa, en él nos sea presente, y cercano y junto lo que nos es alejado, mucho conviene que en el sonido, en la figura, o verdaderamente en el origen y significación de aquello de donde nace, se avecine y asemeje a cuyo es, cuanto es posible avecinarse a una cosa de tomo y de ser el sonido de una palabra.

No se guarda esto siempre en las lenguas; es grande verdad. Pero si queremos decir la verdad, en la primera lengua de todas casi siempre se guarda. Dios, a lo menos, así lo guardó en los nombres que puso, como en la Escritura se ve. Porque si no es esto, ¿qué es lo que se dice en el Génesis que Adán, inspirado por Dios, «puso a cada cosa su nombre, y que lo que él las nombró, ése es el nombre de cada una?» Esto es decir que a cada una les venía como nacido aquel nombre, y que era así suyo por alguna razón particular y secreta, que si pusiera a otra cosa no le viniera ni cuadrara tan bien. Pero, como decía, esta semejanza y conformidad se atiende en tres cosas: en la figura, en el sonido, y señaladamente en el origen de su derivación y significación. Y digamos de cada una, comenzando por esta postrera. Atiéndese, pues, esta semejanza en el origen y significación de aquello de donde nace; que es decir que, cuando el nombre que se pone a alguna cosa se deduce y deriva de alguna otra palabra y nombre, aquello de donde se deduce ha de tener significación de alguna cosa que se avecine a algo de aquello que es propio al nombrado; para que el nombre, saliendo de allí, luego que sonare, ponga en el sentido del que le oyere la imagen de aquella particular pro piedad; esto es, para que el nombre contenga en su significación algo de lo mismo que la cosa nombrada contiene en su esencia.

Como, por razón de ejemplo, se ve en nuestra lengua en el nombre con que se llaman en ella los que tienen la vara de justicia en alguna ciudad, que los llamamos corregidores, que es nombre que nace y se toma de lo que es corregir, porque el corregir lo malo es su oficio de ellos, o parte de su oficio muy propia. Y así, quien lo oye, en oyéndolo, entiende lo que hay, o haber debe; en el que tiene este nombre. Y también a los que entrevienen en los casamientos los llamamos en castellano casamenteros, que viene de lo que es hacer mención o mentar, porque son los que hacen mención del casar, entreviniendo en ello y hablando de ello y tratándolo.

Lo cual en la Sagrada Escritura se guarda siempre en todos aquellos nombres que, o Dios puso a alguno, o por su inspiración se pusieron a otros. Y esto en tanta manera, que no solamente ajusta Dios los nombres que pone con la propio que las cosas nombradas tienen en sí; mas también todas las veces que dio a alguno y le añadió alguna cualidad señalada, demás de las que de suyo tenía, le ha puesto también algún nuevo nombre que se conformase con ella, como se ve en el nombre que de nuevo puso a Abraham; y en el de Sara, su mujer; se ve también; y en el de Jacob, su nieto, a quien llamó Israel; y en el de Josué, el capitán que puso a los judíos en la posesión de su tierra; y así en otros muchos.

—No ha muchas horas —dijo entonces Sabino— que oímos acerca de eso un ejemplo bien señalado; y aun oyéndole yo, se me ofreció una pequeña duda acerca de él.

—¿Qué ejemplo es ése? —respondió Marcelo.

—El nombre de Pedro —dijo Sabino—, que le puso Cristo, como ahora nos fue leído en la misa.

—Es verdad —dijo Marcelo— y es bien claro ejemplo. Mas ¿qué duda tenéis de él?

—La causa por que Cristo le puso —respondió Sabino— es mi duda; porque me parece que debe contener en sí algún misterio grande.

—Sin duda —dijo Marcelo— muy grande; porque dar Cristo a San Pedro este nuevo público nombre, fue cierta señal que en lo secreto del alma le infundía a él, más que a ninguno de sus compañeros, un don de firmeza no vencible.

—Eso mismo —replicó luego Sabino— es lo que se me hace dudoso; porque ¿cómo tuvo más firmeza que los demás apóstoles, ni infundida ni suya, el que solo entre todos negó a Cristo por tan ligera ocasión? Si no es firmeza prometer osadamente, y no cumplir flacamente después.

—No es así —respondió Marcelo— ni se puede dudar en manera alguna de que fue este glorioso príncipe, en este don de firmeza de amor y fe para con Cristo, muy aventajado entre todos. Y es claro argumento de esto aquel celo y apresuramiento que siempre tuvo para adelantarse en todo lo que parecía tocar o a la honra o al descanso de su Maestro. Y no solo después que recibió el fuego del Espíritu Santo, sino antes también, cuando Cristo, preguntándole tres veces si le amaba más que los otros y respondiendo él que le amaba, «le dio a pacer sus ovejas», testificó Cristo con el hecho que su respuesta era verdadera, y que se tenía por amado de él con firmísimo y fortísimo amor. Y si negó en algún tiempo, bien es de creer que cualquiera de sus compañeros, en la misma pregunta y ocasión de temer, hiciera lo mismo si se les ofreciera; y por no habérseles ofrecido, no por eso fueron más fuertes.

Y si quiso Dios que se le ofreciese a solo San Pedro, fue con grande razón. Lo uno para que confiase menos de sí de allí adelante el que hasta entonces, de la fuerza de amor que en sí mismo sentía, tomaba ocasión para ser confiado. Y lo otro, para que quien había de ser pastor y como padre de todos los fieles, con la experiencia de su propia flaqueza se condoliese de las que después viese en sus súbditos y supiese llevarlas. Y últimamente, para que con el lloro amargo que hizo por esta culpa, mereciese mayor acrecentamiento de fortaleza. Y así fue que después se le dio firmeza para sí y para otros muchos en él; quiero decir, para todos los que le son sucesores en su silla apostólica, en la cual siempre ha permanecido firme y entera, y permanecerá hasta el fin, la verdadera doctrina y confesión de la fe.

Mas, tornando a lo que decía, quede esto por cierto; que todos los nombres que se ponen por orden de Dios traen consigo significación de algún particular secreto que la cosa nombrada en sí tiene, y que en esta significación se asemejan a ella; que es la primera de las tres cosas en que, como dijimos, esta semejanza se atiende.

Y sea la segunda lo que toca al sonido; esto es, que sea el nombre que se pone de tal cualidad que, cuando se pronunciare, suene como suele sonar aquello que significa, o cuando habla —si es cosa que habla— o en algún otro accidente que le acontezca. Y la tercera es la figura, que es la que tienen las letras con que los nombres se escriben, así en el número como en la disposición de sí mismas, y la que cuando las pronunciamos suelen poner en nosotros. Y de estas dos maneras postreras, en la lengua original de los Libros divinos y en esos mismos Libros hay infinitos ejemplos; porque del sonido, casi no hay palabra de las que significan alguna cosa que, o sea haga con voz, o que envíe son alguno de sí, que, pronunciada bien, no nos ponga en los oídos o el mismo sonido o algún otro muy semejante de él.

Pues lo que toca a la figura, bien considerado, es cosa maravillosa los secretos y los misterios que hay acerca de esto en las Letras divinas. Porque en ellas, en algunos nombres se añaden letras, para significar acrecentamiento de buena dicha en aquello que significan; y en otros se quitan algunas de las debidas para hacer demostración de calamidad y pobreza. Algunos, si lo que significan, por algún accidente, siendo varón, se ha afeminado y enmollecido, ellos también toman letras de las que en aquella lengua son, como si dijésemos, afeminadas y mujeriles. Otros, al revés, significando cosas femeninas de suyo, para dar a entender algún accidente viril, toman letras viriles. En otros mudan las letras su propia figura, y las abiertas se cierran, y las cerradas se abren y mudan el sitio, y se trasponen y disfrazan con visajes y gestos diferentes, y, como dicen del camaleón, se hacen a todos los accidentes de aquellos cuyos son los nombres que constituyen. Y no pongo ejemplos de esto porque son cosas menudas, y a los que tienen noticia de aquella lengua, como vos, Juliano y Sabino, la tenéis, notorias mucho, y señaladamente porque pertenecen propiamente a los ojos; y así, para dichas y oídas, son cosas oscuras.

Pero, si os parece, valga por todos la figura y cualidad de letras con que se escribe en aquella lengua el nombre propio de Dios, que los hebreos llaman Inefable, porque no tenían por lícito el traerle comúnmente en la boca; y los griegos le llaman nombre de cuatro letras, porque son tantas las letras de que se compone. Porque, si miramos al sonido con que se pronuncia, todo él es vocal, así como lo es aquel a quien significa, que todo es ser y vida y espíritu sin ninguna mezcla de composición o de materia. Y si atendemos a la condición de las letras hebreas con que se escribe tienen esta condición, que cada una de ellas se puede poner en lugar de las otras, y muchas veces en aquella lengua se ponen; y así, en virtud, cada una de ellas es todas, y todas son cada una; que es como imagen de la sencillez que hay en Dios, por una parte, y de la infinita muchedumbre de perfecciones que por otra tiene. porque todo es una gran perfección, y aquella una es todas sus perfecciones. Tanto que, si hablamos con propiedad, la perfecta sabiduría de Dios no se diferencia de su justicia infinita; ni su justicia, de su grandeza; ni su grandeza, de su misericordia; y el poder y el saber y el amar, en Él todo es uno. Y en cada uno de estos sus bienes, por más que le desviemos y alejemos del otro, están todos juntos; y por cualquiera parte que le miremos es todo y no parte. Y conforme a esta razón es, como habemos dicho, la condición de las letras que componen su nombre.

Y no solo en la condición de las letras sino aun, lo que parece maravilloso, en la figura y disposición también le retrata este nombre en una cierta manera.

Y diciendo esto Marcelo, e inclinándose hacia la tierra en la arena, con una vara delgada y pequeña, formó unas letras como estas: , y dijo luego:

—Porque en las letras caldaicas este santo nombre siempre se figura así. Lo cual, como veis, es imagen del número de las divinas Personas, y de la igualdad de ellas y de la unidad que tienen las mismas en una esencia, como estas letras son de una figura y de un nombre. Pero esto dejémoslo así.

E iba Marcelo a decir otra cosa; mas atravesándose Juliano, dijo de esta manera:

—Antes que paséis, Marcelo, adelante, nos habéis de decir cómo se compadece con lo que hasta ahora habéis dicho, que tenga Dios nombre propio; y desde el principio deseaba pedíroslo, y déjelo por no romperos el hilo. Mas ahora, antes que salgáis de él, nos decid: si el nombre es imagen que substituye por cuyo es, ¿qué nombre de voz o qué concepto de entendimiento puede llegar a ser imagen de Dios? Y si no puede llegar, ¿en qué manera diremos que es su nombre propio? Y aun hay en esto otra gran dificultad; que si el fin de los nombres es, que por medio de ellos las cosas cuyos son estén de nosotros, como dijiste, excusada cosa fue darle a Dios nombre, el cual está tan presente a todas las cosas y tan lanzado, como si dijésemos, en sus entrañas, y tan infundido y tan íntimo como está su ser de ellas mismas.

—Abierto habíais la puerta, Juliano —respondió Marcelo—, para razones grandes y profundas, si no la cerrara lo mucho que hay que decir en lo que Sabino ha propuesto. Y así, no os responderé más de lo que basta para que esos vuestros ñudos queden desatados y sueltos. Y comenzando de lo postrero, digo que es grande verdad que Dios está presente en nosotros, y tan vecino y tan dentro de nuestro ser como Él mismo de sí; porque en Él y por Él, no solo «nos movemos» y respiramos, sino también «vivimos y tenemos» ser como lo confiesa y predica San Pablo. Pero nos está presente, que en esta vida nunca nos es presente.

Quiero decir que está presente y junto con nuestro ser, pero muy lejos de nuestra vista y del conocimiento claro que nuestro entendimiento apetece. Por lo cual convino, o por mejor decir, fue necesario que «entre tanto que andamos peregrinos de Él» en estas tierras de lágrimas, ya que no se nos manifiesta ni se junta con nuestra alma su cara, tuviésemos, en lugar de ella, en la boca algún nombre y palabra, y en el entendimiento alguna figura suya, como quiera que ella sea imperfecta y oscura, y, como San Pablo llama «enigmática». Porque, cuando volare de esta cárcel de tierra, en que ahora nuestra alma presa trabaja y afana, como metida en tinieblas, y saliere a lo claro y a lo puro de aquella luz, Él mismo, que se junta con nuestro ser ahora, se juntará con nuestro entendimiento entonces; y Él por sí, y sin medio de otra tercera imagen, estará junto a la vista del alma; y no será entonces su nombre otro que Él mismo, en la forma y manera que fuere visto; y cada uno le nombrará con todo lo que viere y conociere de Él, esto es, con el mismo Él, así y de la misma manera como le conociere. Y con esto, Sabino, si no se os ofrece otra cosa, proseguid adelante.

Y por esto dice San Juan en el libro del Apocalipsis que Dios a los suyos en aquella felicidad, demás de que «les enjugará las lágrimas» y les borrará de la memoria los duelos pasados, «les dará a cada uno una piedrecilla menuda y en ella un nombre escrito, el cual solo el que la recibe le conoce». Que no es otra cosa sino el tanto de sí y de su esencia, que comunicará Dios con la vista y el entendimiento de cada uno de los bienaventurados; qué con ser uno en todos, con cada uno será en diferente grado, y por una forma de sentimiento cierta y singular para cada uno.

Y, finalmente, este nombre secreto que dice San Juan, y el nombre con que entonces nombraremos a Dios, será todo aquello que entonces en nuestra alma será Dios, el cual, como dice San Pablo, «será todo en todas las cosas». Así que en el cielo, donde veremos, no tendremos necesidad para con Dios de otro nombre más que del mismo Dios; mas en esta oscuridad, adonde, con tenerle en casa, no le echamos de ver, esnos forzado ponerle algún nombre. Y no se le pusimos nosotros, sino Él por su grande piedad se le puso luego que vio la causa y la necesidad.

En lo cual es cosa digna de considerar el amaestramiento secreto del Espíritu Santo que siguió el santo Moisés acerca de esto, en el libro de la creación de las cosas. Porque tratando allí la historia de la creación, y habiendo escrito todas las obras de ella, y habiendo nombrado en ellas a Dios muchas veces, hasta que hubo criado al hombre, y Moisés lo escribió, nunca le nombró con este su nombre, como dando a entender que antes de aquel punto no había necesidad de que Dios tuviese nombre, y que, nacido el hombre, que le podía entender y no le podría ver en esta vida, era necesario que se nombrase. Y como Dios tenía ordenado de hacerse hombre después, luego que salió a luz el hombre quiso humanarse, nombrándose.

Y a lo otro, Juliano, que propusisteis, que siendo Dios un abismo de ser y de perfección infinita, y habiendo de ser el nombre imagen de lo que nombra, cómo se podía entender que una palabra limitada alcanzase a ser imagen de lo que no tiene limitación; algunos dicen que este nombre, como nombre que se le puso Dios a sí mismo, declara todo aquello que Dios entiende en sí, que es el concepto y Verbo divino, que dentro de sí engendra entendiéndose; y que esta palabra que nos dijo y que suena en nuestros oídos, es señal que nos explica aquella palabra eterna e incomprensible que nace y vive en su seno; así como nosotros con las palabras de la boca declaramos todo lo secreto del corazón. Pero, como quiera que esto sea, cuando decimos que Dios tiene nombres propios, o que éste es nombre propio de Dios, no queremos decir que es cabal nombre, o nombre que abraza y que nos declara todo aquello que hay en Él. Porque uno es el ser propio, y otro es el ser igual o cabal. Para que sea propio basta que declare, de las cosas que son propias a aquella de quien se dice, alguna de ellas; mas si no las declara todas entera y cabalmente, no será igual. Y así a Dios, si nosotros le ponemos nombre, nunca le pondremos un nombre entero y que le iguale, como tampoco le podemos entender como quien Él es entera y perfectamente; porque lo que dice la boca es señal de lo que se entiende en el alma. Y así, no es posible que llegue la palabra adonde el entendimiento no llega.

Y para que ya nos vamos acercando a lo propio de nuestro propósito y a lo que Sabino leyó del papel, ésta es la causa por qué a Cristo Nuestro Señor se le dan muchos nombres, conviene a saber su mucha grandeza y los tesoros de sus perfecciones riquísimas, y juntamente la muchedumbre de sus oficios y de los demás bienes que nacen de él y se derraman sobre nosotros. Los cuales, así como no pueden ser abrazados con una vista del alma, así mucho menos pueden ser nombrados con una palabra sola. Y como el que infunde agua en algún vaso de cuello largo y estrecho, la envía poco a poco y no toda de golpe, así el Espíritu Santo, que conoce la estrechez y angostura de nuestro entendimiento, no nos presenta así todo junta aquella grandeza, sino como en partes nos la ofrece, diciéndonos unas veces algo de ella debajo de un nombre, y debajo de otro nombre otra cosa otras veces. Y así vienen a ser casi innumerables los nombres que la Escritura divina da a Cristo; porque le llama León y Cordero, y Puerta y Camino, y Pastor y Sacerdote, y Sacrificio y Esposo, y Vid y Pimpollo, y Rey de Dios y Cara suya, y Piedra y Lucero, y Oriente y Padre, y Príncipe de Paz y Salud, y Vida y Verdad, y así otros nombres sin cuento. Pero de aquestos muchos escogió solos diez el papel, como más substanciales;

porque, como en él se dice, los demás todos se reducen o pueden reducir a éstos en cierta manera.

Mas conviene, antes que pasemos adelante, que admitamos primero que, así como Cristo es Dios, así también tiene nombres que por su divinidad le convienen; unos, propios de su Persona, y otros, comunes a toda la Trinidad; pero no habla con estos nombres nuestro papel, ni nosotros ahora tocaremos en ellos, porque aquéllos propiamente pertenecen a los nombres de Dios.

Los Nombres de Cristo, que decimos ahora, son aquellos solos que convienen a Cristo en cuanto hombre, conforme a los ricos tesoros de bien que encierra en sí su naturaleza humana, y conforme a las obras que en ella y por ella Dios ha obrado y siempre obra en nosotros.

Y Sabino leyó luego: PIMPOLLO [Es llamado Cristo Pimpollo, y explícase cómo le conviene este nombre, y el modo de su maravillosa concepción.] «El primer nombre puesto en castellano se dirá bien PIMPOLLO, que en la lengua original es "cemah", y el texto latino de la Sagrada Escritura unas veces lo traslada diciendo germen, y otras diciendo "oriens". Así le llamó el Espíritu Santo en el capítulo 4 del profeta Esaías: "En aquel día el Pimpollo del Señor será en grande alteza, y el fruto de la tierra muy ensalzado". Y por Jeremías en el capítulo 33: "Y haré que nazca a David Pimpollo de justicia y haré justicia y razón sobre la tierra". Y por Zacarías en el capítulo 3, consolando al pueblo judaico, recién salido del cautiverio de Babilonia: "Yo haré" —dice— "venir a mi siervo el Pimpollo". Y en el capítulo 6: "Veis un varón cuyo nombre es Pimpollo".» Y llegando aquí Sabino, cesó. Y Marcelo:

—Sea éste —dijo— el primer nombre, pues la orden del papel nos lo da. Y no carece de razón que sea éste el primero;

porque en él, como veremos después, se toca en cierta manera la cualidad y orden del nacimiento de Cristo y de su nueva y maravillosa generación; que en buena orden, cuando de alguno se habla, es lo primero que se suele decir.

Pero antes que digamos qué es ser Pimpollo y qué es lo que significa este nombre, y la razón por qué Cristo es así nombrado, conviene que veamos si es verdad que es éste nombre de Cristo, y si es verdad que le nombra así la divina Escritura; que será ver si los lugares de ella ahora alegados hablan propiamente de Cristo; porque algunos, o infiel o ignorantemente, nos lo quieren negar.

Pues viniendo al primero, cosa clara es que habla de Cristo, así porque el texto caldaico, que es de grandísima autoridad y antigüedad, en aquel mismo lugar adonde nos otros leemos: «En aquel día será el PIMPOLLO del Señor» —dice él—: «En aquel día será el Mesías del Señor», como también porque no se puede entender aquel lugar de otra alguna manera. Porque lo que algunos dicen del príncipe Zorobabel, y del estado feliz de que gozó debajo de su gobierno el pueblo judaico, dando a entender que fue éste el Pimpollo del Señor, de quien Esaías dice: «En aquel día el PIMPOLLO del Señor será en grande alteza», es hablar sin mirar lo que dicen; porque quien leyere lo que las Letras Sagradas, en los libros de Nehemías y Esdras, cuentan del estado de aquel pueblo en aquella sazón, verá mucho trabajo, mucha pobreza, mucha contradicción, y ninguna señalada felicidad, ni en lo temporal ni en los bienes del alma, que a la verdad es la felicidad de que Esaías entiende cuando en el lugar alegado dice: «En aquel día será el PIMPOLLO del Señor en grandeza y en gloria». Y cuando la edad de Zorobabel y el estado de los judíos en ella hubiera sido feliz, cierto es que no lo fue con el extremo que el profeta aquí muestra; porque ¿qué palabra hay aquí que no haga significación de un bien divino y rarísimo? Dice «del Señor», que es palabra que a todo lo que en aquella lengua se añade lo suele subir de quilates. Dice «gloria y grandeza y magnificencia», que es todo lo que encareciendo se puede decir. Y porque salgamos enteramente de duda, alarga, como si dijésemos, el dedo el profeta y señala el tiempo y el día mismo del Señor, y dice de esta manera: «En aquel día». Mas ¿qué día? Sin duda ninguno otro sino aquel mismo de quien luego antes de aquesto decía: «En aquel día quitará al redropelo el Señor a las hijas de Sión, el chapín que cruje en los pies, y los garvines de la cabeza, las lunetas y los collares, las ajorcas y los rebozos, las botillas y los calzados altos, las argollas, los apretadores, los zarcillos, las sortijas, las cotonías, las almalafas, las escarcelas, los volantes y los espejos; y les trocará el ámbar en hediondez, y la cintura rica en andrajo, y el enrizado en calva pelada, y el precioso vestido en cilicio, y la tez curada en cuero tostado, y tus valientes morirán a cuchillo». Pues en aquel día mismo, cuando Dios puso por el suelo toda la alteza de Jerusalén con las armas de los romanos que asolaron la ciudad, y pusieron a cuchillo sus ciudadanos y los llevaron cautivos, en ese mismo tiempo el fruto y el Pimpollo del Señor, descubriéndose y saliendo a luz, subirá a gloria y honra grandísima. Porque en la destrucción que hicieron de Jerusalén los caldeos, si alguno por caso quisiere decir que habla aquí de ella el profeta, no se puede decir con verdad que «creció el fruto del Señor, ni que fructificó gloriosamente la tierra» al mismo tiempo que la ciudad se perdió.

Pues es notorio que en aquella calamidad no hubo alguna parte o alguna mezcla de felicidad señalada, ni en los que fueron cautivos a Babilonia, ni en los que el vencedor caldeo dejó en Judea y en Jerusalén para que labrasen la tierra, porque los unos fueron a servidumbre miserable, y los otros quedaron en miedo y desamparo, como en el libro de Jeremías se lee.

Mas al revés, con aquesta otra caída del pueblo judaico se juntó, como es notorio, la claridad del nombre de Cristo, y, cayendo Jerusalén, comenzó a levantarse la Iglesia. Y aquel a quien poco antes los miserables habían condenado y muerto con afrentosa muerte, y cuyo nombre habían procurado oscurecer y hundir, comenzó entonces a enviar rayos de sí por el mundo y a mostrarse vivo y Señor, y tan poderoso, que castigando a sus matadores con azote gravísimo, y quitando luego el gobierno de la tierra al demonio, y deshaciendo poco a poco su silla, que es el culto de los ídolos en que la gentilidad le servía, como cuando el Sol vence las nubes y las deshace, así Él solo y clarísimo relumbró por toda la redondez.

Y lo que he dicho de este lugar, se ve claramente también en el segundo de Jeremías, de sus mismas palabras. Porque decirle a David y prometerle que le «nacería o fruto o PIMPOLLO de justicia», era propia señal de que el fruto había de ser Jesucristo, mayormente añadiendo lo que luego se sigue, y es que « este fruto haría justicia y razón sobre la tierra», que es la obra propia suya de Cristo, y uno de los principales fines para que se ordenó su venida, y obra que Él solo y ninguno otro enteramente la hizo. Por donde las más veces que se hace memoria de Él en las Escrituras divinas, luego en los mismos lugares se le atribuye esta obra, como obra sola de Él y como su propio blasón. Así se ve en el salmo 71, que dice: «Señor, da tu vara al Rey y el ejercicio de justicia al Hijo del Rey, para que juzgue a tu pueblo conforme a justicia y a los pobres según fuero. Los montes altos conservarán paz con el vulgo, y los collados les guardarán ley. Dará su derecho a los pobres del pueblo, y será amparo de los pobrecitos, y hundirá al violento opresor». Pues en el tercero lugar de Zacarías, los mismos hebreos lo confiesan, y el texto caldeo, que he dicho, abiertamente le entiende y le declara de Cristo. Y asimismo entendemos el cuarto testimonio, que es del mismo profeta. Y no nos impide lo que algunos tienen por inconveniente, y por donde se mueven a declararle en diferente manera, por lo que dice luego que «este PIMPOLLO fructificará después o debajo de sí, y que edificará el templo de Dios»; pareciéndoles que esto señala abiertamente a Zorobabel, que edificó el templo y fructificó después de sí por muchos siglos a Cristo, verdaderísimo fruto. Así que esto no impide, antes favorece y esfuerza más nuestro intento.

Porque el «fructificar debajo de sí», o, como dice el original en su rigor, acerca de sí, es tan propio de Cristo, que de ninguno lo es más. ¿Por ventura no dice Él de sí mismo: «yo soy vid y vosotros sarmientos»? Y en el salmo que ahora decía, en el cual todo lo que se dice son propiedades de Cristo, ¿no se dice también: «Y en su día fructificarán los justos»? O, si queremos confesar la verdad, ¿quién jamás en los hombres perdidos engendró hombres santos y justos, o qué frutos jamás se vio que fuese más fructuoso que Cristo? Pues esto mismo, sin duda, es lo que aquí nos dice el profeta; el cual, porque le puso a Cristo nombre de Fruto, y porque dijo señalándole como a singular fruto: «Veis aquí un varón que es Fruto su nombre», porque no se pensase que se acababa su fruto en Él y que era fruto para sí y no árbol para dar de sí fruto, añadió luego diciendo: «Y fructificará acerca de sí», como si con más palabras dijera: «Y es Fruto que dará mucho fruto, porque a la redonda de Él, esto es, en Él y de Él por todo cuanto se extiende la tierra, nacerán nobles y divinos frutos sin cuento, y este PIMPOLLO enriquecerá el mundo con pimpollos no vistos». De manera que éste es uno de los nombres de Cristo, y según nuestra orden, el primero de ellos, sin que en ello pueda haber duda ni pleito. Y son como vecinos y deudos suyos otros algunos nombres que también se ponen a Cristo en la Santa Escritura; los cuales. aunque en el sonido son diferentes, pero bien mirados, todos se reducen a un intento mismo y convienen en una misma razón, porque si en el capítulo de Ezequiel es llamado planta nombrada, y si Esaías en el capítulo 11 le llama unas veces rama, y otra flor, y en el capítulo 53 tallo y raíz, todo es decirnos lo que el nombre de Pimpollo o de Fruto nos dice. Lo cual será bien que declaremos ya, pues lo primero, que pertenece a que Cristo se llama así, está suficientemente probado, si no se os ofrece otra cosa.

—Ninguna —dijo al punto Juliano; antes ha rato ya que el nombre y esperanza de este fruto ha despertado en nuestro gusto golosina de él.

—Merecedor es de cualquier golosina y deseo —respondió Marcelo—, porque es dulcísimo Fruto, y no menos provechoso que dulce, si ya no le menoscaba la pobreza de mi lengua e ingenio.

Pero idme respondiendo, Sabino, que lo quiero haber ahora con vos. Esta hermosura de cielo y mundo que vemos, y la otra mayor que entendemos y que nos esconde el mundo invisible, ¿fue siempre como es ahora, o hízose ella a sí misma, o Dios la sacó a luz y la hizo?

—Averiguado es —dijo Sabino— que Dios crió el mundo con todo lo que hay en él, sin presuponer para ello alguna materia, sino solo con la fuerza de su infinito poder, con que hizo, donde no había ninguna cosa, salir a luz esta beldad que decís. Mas ¿qué duda hay en esto?

—Ninguna hay —replicó, prosiguiendo, Marcelo—; mas decidme más adelante: ¿Nació esto de Dios, no advirtiendo

Dios en ello, sino como por alguna natural consecuencia, o hízolo Dios porque quiso y fue su voluntad libre de hacerlo?

—También es averiguado —respondió luego Sabino— que lo hizo con propósito y libertad.

—Bien decís —dijo Marcelo—, y pues conocéis eso, también conoceréis que pretendió Dios en ello algún grande fin.

—Sin duda, grande —respondió Sabino—, porque siempre que se obra con juicio y libertad es a fin de algo que se pretende.

—¿Pretendería de esa manera —dijo Marcelo— Dios en esta su obra algún interés y acrecentamiento suyo?

—En ninguna manera —respondió Sabino.

—¿Por qué? —dijo Marcelo.

Y Sabino respondió:

—Porque Dios, que tiene en sí todo el bien, en ninguna cosa que haga fuera de sí puede querer ni esperar para sí algún acrecentamiento o mejoría.

—Por manera —dijo Marcelo— que Dios, porque es Bien infinito y perfecto, en hacer el mundo no pretendió recibir bien alguno de él, y pretendió algún fin, como está dicho. Luego si no pretendió recibir, sin ninguna duda pretendió dar; y si no lo crió para añadirse a sí algo, criólo sin ninguna duda para comunicarse Él a sí, y para repartir en sus criaturas sus bienes.

Y cierto, este solo es fin digno de la grandeza de Dios, y propio de quien por su naturaleza es la misma bondad; porque a lo bueno su propia inclinación le lleva al bienhacer, y cuanto es más bueno uno, tanto se inclina más a esto. Pero si el intento de Dios, en la creación y edificio del mundo, fue hacer bien a lo que criaba, repartiendo en ello sus bienes, ¿qué bienes o qué comunicación de ellos fue aquella a quien como a blanco enderezó Dios todo el oficio de esta obra suya?

—No otros —respondió Sabino— sino esos mismos que dio a las criaturas, así a cada una en particular como a todas juntas en general.

—Bien decís —dijo Marcelo—, aunque no habéis respondido a lo que os pregunto.

¿En qué manera? —respondió.

—Porque —dijo Marcelo— como esos bienes tengan sus grados, y como sean unos de otros de diferentes quilates, lo que pregunto es: ¿A qué bien, o a qué grado de bien entre todos enderezó Dios todo su intento principalmente?

—¿Qué grados —respondió Sabino— son ésos?

—Muchos son —dijo Marcelo— en sus partes; mas la Escuela los suele reducir a tres géneros: a naturaleza, a gracia y a unión personal. A la naturaleza pertenecen los bienes con que se nace; a la gracia pertenecen aquellos que después de nacidos nos añade Dios; el bien de la unión personal es haber juntado Dios en Jesucristo su persona con nuestra naturaleza. Entre los cuales bienes es muy grande la diferencia que hay.

Porque lo primero, aunque todo el bien que vive y luce en la criatura es bien que puso en ella Dios, pero puso en ella Dios unos bienes para que le fuesen propios y naturales, que es todo aquello en que consiste su ser y lo que de ello se sigue; y éstos decimos que son bienes de naturaleza, porque los plantó Dios en ella y se hace con ellos, como es el ser y la vida y el entendimiento, y lo demás semejante. Otros bienes no los plantó Dios en lo natural de la criatura ni en la virtud de sus naturales principios para que de ellos naciesen, sino sobrepúsolos Él por sí solo a lo natural, y así no son bienes fijos ni arraigados en la naturaleza, como los primeros, sino movedizos bienes, como son la gracia y la caridad y los demás dones de Dios; y éstos llamamos bienes sobrenaturales de gracia.

Lo segundo, dado, como es verdad, que todo este bien comunicado es una semejanza de Dios, porque es hechura de Dios, y Dios no puede hacer cosa que no le remede, porque en cuanto hace se tiene por dechado a sí mismo; mas, aunque esto es así, todavía es muy grande la diferencia que hay en la manera de remedarle. Porque en lo natural remedan las criaturas el ser de Dios, mas en los bienes de gracia remedan el ser y condición y el estilo, y como si dijésemos, la vivienda y bienandanza suya; y así, se avecinan y juntan más a Dios por esta parte las criaturas que la tienen, cuanto es mayor esta semejanza que la semejanza primera. Pero en la unión personal no remedan ni se parecen a Dios las criaturas, sino vienen a ser el mismo Dios, porque se juntan con Él en una misma persona.

Aquí Juliano, atravesándose, dijo:

—Las criaturas todas, ¿se juntan en una persona con Dios?

Respondió Marcelo riendo:

—Hasta ahora no trataba del número, sino trataba del cómo; quiero decir, que no contaba quiénes y cuántas criaturas se juntan con Dios en estas maneras, sino contaba la manera como se juntan y le remedan; que es o por naturaleza o por gracia o por unión de persona. Que, cuanto al número de los que se le ayuntan, clara cosa es que, en los bienes de naturaleza, todas las criaturas se avecinan a Dios; y solas, y no todas, las que tienen entendimiento en los bienes de gracia; y en la unión personal sola la Humanidad de nuestro Redentor Jesucristo. Pero, aunque con sola aquesta humana naturaleza se haga la unión personal propiamente, en cierta manera también, en juntarse Dios con ella, es visto juntarse con todas las criaturas, por causa de ser el hombre como un medio entre lo espiritual y lo corporal, que contiene y abraza en sí lo uno y lo otro. Y por ser, como dijeron antiguamente, un menor mundo o un mundo abreviado.

—Esperando estoy —dijo Sabino entonces— a qué fin se ordena este vuestro discurso.

—Bien cerca estamos ya de ello —respondió Marcelo— porque, pregúntoos: Si el fin por que crió Dios todas las cosas fue solamente por comunicarse con ellas, y si esta dádiva y comunicación acontece en diferentes maneras, como hemos ya visto; y si unas de estas maneras son más perfectas que otras, ¿no os parece que pide la misma razón que un tan grande Artífice, y en una obra tan grande, tuviese por fin de toda ella hacer en ella la mayor y más perfecta comunicación de sí que pudiese?

—Así parece —dijo Sabino.

—Y la mayor —dijo siguiendo Marcelo—, así de las hechas como de las que se pueden hacer, es la unión personal que se hizo entre el Verbo divino y la naturaleza humana de Cristo, que fue hacerse con el hombre una misma persona.

—No hay duda —respondió Sabino—, sino que es la mayor.

—Luego —añadió Marcelo— necesariamente se sigue que Dios, a fin de hacer esta unión bienaventurada y maravillosa crió todo cuanto se parece y se esconde; que es decir que el fin para que fue fabricada toda la variedad y belleza del mundo fue por sacar a luz este compuesto de Dios y hombre, o, por mejor decir, este juntamente Dios y hombre, que es Jesucristo.

—Necesariamente se sigue —respondió Sabino.

—Pues —dijo entonces Marcelo— esto es ser Cristo Fruto; y darle la Escritura este nombre a Él, es darnos a entender a nosotros que Cristo es el fin de las cosas, y aquél para cuyo nacimiento feliz fueron todas criadas y enderezadas. Porque así como en el árbol la raíz no se hizo para sí, y menos el tronco que nace y se sustenta sobre ella, sino lo uno y lo otro, juntamente con las ramas y la flor y la hoja, y todo lo demás que el árbol produce, se ordena y endereza para el fruto que de él sale, que es el fin y como remate suyo; así por la misma manera, estos cielos extendidos que vemos, y las estrellas que en ellos dan resplandor, y entre todas ellas esta fuente de claridad y de luz que todo lo alumbra, redonda y bellísima; la tierra pintada con flores y las aguas pobladas de peces; los animales y los hombres, y este universo todo, cuan grande y cuan hermoso es, lo hizo Dios para fin de hacer hombre a su Hijo, y para producir a luz este único y divino Fruto que es Cristo, que con verdad le podemos llamar el parto común y general de todas las cosas, Y así como el fruto para cuyo nacimiento se hizo en el árbol la firmeza del tronco y la hermosura de la flor, y el verdor y frescor de las hojas, nacido, contiene en sí y en su virtud todo aquello que para él se ordenaba en el árbol, o por mejor decir, el árbol todo contiene, así también Cristo, para cuyo nacimiento crió primero Dios las raíces firmes y hondas de los elementos, y levantó sobre ellas después esta grandeza del mundo con tanta variedad, como si dijésemos, de ramas y hojas, lo contiene todo en sí, y lo abarca y se resume en Él, y como dice San Pablo «se recapitula» todo lo no criado y criado, lo humano y lo divino, lo natural y lo gracioso. Y como de ser Cristo llamado Fruto por excelencia, entendemos que todo lo criado se ordenó para Él, así también de esto mismo ordenado, podemos, rastreando, entender el valor inestimable que hay en el Fruto para quien tan grandes cosas se ordenan. Y de la grandeza y hermosura y cualidad de los medios, argüimos la excelencia sin medida del fin.

Porque si cualquiera que entra en algún palacio o casa real rica y suntuosa, y ve primero la fortaleza y firmeza del muro ancho y torreado, y las muchas órdenes de las ventanas labradas, y las galerías y los chapiteles que deslumbran la vista, y luego la entrada alta y adornada con ricas labores, y después los zaguanes y patios grandes y diferentes, y las columnas de mármol, y las largas salas y las recámaras ricas, y la diversidad y muchedumbre y orden de los aposentos, hermoseados todos con peregrinas y escogidas pinturas, y con el jaspe y el pórfiro y el marfil y el oro que luce por los suelos y paredes y techos; y ve juntamente con esto la muchedumbre de los que sirven en él, y la disposición y rico aderezo de sus personas, y el orden que cada uno guarda en su ministerio y servicio, y el concierto que todos conservan entre sí; y oye también los menestriles y dulzura de música; y mira la hermosura y regalos de los lechos, y la riqueza de los aparadores que no tienen precio, luego conoce que es incomparablemente mejor y mayor aquel para cuyo servicio todo aquello se ordena; así debemos nosotros también entender que, si es hermosa y admirable esta vista de la tierra y del cielo, es sin ningún término muy mas hermoso y maravilloso Aquel por cuyo fin se crió. Y que, si es grandísima, como sin ninguna duda lo es, la majestad de este templo universal que llamamos mundo nosotros Cristo, para cuyo nacimiento se ordenó desde su principio, y a cuyo servicio se sujetará todo después y a quien ahora sirve y obedece, y obedecerá para siempre, es incomparablemente grandísimo, gloriosísimo, perfectísimo, más mucho de lo que ninguno puede ni encarecer ni entender. Y finalmente, que es tal, cual inspirado y alentado por el Espíritu Santo, San Pablo dice, escribiendo a los Colosenses: «Es imagen de Dios invisible, y el engendrado primero que todas las criaturas, porque para Él se fabricaron todas, así en el cielo como en la tierra, las visibles y las invisibles; así, digamos, los tronos como las dominaciones, como los principados y potentados, todo por Él y para Él fue criado; y Él es el adelantado entre todos, y todas las cosas tienen ser por Él. Y Él también, del cuerpo de la Iglesia es la cabeza; y Él mismo es el principio y el primogénito de los muertos, para que en todo tenga las primerías. Porque le plugo al Padre y tuvo por bien que se aposentase en Él todo lo sumo y cumplido». Por manera que Cristo es llamado Fruto porque es el fruto del mundo, esto es, porque es el fruto para cuya producción se ordenó y fabricó todo el mundo. Y así Esaías, deseando su nacimiento, y sabiendo que los cielos y la naturaleza toda vivía y tenía ser principalmente para este parto, a toda ella se le pide diciendo: «Derramad rocío, cielos, desde vuestras alturas; y vosotras, nubes, lloviendo, enviadnos al Justo; y la tierra se abra y produzca y brote al Salvador». Y no solamente por esta razón que hemos dicho Cristo se llama Fruto, sino también porque todo aquello que es verdadero fruto en los hombres, digo fruto que merezca parecer ante Dios y ponerse en el cielo, no solo nace en ellos por virtud de este Fruto, que es Jesucristo, sino en cierta manera también es el mismo Jesús. Porque la justicia y santidad que derrama en los ánimos de sus fieles, así ella como los demás bienes y santas obras que nacen de ella, y que naciendo de ella después la acrecientan, no son sino como una imagen y retrato vivo de Jesucristo; y tan vivo, que es llamado Cristo en las Letras Sagradas, como parece en los lugares adonde nos amonesta San Pablo «que nos vistamos de Jesucristo»; porque el vivir justa y santamente es imagen de Cristo. Y así por esto, como por el espíritu suyo que comunica Cristo e infunde en los buenos, cada uno de ellos se llama Cristo, y todos ellos juntos en la forma ya dicha, hacen un mismo Cristo.

Así lo testificó San Pablo, diciendo: «Todos los que en Cristo os habéis bautizado, os habéis vestido de Jesucristo; que allí no hay judío ni gentil, ni libre ni esclavo, ni hembra ni varón, porque todos sois uno en Jesucristo». Y en otra parte: «Hijuelos míos, que os engendro otra vez hasta que Cristo se forme en vosotros». Y amonestando a los Romanos a las buenas obras, les dice y escribe: «Desechemos, pues, las obras oscuras y vistamos armas de luz; y como quien anda de día, andemos vestidos y honestos. No en convites y embriagueces, no en desordenado sueño y en deshonestas torpezas, ni menos en competencias y envidias, sino vestíos del Señor Jesucristo». Y que todos estos Cristos son un Cristo solo, dícelo Él mismo a los Corintios por estas palabras: «Como un cuerpo tiene muchos miembros, y todos los miembros del cuerpo, con ser muchos, son un cuerpo, así también Cristo». Donde, como advierte San Agustín, no dijo, concluyendo la semejanza, así es Cristo y sus miembros, sino así es Cristo, para nos enseñar que Cristo, nuestra cabeza, está en sus miembros, y que los miembros y la cabeza son un solo Cristo, como por aventura diremos más largamente después.

Y lo que decimos ahora, y lo que de todo lo dicho resulta, es conocer cuán merecidamente Cristo se llama Fruto pues todo el fruto bueno y de valor que mora y fructifica en los hombres es Cristo y de Cristo, en cuanto nace de Él y en cuanto le parece y remeda, así como es dicho. Y pues hemos platicado ya lo que basta acerca de aquesto, proseguid, Sabino, en vuestro papel.

—Deteneos —dijo Juliano alargando contra Sabino la mano—; que si olvidado no estoy, os falta, Marcelo, por descubrir lo que al principio nos propusisteis: de lo que toca a la nueva y maravillosa concepción de Cristo, que, como dijisteis, este nombre significa. —Es verdad e hiciste muy bien, Juliano, en ayudar mi memoria —respondió al punto Marcelo—, y lo que pedís es aquesto: este nombre que unas veces llamamos Pimpollo y otras veces llamamos Fruto, en la palabra original no es fruto como quiera, sino es propiamente el fruto que nace de suyo, sin cultura ni industria. En lo cual, al propósito de Jesucristo a quien ahora se aplica, se nos demuestran dos cosas: la una, que no hubo ni saber, ni valor, ni merecimiento, ni industria en el mundo que mereciese de Dios que se hiciese hombre, esto es, que produjese este Fruto; la otra, que en el vientre purísimo y santísimo de donde aqueste Fruto nació, anduvo solamente la virtud y obra de Dios, sin ayuntarse varón.

Mostró, como oyó esto, moverse de su asiento un poco Juliano; y como acostándose hacia Marcelo, y mirándole con alegre rostro, le dijo:

—Ahora me place más el haberos, Marcelo, acordado lo que olvidábades; porque me deleita mucho entender que el artículo de la limpieza y entereza virginal de nuestra común Madre y Señora, está significado en las Letras y profecías antiguas. Y la razón lo pedía. Porque adonde se dijeron y escribieron, tantos años antes que fuesen, otras cosas menores, no era posible que se callase un misterio tan grande. Y si se os ofrecen algunos otros lugares que pertenezcan a esto, que Sí se ofrecerán, mucho holgaría que los dijésedes, si no recibís pesadumbre.

—Ninguna cosa —respondió Marcelo— me puede ser menos pesada que decir algo que pertenezca al loor de mi única Abogada y Señora; que aunque lo es generalmente de todos, mas atrévome yo a llamarla mía en particular, porque desde mi niñez me ofrecí todo a su amparo. Y no os engañáis nada, Juliano, en pensar que los Libros y Letras del Testamento Viejo no pasaron callando por una extrañeza tan nueva, y señaladamente tocando a personas tan importantes. Porque, ciertamente, en muchas partes la dicen con palabras para la fe muy claras, aunque algo oscuras para los corazones a quien la infidelidad ciega, conforme a como se dicen otras muchas cosas de las que pertenecen a Cristo, que, como San Pablo dice, «es misterio escondido, el cual quiso Dios decirle y esconderle por justísimos fines; y uno de ellos fue para castigar así con la ceguedad y con la ignorancia de cosas tan necesarias a aquel pueblo ingrato por sus enormes pecados.

Pues viniendo a lo que pedís, clarísimo testimonio es, a mi juicio, para este propósito, aquello de Esaías que poco antes decíamos: «Derramad, cielos, rocío, y lluevan las nubes al Justo». Adonde, aunque, como veis, va hablando del nacimiento de Cristo como de una planta que nace en el campo, empero no hace mención ni de arado ni de azada ni de agricultura; sino solamente de cielo y de nubes y de tierra, a los cuales atribuye todo su nacimiento.

Y a la verdad, el que cotejare estas palabras que aquí dice Esaías con las que acerca de esta misma razón dijo a la benditísima Virgen el arcángel Gabriel, verá que son casi las mismas, sin haber entre ellas más diferencia de que lo que dijo el arcángel con palabras propias, porque trataba de negocio presente, Esaías lo significó con palabras figuradas y metafóricas, conforme al estilo de los profetas.

Allí dijo el ángel: «El Espíritu Santo vendrá sobre ti». Aquí dice Esaías: «Enviaréis, cielos, vuestro rocío. Allí dice que la virtud del alto le hará sombra». Aquí pide que se extiendan las nubes.

Allí: «Y lo que nacerá de ti santo, será llamado Hijo de Dios». Aquí: «Ábrase la tierra y produzca al Salvador». Y sácanos de toda duda lo que luego añade diciendo: «Y la justicia florecerá juntamente, y Yo, el Señor, le crié». Porque no dice: «Y Yo, el Señor, la crié», conviene a saber, la justicia, de quien dijo que había de florecer juntamente; sino «Yo le crié, conviene a saber, al Salvador, esto es, a Jesús, porque Jesús es el nombre que el original allí pone». Y dice Yo le crié, y atribúyese a sí la creación y nacimiento de esta bienaventurada salud, y préciase de ella como de hecho singular y admirable, y dice: «Yo, Yo», como si dijese: «Yo solo, y no otro conmigo». Y también no es poco eficaz para la prueba de esta misma verdad, la manera como habla de Cristo, en el capítulo 4 de su propia Escritura, este mismo profeta, cuando, usando de la misma figura de plantas y frutos y cosas del campo, no señala para su nacimiento otras causas más de a Dios y a la tierra, que es a la Virgen y al Espíritu Santo. Porque, como ya vimos, dice: «En aquel día será el PIMPOLLO de Dios magnífico y glorioso, y el fruto de la tierra subirá a grandísima alteza». Pero entre otros, para este propósito, hay un lugar singular en el salmo 109, aunque algo oscuro según la letra latina; mas, según la original, manifiesto y muy claro, en tanto grado que los doctores antiguos, que florecieron antes de la venida de Jesucristo, conocieron de allí, y así lo escribieron, que la Madre del Mesías había de concebir virgen, por virtud de Dios y sin obra de varón.

Porque vuelto el lugar que digo a la letra, dice de esta manera: «En resplandores de santidad del vientre y de la aurora, contigo el rocío de tu nacimiento». En las cuales palabras, y no por una de ellas, sino casi por todas, se dice y se descubre este misterio que digo. Porque lo primero, cierto es que habla en este salmo con Cristo el profeta. Y lo segundo, también es manifiesto que habla en este verso de su concepción y nacimiento; y las palabras vientre y nacimiento, que, según la propiedad original también se puede llamar generación, lo demuestran abiertamente.

Mas que Dios solo, sin ministerio de hombre haya sido el hacedor de esta divina y nueva obra en el virginal y purísimo vientre de Nuestra Señora, lo primero se ve en aquellas palabras: «En resplandores de santidad». Que es como decir que había de ser concebido Cristo, no en ardores deshonestos de carne y de sangre, sino en resplandores santos del cielo; no con torpeza de sensualidad, sino con hermosura de santidad y de espíritu. Y demás de esto, lo que luego se sigue de aurora y de rocío, por galana manera declara lo mismo; porque es una comparación encubierta, que si la descubrimos, sonará así: En el vientre, conviene a saber, de tu madre, serás engendrado como en la aurora; esto es, como lo que un aquella sazón de tiempo se engendra en el campo con solo el rocío, que entonces desciende del cielo; no con riego ni con sudor humano..

Y últimamente, para decirlo del todo, añadió: «Contigo el rocío de tu nacimiento». Que porque había comparado a la aurora el vientre de la madre, y porque en la aurora cae el rocío con que se fecunda la tierra, prosiguiendo en su semejanza, a la virtud de la generación, llamota rocío también.

Y a la verdad, así es llamada en las divinas Letras en otros muchos lugares, esta virtud vivífica y generativa con que engendró Dios al principio el cuerpo de Cristo, y con que, después de muerto, le reengendró y resucitó, y con que en la común resurrección tornará a la vida nuestros cuerpos deshechos, como en el capítulo 26 de Esaías se ve. Pues dice a Cristo David que este rocío y virtud que formó su cuerpo y le dio vida en las virginales entrañas, no se la prestó otro, ni la puso en aquel santo vientre alguno que viniese de fuera; sino que Él mismo la tuvo de su cosecha y la trajo consigo. Porque cierto es que el Verbo divino, que se hizo hombre en el sagrado vientre de la santísima Virgen, Él mismo formó allí el cuerpo y la naturaleza del hombre de que se vistió. Y así, para que entendiésemos esto, David dice bien que «tuvo Cristo consigo el rocío de su nacimiento». Y aun así como decimos nacimiento en este lugar, podemos también decir niñez; que, aunque viene a decir lo mismo que nacimiento, todavía es palabra que señala más el ser nuevo y corporal que tomó Cristo en la Virgen, en el cual fue niño primero, y después mancebo, y después perfecto varón; porque en el otro nacimiento eterno que tiene de Dios, siempre nació Dios eterno y perfecto e igual con su Padre.

Muchas otras cosas pudiera alegar a propósito de aquesta verdad; mas porque no falte tiempo para lo demás que nos resta, baste por todas, y con ésta concluyo, la que en el capítulo 53 dice de Cristo Esaías: «Subirá creciendo como Pimpollo delante de Dios, y como raíz y arbolico nacido en tierra seca». Porque si va a decir la verdad, para decirlo como suele hacer el profeta, con palabras figuradas y oscuras, no pudo decirlo con palabras que fuesen más claras que éstas. Llama a Cristo arbolico, y porque le llama así, siguiendo el mismo hilo y figura, a su santísima Madre llámala tierra conforme a razón; y habiéndola llamado así, para decir que concibió sin varón, no había una palabra que mejor ni con más significación lo dijese, que era decir que fue tierra seca. Pero, si os parece, Juliano, prosiga ya Sabino adelante.

FACES DE DIOS [Declárase cómo Cristo tiene el nombre de Faces o Cara de Dios, y por qué le conviene este nombre.]
«También es llamado Cristo FACES DE DIOS, como parece en el salmo 88, que dice: "La misericordia y la verdad precederán tus faces". Y dícelo, porque con Cristo nació la verdad y la justicia y la misericordia, como lo testifica Esaías, diciendo: "Y la justicia nacerá con Él juntamente". Y también el mismo David, cuando en el salmo 84 que es todo del

advenimiento de Cristo, dice: "La misericordia y la verdad se encontraron. La justicia y la paz se dieron paz. La verdad nació de la tierra y la justicia miró desde el cielo. El Señor por su parte fue liberal, y la tierra por la suya respondió con buen fruto. La justicia va delante de Él y pone en el camino sus pisadas". Item, dásele a Cristo este mismo nombre en el salmo 94, adonde David, convidando a los hombres para el recibimiento de la buena nueva del Evangelio, les dice: "Ganemos por la mano a su faz en confesión y loo". Y más claro en el salmo 79: "Conviértenos —dice, c.23—, Dios de nuestra salud; muéstranos tus faces, y seremos salvos". Y asimismo Esaías en el capítulo 64 le da este nombre, diciendo: "Descendiste, y delante de tus faces se derritieron los montes". Porque claramente habla allí de la venida de Cristo, como en él se parece.» —Demás de estos lugares que ha leído Sabino —dijo entonces Marcelo— hay otro muy señalado que no le puso el papel, y merece ser referido. Pero antes que diga de él, quiero decir que en el salmo 79, aquellas palabras que se acaban ahora de leer: «Conviértenos, Dios de nuestra salud», se repiten en él tres veces; en el principio y en el medio y en el fin del salmo, lo cual no carece de misterio, y a mi parecer se hizo por una de dos razones. De las cuales la una es para hacernos saber que hasta acabar Dios y perfeccionar del todo al hombre, pone en él sus manos tres veces: una, criándole del polvo y llevándole del no ser al ser, que le dio en el paraíso; otra, reparándole después de estragado, haciéndose Él para este fin hombre también; y la tercera, resucitándole después de muerto, para no morir ni mudarse jamás. En señal de lo cual, en el libro del Génesis, en la historia de la creación del hombre, se repite tres veces esta palabra criar. Porque dice de esta manera: «y crió Dios al hombre a su imagen y semejanza, a la imagen de Dios le crió; creólos hembra y varón». Y la segunda razón, y lo que por más cierto tengo, es que en el salmo de que hablamos pide el profeta a Dios en tres lugares que convierta su pueblo a sí y les descubra sus Faces que es a Cristo, como hemos ya dicho, porque son tres veces las que señaladamente el Verbo divino se mostró y mostrará al mundo, y señaladamente a los del pueblo judaico para darles luz y salud. Porque lo primero se les mostró en el monte, adonde les dio Ley y les notificó su amor y voluntad; y cercado y como vestido de fuego y de otras señales visibles, les habló sensiblemente, de manera que le oyó hablar todo el pueblo; y comenzó a humanarse con ellos entonces como quien tenía determinado de hacerse hombre de ellos y entre ellos después, como lo hizo. Y éste fue el aparecimiento segundo, cuando nació rodeado de nuestra carne y conversó con nosotros, y viviendo y muriendo negoció nuestro bien.

El tercero será cuando, en el fin de los siglos, tornará a venir otra vez para entera salud de su Iglesia. Y aun, si yo no me engaño, estas tres venidas del Verbo, una en apariencias y voces sensibles, otras dos hecho ya verdadero hombre significó y señaló el mismo Verbo en la zarza, cuando Moisés le pidió señas de quién era, y Él, para dárselas, le dijo así: «El que seré, seré, seré», repitiendo esta palabra de tiempo futuro tres veces, y como diciéndoles: Yo soy el que prometí a vuestros padres venir ahora para libraros de Egipto, y nacer después entre vosotros para redimiros del pecado, y tornar últimamente en la misma forma de hombre para destruir la muerte y perfeccionaros del todo. Soy el que seré vuestra guía en el desierto, y el que seré vuestra salud hecho hombre, y el que seré vuestra entera gloria, hecho juez.

Aquí Juliano, atravesándose, dijo:

—No dice el texto seré, sino soy, de tiempo presente, porque, aunque la palabra original en el sonido sea seré, mas en la significación es soy, según la propiedad de aquella lengua.

—Es verdad —respondió Marcelo— que en aquella lengua las palabras apropiadas al tiempo futuro se ponen algunas veces por el presente; y en aquel lugar podemos muy bien entender que se pusieron así, como lo entendieron primero San Jerónimo y los intérpretes griegos. Pero lo que digo ahora es que, sin sacar de sus términos a aquellas palabras, sino tomándolas en su primer sonido y significación, nos declaran el misterio que ha dicho. Y es misterio que para el propósito de lo que entonces Moisés quería saber, convenía mucho que se diese.

Porque yo os pregunto, Juliano: ¿No es cosa cierta que comunicó Dios con Abraham este secreto, que se había de hacer hombre y nacer de su linaje de él?

—Cosa cierta es —respondió— y así lo testifica Él mismo en el Evangelio, diciendo: «Abraham deseó ver mi día; viole y gozóse».

—Pues ¿no es cierto también —prosiguió Marcelo— que este mismo misterio lo tuvo Dios escondido hasta que lo obró, no solo de los demonios, sino aun de muchos de los ángeles?

—Así se entiende —respondió Juliano— de lo que escribe San Pablo.

—Por manera —dijo Marcelo— que era acaso secreto aquéste, y cosa que pasaba entre Dios y Abraham y algunos de sus sucesores, conviene a saber, los sucesores principales y las cabezas de linaje, con los cuales, de uno en otro y como de mano en mano, se había comunicado este hecho y promesa de Dios.

—Así —respondió Juliano— parece.

—Pues siendo as —añadió Marcelo—, y siendo también manifiesto que Moisés, en el lugar de que hablamos, cuando dijo a Dios: «Yo, Señor, iré como me lo mandas, a los hijos de Israel y les diré: El Dios de vuestros padres me envía a vosotros; mas si me preguntaren cómo se llama ese Dios, ¿qué les responderé?» Así que, siendo manifiesto que Moisés, por estas palabras que he referido, pidió a Dios alguna seña cierta de sí, por la cual, así el mismo Moisés como los principales del pueblo de Israel, a quien había de ir con aquella embajada, quedasen saneados que era su verdadero Dios el que le había aparecido y le enviaba, y no algún otro espíritu falso y engañoso; por manera que, pidiendo Moisés a Dios una seña como ésta, y dándosela Dios en aquellas palabras, diciéndole: «Diles: El que seré, seré, seré, me envía a vosotros; la razón misma nos obliga a entender que lo que Dios dice por estas palabras era cosa secreta y encubierta a cualquier otro espíritu, y seña que solo Dios y aquellos a quien se había de decir la sabían, y que era como la tésera militar, o lo que en la guerra decimos dar nombre, que está secreto entre solos el capitán y los soldados que hacen cuerpo de guardia. Y por la misma razón se concluye que lo que dijo Dios a Moisés en estas palabras es el misterio que he dicho; porque este solo misterio era el que sabían solamente Dios y Abraham y sus sucesores, y el que solamente entre ellos estaba secreto.

Que lo demás que entienden algunos haber significado y declarado Dios de sí a Moisés en este lugar, que es su perfección infinita, y ser Él el mismo ser por esencia, notorio era no solamente a los ángeles, pero también a los demonios; y aun a los hombres sabios y doctos es manifiesto que Dios es ser por esencia y que es ser infinito, porque es cosa que con la luz natural se conoce. Y así, cualquier otro espíritu que quisiera engañar a Moisés y vendérsele por su Dios verdadero, lo pudiera, mintiendo, decir de sí mismo; y no tuviera Moisés, con oír esta seña, ni para salir de duda bastante razón, ni cierta señal para sacar de ella a los príncipes de su pueblo a quien iba.

Mas el lugar que dije al principio, del cual el papel se olvidó, es lo que en el capítulo 6 del libro de los Números mandó Dios al sacerdote que dijese sobre el pueblo cuando le bendijese, que es esto: «Descubra Dios sus Faces a ti y haya piedad de ti. Vuelva Dios sus Faces a ti y déte paz». Porque no podemos dudar sino que Cristo y su nacimiento entre nosotros son estas Faces que el sacerdote pedía en este lugar a Dios que descubriese a su pueblo, como Teodoreto y como San Cirilo lo afirman, doctores santos y antiguos.

Y demás de su testimonio, que es de grande autoridad, se convence lo mismo de que en el salmo 66, en el cual, según todos lo confiesan, David pide a Dios que envíe al mundo a Jesucristo, comienza el profeta con las palabras de esta bendición y casi la señala con el dedo y la declara, y no le hace falta sino decir a Dios claramente: «La bendición que por orden tuya echa sobre el pueblo el sacerdote, eso, Señor es lo que te suplico; y te pido que nos descubras ya a tu Hijo y Salvador nuestro, conforme a como la voz pública de tu pueblo lo pide». Porque dice de esta manera: «Dios haya piedad de nosotros y nos bendiga. Descubra sobre nosotros sus Faces y haya piedad de nosotros». Y en el libro del Eclesiástico, después de haber el sabio pedido a Dios con muchas y muy ardientes palabras la salud de su pueblo y el quebrantamiento de la soberbia y pecado y la libertad de los humildes opresos, y el allegamiento de los buenos esparcidos, y su venganza y honra, y su deseado juicio, con la manifestación de su ensalzamiento sobre todas las naciones del mundo, que es puntualmente pedirle a Dios la primera y la segunda venida de Cristo, concluye al fin y dice: «Conforme a la bendición de Aarón, así, Señor, haz con tu pueblo y enderézanos por el camino de tu justicia». Y sabida cosa es que el camino de la justicia de Dios es Jesucristo, así como Él mismo lo dice: «Yo soy el camino, y la verdad, y la vida». Y pues San Pablo dice, escribiendo a los de Efeso: «Bendito sea el Padre y Dios de Nuestro Señor Jesucristo, que nos ha bendecido con toda bendición espiritual y sobrecelestial en Jesucristo», viene maravillosamente muy bien que en la bendición que se daba al pueblo antes que Cristo viniese, no se demandase ni desease de Dios otra cosa sino solo a Cristo, fuente y origen de toda feliz bendición; y viene muy bien que consuenen y se respondan así estas dos Escrituras, nueva y antigua. Así, que las Faces de Dios que se piden en aqueste lugar son Cristo sin duda.

Y concierta con esto ver que se piden dos veces, para mostrar que son dos sus venidas. En lo cual es digno de considerar lo justo y lo propio de las palabras que el Espíritu Santo da a cada cosa.

Porque en la primera venida dice descubrir, diciendo: «Descubra sus Faces Dios», porque en ella comenzó Cristo a ser visible en el mundo. Mas en la segunda dice volver, diciendo: «Vuelva Dios sus Faces», porque entonces volverá otra vez a ser visto. En la primera, según otra letra, dice lucir, porque la obra de aquella venida fue desterrar del mundo la noche del error, y como dijo San Juan: «Resplandecer en las tinieblas la luz». Y así Cristo por esta causa es llamado Luz y Sol de justicia.

Mas en la segunda dice ensalzar, porque el que vino antes humilde, vendrá entonces alto y glorioso; y vendrá, no a dar ya nueva doctrina, sino a repartir el castigo y la gloria. Y aun en la primera dice: «Haya piedad de vosotros», conociendo y como señalando que se habían de haber ingrata y cruelmente con Cristo, y que habían de merecer por su ceguedad e ingratitud ser por Él consumidos; y por esta causa le pide que se apiade de ellos y que no los consuma. Mas en la segunda dice que «Dios les dé paz», esto es,. que dé fin a su tan luengo trabajo, y que los guíe a puerto de descanso después de tan fiera tormenta, y que los meta en el abrigo y sosiego de su Iglesia, y en la paz de espíritu que hay en ella y en todas sus espirituales riquezas. O dice lo primero porque entonces vino Cristo solamente a perdonar lo pecado y a «buscar lo perdido», como Él mismo lo dice; y lo segundo, porque ha de venir después a dar paz y reposo al trabajo santo y a remunerar lo bien hecho.

Mas, pues Cristo tiene este nombre, es de ver ahora por qué le tiene. En lo cual conviene advertir que, aunque Cristo se llama y es Cara de Dios por dondequiera que le miremos, porque según que es hombre, se nombra así, y según que es Dios y en cuanto es el Verbo, es también propia y perfectamente «imagen y figura del Padre», como San Pablo le llama en diversos lugares; pero lo que tratamos ahora es lo que toca al ser de hombre, y lo que buscamos es el título por donde la naturaleza humana de Cristo merece ser llamada sus Faces. Y para decirlo en una palabra, decimos que Cristo hombre es Faces y Cara de Dios, porque como cada uno se conoce en la cara, así Dios se nos representa en Él, y se nos demuestra quién es clarísima y perfectísimamente. Lo cual en tanto es verdad, que por ninguna de las criaturas por sí, ni por la universidad de ellas juntas, los rayos de las divinas condiciones y bienes relucen y pasan a nuestros ojos, ni mayores ni más claros, ni en mayor abundancia que por el alma de Cristo, y por su cuerpo y por todas sus inclinaciones, hechos y dichos, con todo lo demás que pertenece a su oficio.

Y comencemos por el cuerpo, que es lo primero y más descubierto; en el cual, aunque no le vemos, mas por la relación que tenemos de él, y entre tanto que viene aquel bienaventurado día en que por su bondad infinita esperamos verle amigo para nosotros y alegre; así que, dado que no le veamos, pero pongamos ahora con la fe los ojos en aquel rostro divino y en aquellas figuras de Él, figuradas con el dedo del Espíritu Santo; y miremos el semblante hermoso y la postura grave y suave, y aquellos ojos y boca, aquésta nadando siempre en dulzura, y aquéllos muy más claros y resplandecientes que el Sol; y miremos toda la compostura del cuerpo, su estado, su movimiento, sus miembros concebidos en la misma pureza, y dotados de inestimable belleza...

Mas ¿para qué voy menoscabando este bien con mis pobres palabras, pues tengo las del mismo Espíritu que le formó en el vientre de la sacratísima Virgen, que nos le pintan en el libro de los Cantares por la boca de la enamorada pastora, diciendo: «Blanco y colorado, trae bandera entre los millares. Su cabeza, oro de Tíbar; sus cabellos enriscados y negros; sus ojos como los de las palomas, junto a los arroyos de las aguas, bañadas en leche; sus mejillas como eras de plantas olorosas de los olores de confección; sus labios, violetas que destilan preciada mirra. Sus manos, rollos llenos de oro de Tarsis. Su vientre, bien como el marfil adornado de zafiros. Sus piernas, columnas de mármol fundadas sobre bases de oro fino; el su semblante como el del Líbano, erguido como los cedros; su paladar, dulzuras, y todo Él deseos». Pues pongamos los ojos en esta acabada beldad, y contemplémosla bien, y conoceremos que todo lo que puede caber de Dios en un cuerpo, y cuanto le es posible participar de él, y retraerle y figurarle y asemejársele, todo esto, con ventajas grandísimas, entre todos los otros cuerpos resplandece en aquéste;

y veremos que en su género y condición es como un retrato vivo y perfecto.

Porque lo que en el cuerpo es color —que quiero, para mayor evidencia, cotejar por menudo cada una cosa con otra, y señalar en este retrato suyo, que formó Dios de hecho, habiéndole pintado muchos años antes con las palabras, cuán enteramente responde todo con su verdad; aunque, por no ser largo, diré poco de cada cosa, o no la diré, sino tocarla he solamente—, por manera que el color en el cuerpo, el cual resulta de la mezcla de las cualidades y humores que hay en él, y que es lo primero que se viene a los ojos responde a la liga —o si lo podemos decir así— a la mezcla y tejido que hacen entre sí las perfecciones de Dios. Pues así como se dice de aquel color que se tiñe de colorado y de blanco, así toda esa mezcla secreta se colora de sencillo y amoroso. Porque lo que luego se nos ofrece a los ojos, cuando los alzarnos a Dios, es una verdad pura y una perfección simple y sencilla que ama.

Y asimismo la cabeza en el cuerpo dice con lo que en Dios es la alteza de su saber. Aquélla, pues, es de oro de Tíbar, y aquésta son tesoros de sabiduría. Los cabellos, que de la cabeza nacen, se dicen ser enriscados y negros; los pensamientos y consejos que proceden de aquel saber, son ensalzados y oscuros. Los ojos de la providencia de Dios y los ojos de aqueste cuerpo unos; que éstos miran, como palomas bañadas en leche, las aguas; aquéllos atienden y proveen a la universidad de las cosas con suavidad y dulzura grandísima dando a cada una su sustento, y como digamos, su leche.

Pues ¿qué diré de las mejillas, que aquí son eras olorosas de plantas, y en Dios son su justicia y su misericordia, que se descubren y se le echan más de ver, como si dijésemos, en el uno y en el otro lado del rostro, y que esparcen su olor por todas las cosas? Que, como es escrito, «todos los caminos del Señor son misericordia y verdad». Y la boca y los labios, que son en Dios los avisos que nos da y las Escrituras santas donde nos habla, así como en este cuerpo son violetas y mirra, así en Dios tienen mucho de encendido y de amargo, con que encienden a la virtud y amargan y amortiguan el vicio. Y ni más ni menos, lo que en Dios son las manos, que son el poderío suyo para obrar y las obras hechas por Él, son semejantes a las de este cuerpo, hechas como «rollos de oro rematados en tarsis; esto es, son perfectas hermosas y todas muy buenas, como la Escritura lo dice: «Vio Dios todo lo que hiciera, y todo era muy bueno». Pues para las entrañas de Dios y para la fecundidad de su virtud, que es como el vientre, donde todo se engendra, ¿qué imagen será mejor que este vientre blanco y como hecho de «marfil y adornado de zafiros»?

Y las piernas del mismo, que son hermosas y firmes, como mármoles sobre basas de oro, clara pintura sin duda son de la firmeza divina no mudable, que es como aquello en que Dios estriba.

Es también su semblante como el del Líbano, que es como la altura de la naturaleza divina, llena de majestad y belleza.

Y, finalmente, es dulzuras su paladar, y deseos todo él; para que entendamos del todo cuán merecidamente este cuerpo es llamado imagen y Faces y cara de Dios, el cual es dulcísimo y amabilísimo por todas partes, así como escrito: «Gustad y ved cuán dulce es el Señor. Y ¡cuán grande es, Señor, la muchedumbre de tu dulzura, que escondiste para los que te aman!». Pues si en el cuerpo de Cristo se descubre y reluce tanto la figura divina, ¿cuánto más expresa imagen suya será su santísima alma, la cual verdaderamente, así por la perfección de su naturaleza como por los tesoros de sobrenaturales riquezas que Dios en ella ayuntó, se asemeja a Dios y le retrata más vecina y acabadamente que otra criatura ninguna? Y después del mundo original, que es el Verbo, el mayor del mundo y el más vecino al original es aquesta divina alma, y el mundo visible, comparado con ella, es pobreza y pequeñez; porque Dios sabe y tiene presente delante de los ojos de su conocimiento todo lo que es y puede ser; y el alma de Cristo ve con los suyos todo lo que fue, es y será.

En el saber de Dios están las ideas y las razones de todo, y en esta alma el conocimiento de todas las artes y ciencias. Dios es fuente de todo el ser, y el alma de Cristo de todo el buen ser, quiero decir, de todos los bienes de gracia y justicia, con que lo que es se hace justo y bueno y perfecto; porque de la gracia que hay en Él mana toda la nuestra. Y no solo es gracioso en los ojos de Dios para sí, sino para nosotros también; porque tiene justicia, con que parece en el acatamiento de Dios amable sobre todas las criaturas; y tiene justicia poderosa para hacerlas amables a todas, infundiendo en sus vasos de cada una algún efecto de aquella su grande virtud, como es escrito: «De cuya abundancia recibimos todos gracia por gracia»; esto es, de una gracia otra gracia; de aquella gracia, que es fuente, otra gracia que es como su arroyo; y de aquel dechado de gracia que está en Él, un traslado de gracia o una otra gracia trasladada que mora en los justos.

Y, finalmente, Dios cría y sustenta al universo todo, y le guía y endereza a su bien; y el alma de Cristo recría y repara y defiende, y continuamente va alentando e inspirando para lo bueno y lo justo, cuanto es de su parte, a todo el género humano.

Dios se ama a sí y se conoce infinitamente; y ella le ama y le conoce con un conocimiento y amor, en cierta manera infinito. Dios es sapientísimo, y ella de inmenso saber, Dios poderoso, y ella sobre toda fuerza natural poderosa. Y como si pusiésemos muchos espejos en diversas distancias delante de un rostro hermoso, la figura y facciones de él, en el espejo que le estuviese más cerca, se demostraría mejor, así esta alma santísima, como está junto, y si lo hemos de decir así, apegadísima por unión personal al Verbo divino, recibe sus resplandores en sí y se figura de ellos más vivamente que otro ninguno.

Pero vamos más adelante, y pues hemos dicho del cuerpo de Cristo y de su alma por sí, digamos de lo que resulta de todo junto, y busquemos en sus inclinaciones y condición y costumbres aquestas Faces e imagen de Dios. Y dicho esto, Marcelo calló; y Sabino prosiguió luego: Él dice de sí «que es manso y humilde, y nos convida a que aprendamos a serlo de Él».

Y mucho antes el profeta Esaías viéndole en espíritu, nos le pintó con las mismas condiciones diciendo: «No dará voces ni será aceptador de personas, y su voz no sonará fuera. A la caña quebrantada no quebrará, ni sabrá hacer mal ni aun a una poca de estopa, que echa humo. No será acedo ni revoltoso». Y no se ha de entender que es Cristo manso y humilde por virtud de la gracia que tiene solamente, sino, así como por inclinación natural son bien inclinados los hombres, unos a una virtud y otros a otra, así también la humanidad de Cristo, de su natural compostura, es de condición llena de llaneza y mansedumbre.

Pues con ser Cristo, así por la gracia que tenía como por la misma disposición de su naturaleza, un dechado de perfecta humildad; por otra parte, tiene tanta alteza y grandeza de ánimo, que cabe en Él, sin desvanecerle, el ser Rey de los hombres y Señor de los ángeles y Cabeza y Gobernador de todas las cosas, y el ser adorado de todas ellas y el estar a la diestra de Dios, unido con Él y hecho una persona con Él. Pues ¿qué es esto sino ser Faces del mismo Dios?

El cual, con ser tan manso como la enormidad de nuestros pecados y la grandeza de los perdones suyos, y no solo de los perdones, sino de las maneras que ha usado para nos perdonar, lo testifican y enseñan; es también tan alto y tan grande como lo pide el nombre de Dios, y como lo dice Job con galana manera: «Alturas de cielos, ¿qué farás? Honduras de abismo, cómo le entenderás? Longura más que tierra medida suya, y anchura allende del mar». Y juntamente con esta inmensidad de grandeza y celsitud, podemos decir que se humilla tanto y se allana con sus criaturas, que tiene cuenta con los pajaricos, y provee a las hormigas, y pinta las flores y desciende hasta lo más bajo del centro y hasta los más viles gusanos. Y, lo que es más claro argumento de su llana bondad, mantiene y acaricia a los pecadores y los alumbra con esta luz hermosa que vemos; y estando altísimo en sí, se abaja con sus criaturas, y como dice el salmo: «Estando en el cielo, está también en la tierra». Pues ¿qué diré del amor que nos tiene Dios, y de la caridad para con nosotros que arde en el alma de Cristo? ¿De lo que Dios hace por los hombres, y de lo que la humanidad de Cristo ha padecido por ellos? ¿Cómo los podré comparar entre sí, o qué podré decir, cotejándolos, que más verdadero sea, que es llamar a esto Faces e imagen de aquello? Cristo nos amó hasta darnos su vida; y Dios, inducido de nuestro amor, porque no puede darnos la suya, danos la de su Hijo Cristo, porque no padezcamos infierno y porque gocemos nosotros del cielo, padece prisiones y azotes y afrentosa y dolorosa muerte.

Y Dios, por el mismo fin, ya que no era posible padecerla en su misma naturaleza, buscó y halló orden para padecerla por su misma persona. Y aquella voluntad ardiente y encendida, que la naturaleza humana de Cristo tuvo de morir por los hombres, no fue sino como una llama que se prendió del fuego de amor y deseo, que ardían en la voluntad de Dios, de hacerse hombre para morir por ellos.

No tiene fin este cuento; y cuanto más desplego las velas, tanto hallo mayor camino que andar, y se me descubren nuevos mares cuanto más navego; y cuanto más considero estas Faces, tanto por más partes se me descubren en ellas el ser y las perfecciones de Dios.

Mas conviéneme ya recoger, y hacerlo he con decir solamente que así como Dios es trino y uno, trino en personas y uno en esencia, así Cristo y sus fieles, por representar en esto también a Dios, son en personas muchos y diferentes, mas como ya comenzamos a decir, y diremos más largamente después, en espíritu y en una unidad secreta, que se explica mal con palabras y que se entiende bien por los que la gustan, son uno mismo. Y dado que las cualidades de gracia y de justicia y de los demás dones divinos que están en los justos, sean en razón semejantes, y divididos y diferentes en número; pero el espíritu que vive en todos ellos, o por mejor decir, el que los hace vivir vida justa, y el que los alienta y menea, y el que despierta y pone en obra las mismas cualidades y dones que he dicho, es en todos uno y solo, y el mismo de Cristo. Y así vive en los suyos Él, y ellos viven por Él y todos en Él; y son uno mismo multiplicado en personas, y, en cualidad y sustancia de espíritu, simple y sencillo, conforme a lo que pidió a su Padre, diciendo: «Para que sean todos una cosa, así como somos una cosa nosotros». Dícese también Cristo Faces de Dios porque, como por la cara se conoce uno, así Dios por medio de Cristo quiere ser conocido. Y el que sin este medio le conoce, no le conoce; y por esto dice Él de sí mismo, «que manifestó el nombre de su Padre a los hombres». Y es llamado «puerta y entrada» por la misma razón; porque Él solo nos guía y encamina y hace entrar en el conocimiento de Dios y en su amor verdadero.

Y baste haber dicho hasta aquí de lo que toca a este nombre.

CAMINO [Es Cristo llamado Camino y por qué se le atribuye este nombre.] «Llámase también CAMINO Cristo en la Sagrada Escritura. Él mismo se llama así en San Juan, en el capítulo 14: "Yo —dice— soy camino, verdad y vida". Y puede pertenecer a esto mismo lo que dice Esaías en el capítulo 35: 6 "Habrá entonces senda y camino, y será llamado camino santo, y será para vosotros camino derecho." Y no es ajeno de ello lo del salmo 15: "Hiciste que me sean manifiestos los caminos de vida". Y mucho menos lo del salmo 66: "Para que conozcan en la tierra tu camino", y declara luego qué camino: "En todas las gentes tu salud", que es el nombre de Jesús.»

—No será necesario —dijo Marcelo, luego que Sabino hubo leído esto— probar que Camino es nombre de Cristo, pues Él mismo se le pone. Mas es necesario ver y entender la razón por qué se le pone y lo que nos quiso enseñar a nosotros llamándose a sí Camino nuestro. Y aunque esto en parte está ya dicho, por el parentesco que este nombre tiene con el que acabamos de decir ahora, porque ser Faces y ser Camino en una cierta razón es lo mismo; mas porque, además de aquello, encierra este nombre otras muchas consideraciones en sí, será conveniente que particularmente digamos de él.

Pues para esto, lo primero se debe advertir que camino en la Sagrada Escritura se toma en diversas maneras. Que algunas veces camino en ella significa la condición y el ingenio de cada uno, y su inclinación y manera de proceder, y lo que suelen llamar estilo en romance, o lo que llaman humor ahora. Conforme a esto es lo de David en el salmo, cuando hablando de Dios dice: «Manifestó a Moisés sus caminos». Porque los caminos de Dios que llaman así, son aquello que el mismo salmo dice luego, que es lo que Dios manifestó de su condición en el Éxodo, cuando se le demostró en el monte y en la pena, poniéndole la mano en los ojos pasó por delante de Él, y en pasando le dijo: «Yo soy amador entrañable, y compasivo mucho, y muy sufrido, largo en misericordia verdadero, y que castigo hasta lo cuarto, y uso de piedad hasta lo mil». Así que estas buenas condiciones de Dios y estas entrañas suyas son allí sus caminos.

Camino se llama en otra manera la profesión de vivir que escoge cada uno para sí mismo, y su intento y aquello que pretende o en la vida o en algún negocio particular, y lo que se pone como por blanco.

Y en esta significación dice el salmo: «Descubre tu camino al Señor, y Él lo hará». Que es decirnos David que pongamos nuestros intentos y pretensiones en los ojos y en las manos de Dios, poniendo en su providencia confiadamente el cuidado de ellos, y que con esto quedemos seguros de Él que los tomará a su cargo y les dará buen suceso. Y si los ponemos en sus manos, cosa debida es que sean cuales ellas son; esto es, que sean de cualidad que se pueda encargar de ellos Dios, que es justicia y bondad. Así que, de una vez y por unas mismas palabras, nos avisa allí de dos cosas el salmo: una, que no pretendamos negocios ni prosigamos intentos en que no se pueda pedir la ayuda de Dios; otra, que después de así apurados y justificados, no los fiemos de nuestras fuerzas, sino que los echemos en las suyas, y nos remitamos a Él con esperanza segura.

La obra que cada uno hace, también es llamada camino suyo. En los Proverbios dice la Sabiduría de sí: «El Señor me crió en el principio de sus caminos»; esto es, soy la primera cosa que procedió de Dios. Y del elefante se dice en el libro de Job que es el «principio de los caminos de Dios»; porque entre las obras que hizo Dios cuando crió a los animales es obra muy aventajada. Y en el Deuteronomio dice Moisés que «son juicio los caminos de Dios; queriendo decir que sus obras son santas y justas. Y el justo desea y pide en el salmo que «sus caminos», esto es, sus pasos y obras, se enderecen siempre a «cumplir lo que Dios le manda que haga».

Dícese más camino el precepto y la ley. Así lo usa David: «Guardé los caminos del Señor y no hice cosa mala contra mi Dios». Y más claro en otro lugar: «Corrí por el camino de tus mandamientos, cuando ensanchaste mi corazón». Por manera que este nombre camino, demás de lo que significa con propiedad, que es aquello por donde se va a algún lugar sin error, pasa su significación a otras cuatro cosas por semejanza: a la inclinación, a la profesión, a las obras de cada uno, a la ley y preceptos, porque cada una de estas cosas encamina al hombre a algún paradero, y el hombre por ellas, como por camino, se endereza a algún fin.

Que cierto es que la ley guía, y las obras conducen, y la profesión ordena, y la inclinación lleva cada cual a su cosa.

Esto así presupuesto, veamos por qué razón de éstas Cristo es dicho Camino; o veamos si por todas ellas lo es, como lo es, sin duda, por todas.

Porque, cuanto a la propiedad del vocablo, así como aquel camino —y señaló Marcelo con el dedo, porque se parecía de allí— es el de la corte, porque lleva a la corte y a la morada del rey a todos los que enderezan sus pasos por él, así Cristo es el Camino del cielo, porque, si no es poniendo las pisadas en él y siguiendo su huella, ninguno va al cielo. Y no solo digo que hemos de poner los pies donde Él puso los suyos, y que nuestras obras, que son nuestros pasos, han de seguir a las obras que Él hizo, sino que —lo que es propio al camino— nuestras obras han de ir andando sobre él, porque, si salen de él, van perdidas. Que cierto es que el paso y la obra que en Cristo no estriba y cuyo fundamento no es Él, no se adelanta ni se allega hacia el cielo.

Muchos de los que vivieron sin Cristo abrazaron la pobreza y amaron la castidad y siguieron la justicia, modestia y templanza; por manera que quien no lo mirara de cerca, juzgara que iban por donde Cristo fue y que se parecían a Él en los pasos; mas, como no estribaban en Él, no siguieron camino ni llegaron al cielo. La oveja perdida, que fueron los hombres, el pastor que la halló, como se dice en San Lucas, no la trajo al rebaño por sus pies de ella ni guiándola delante de sí, «sino sobre sí y sobre sus hombros». Porque, si no es sobre Él, no podemos andar; digo, no será de provecho para ir al cielo la que sobre otro suelo anduviéremos.

¿No habéis visto algunas madres, Sabino, que teniendo con sus dos manos las dos de sus niños, hacen que sobre sus pies de ellas pongan ellos sus pies, y así los van allegando a sí y los abrazan y son juntamente su suelo y su guía? ¡Oh piedad la de Dios! Esta misma forma guardáis, Señor, con nuestra flaqueza y niñez. Vos nos dais la mano de vuestro favor; Vos hacéis que pongamos en vuestros bien guiados pasos los nuestros; Vos hacéis que subamos; Vos que nos adelantemos; Vos sustentáis nuestras pisadas siempre en Vos mismo, hasta que, avecinados a Vos, en la manera de vecindad que os contenta, con nudo estrecho nos ayuntáis en el cielo.

Y porque, Juliano; los caminos son en diferentes maneras, que unos son llanos y abiertos, y otros estrechos y de cuesta, y unos más largos, y otros que son como sendas de atajo; Cristo; verdadero Camino y universal, cuanto es de su parte, contiene todas estas diferencias en sí; que tiene llanezas abiertas y sin dificultad de estropiezos, por donde caminan descansadamente los flacos; y tiene sendas más estrechas y altas para los que son de más fuerza; y tiene rodeos para unos, porque así les conviene, y ni más ni menos por donde atajen y abrevien los que se quisieren apresurar.

Mas veamos lo que escribe de este nuestro Camino Esaías: «Y habrá allí senda y Camino, y será llamado Camino santo. No caminará por él persona no limpia, y será derecho este Camino para vosotros, los ignorantes en él no se perderán. No habrá león en él, ni bestia fiera, ni subirá por él ninguna mala alimaña. Caminarle han los librados, y los redimidos por el Señor volverán, y vendrán a Sión con loores y gozo sobre sus cabezas sin fin. Ellos asirán del gozo y de la alegría, y el dolor y el gemido huirá de ellos». Lo que dice senda, la palabra original significa todo aquello que es paso por donde se va de una cosa a otra; pero no como quiera paso, sino paso algo más levantado que los demás del suelo que le está vecino, y paso llano, o porque está enlosado o porque está limpio de piedras y libre de estropiezos. Y conforme a esto, unas veces significa esta palabra las gradas de piedra por donde se sube, y otras, la calzada empedrada y levantada del suelo, y otras, la senda que se ve ir limpia en la cuesta, dando vueltas desde la raíz a la cumbre. Y todo ello dice con Cristo muy bien, porque es calzada y sendero, y escalón llano y firme. Que es decir que tiene dos cualidades este Camino: la una de alteza y la otra de desembarazo; las cuales son propias, así a lo que llamamos gradas como a lo que decimos sendero o calzada. Porque es verdad que todos los que caminan por Cristo van altos y van sin estropiezos. Van altos, lo uno porque suben; suben, digo, porque su caminar es propiamente subir; porque la virtud cristiana siempre es mejoramiento y adelantamiento del alma. Y así, los que andan y se ejercitan en ella forzosamente crecen, y el andar mismo es hacer de continuo mayores, al revés de los que siguen la vereda de vicio, que siempre descienden, porque el ser vicioso es deshacerse y venir a menos de lo que es; y cuanto va más, tanto más se menoscaba y disminuye, y viene por sus pasos contados, primero a ser bruto, y después a menos que bruto, y finalmente a ser casi nada. Los hijos de Israel, cuyos pasos desde Egipto hasta Judea fueron imagen de esto, siempre fueron subiendo por razón del sitio y disposición de la tierra. Y en el templo antiguo, que también fue figura, por ninguna parte se podía entrar sin subir. Y así el Sabio, aunque por semejanza de resplandor y de luz! dice lo mismo así de los que caminan por Cristo como de los que no quieren seguirle. De los unos dice: «La senda de los justos, como luz que resplandece, y crece y va adelante basta que sube a ser día perfecto». De los otros, en un particular que los comprende: «Desciende —dice— a la muerte su casa, y a los abismos sus sendas». Pues esto es lo uno. Lo otro, van altos porque van siempre lejos del suelo, que es lo más bajo. Y van lejos de él, porque lo que el suelo ama, ellos lo aborrecen; lo que sigue, huyen, y lo que estima, desprecian. Y lo último, van así porque huellan sobre lo que el juicio de los hombres tiene puesto en la cumbre: las riquezas, los deleites, las honras.

Y esto cuanto a la primera cualidad de la alteza.

Y lo mismo se ve en la segunda, de llaneza y de carecer de estropiezos. Porque el que endereza sus pasos conforme a Cristo, no se encuentra con nadie; a todos les da ventaja; no se opone a sus pretensiones; no les contramina sus designos; sufre sus iras, sus injurias, sus violencias; y si le maltratan y despojan los otros, no se tiene por despojado, sino por desembarazado y más suelto para seguir su viaje. Como, al revés, hallan los que otro camino llevan, a cada paso, innumerables estorbos, porque pretenden otros los que ellos pretenden, y caminan todos a un fin, y a fin en que los unos a los otros se estorban; y así se ofenden cada momento y estropiezan entre sí mismos, y caen, y paran, y vuelven atrás, desesperados de llegar a donde iban. Mas en Cristo, como hemos dicho, no se halla tropiezo, porque es como camino real en que todos los que quieren caben sin embarazarse.

Y no solamente es Cristo grada y calzada y sendero por estas dos cualidades dichas, que son comunes a todas estas tres cosas, sino también por lo propio de cada una de ellas comunican su nombre con Él; porque es grada para la entrada del templo del cielo, y sendero que guía sin error a lo alto del monte adonde la virtud hace vida, y calzada enjuta y firme, en quien nunca o el paso engaña o desliza o titubea el pie. Que los otros caminos más verdaderamente son deslizaderos o despeñaderos, que cuando menos se piensa, o están cortados, o debajo de los pies se sumen ellos, y echa en vacío el pie el miserable que caminaba seguro.

Y así Salomón dice: «El camino de los malos, barranco y abertura honda». ¡Cuántos en las riquezas y por las riquezas, que buscaron y hallaron, perdieron la vida! ¡Cuántos, caminando a la honra, hallaron su afrenta! Pues del deleite, ¿qué podemos decir, sino que su remate es dolor? Pues no desliza así ni hunde los pasos el que nuestro camino sigue, porque los pone en piedra firme de continuo. Y por eso dice David: «Está la ley de Dios en su corazón, no padecerán engaños sus pasos». Y Salomón: «El camino de los malos, como valladar de zarzas; la senda del justo, sin cosa que le ofenda». Pero añade Esaías: «senda y camino, y será llamado santo». En el original la palabra camino se repite tres veces, de esta manera: Y «será camino, y camino, y camino llamado santo;

porque Cristo es Camino para todo género de gente. Y todos ellos, los que caminan en él se reducen a tres: a principiantes, que llaman, en la virtud; a aprovecharos en ella; a los que nombran perfectos. De los cuales tres órdenes se compone todo lo escogido de la Iglesia. así como su imagen, el templo antiguo, se componía de tres partes, portal y palacio y sagrario; y como los aposentos que estaban apegados a él y cercaban a la redonda por los dos lados y por las espaldas se repartían en tres diferencias, que unos eran piezas bajas, otros entresuelos y otros sobrados. Es, pues, Cristo tres veces Camino, porque es calzada allanada y abierta para los imperfectos, y camino para los que tienen más fuerza, y camino santo para los que son ya perfectos en Él.

Dice más: «No pasará por él persona no limpia»; porque, aunque en la Iglesia de Cristo y en su cuerpo místico hay muchas no limpias, mas los que pasan por él todos son limpios; quiero decir que el andar en él siempre es limpieza, porque los pasos que no son limpios no son pasos hechos sobre este Camino. Y son limpios también todos los que pasan por él, no todos los que comienzan en él, sino todos los que comienzan, y demedian, y pasan hasta llegar al fin, porque el no ser limpio es parar o volver atrás o salir del camino. Y así, el que no parare, sino pasare, como dicho es, forzosamente ha de ser limpio.

Y parece aún mas claro de lo que se sigue: «Y será camino derecho para vosotros». Adonde el original dice puntualmente: «Y Él les andará el camino, o Él a ellos les es el camino que andan». Por manera que Cristo es el Camino nuestro, y el que anda también el camino; porque anda Él andando nosotros o, por mejor decir, andamos nosotros porque anda Él y porque su movimiento nos mueve. Y así Él mismo es el Camino que andamos y el que anda con nosotros, y el que nos incita para que andemos. Pues cierto es que Cristo no hará compañía a lo que no fuere limpieza. Así que no camina aquí lo sucio ni se adelanta lo que es pecador, porque ninguno camina aquí, si Cristo no camina con él.

Y de esto mismo nace lo que viene luego: «Ni los ignorantes se perderán en él». Porque ¿quién se perderá con tal guía? Mas ¡qué bien dice «los ignorantes»! Porque los sabios, confiados de sí y que presumen valerse y abrir camino por sí, fácilmente se pierden; antes de necesidad se pierden, si confían en sí. Mayormente que, si Cristo es el mismo guía y Camino, bien se convence que es camino claro y sin vueltas, y que nadie lo pierde, si no lo quiere perder de propósito. «Esta es la voluntad de mi Padre —dice Él mismo— que no pierda ninguno de los que me dio, sino que los traiga a vida en el día postrero.» Y sin duda, Juliano, no hay cosa más clara a los ojos de la razón, ni más libre de engaño que el camino de Dios. Bien lo dice David: «Los mandamientos del Señor —que son sus caminos— lúcidos, y que dan luz a los ojos. Los juicios suyos verdaderos y que se abonan a sí mismos». Pero ya que el camino carece de error, ¿hácenlo por ventura peligroso las fieras, o saltean en él? Quien lo allana y endereza, ése también lo asegura; y así añade el Profeta: «No habrá león en él, ni andará por él bestia fiera». Y no dice andará, sino subirá; porque si, o la fiereza de la pasión, o el demonio, león enemigo, acomete a los que caminan aquí, si ellos perseveran en el camino, nunca los sobrepuja ni viene a ser superior suyo, antes queda siempre caído y bajo. Pues si éstos no, ¿quién andará? «Y andarán —dice— en él los redimidos.» Porque primero es ser redimido que caminantes; primero es que Cristo, por su gracia y por la justicia que pone en ellos, los libre de la culpa, a quien servían cautivos, y les desate las prisiones con que estaban atados; y después es que comiencen a andar. Que no somos redimidos por haber caminado primero, ni por los buenos pasos que dimos, ni venimos a la justicia por nuestros pies: «No por las obras justas que hicimos —dice— sino según su misericordia nos hizo salvos». Así que no nace nuestra redención de nuestro camino y merecimiento, sino, redimidos una vez, podemos caminar y merecer después alentados con la virtud de aquel bien.

Y es en tanto verdad que solos los redimidos y libertados caminan aquí, y que primero que caminen son libres, que ni los que son libres y justos caminan ni se adelantan, sino con solos aquellos pasos quedan como justos y libres; porque la redención y la justicia, y el espíritu que las hace, encerrado en el nuestro, y el movimiento suyo y las obras que de este movimiento y conforme a este movimiento hacemos, son, para en este camino, los pies.

Pues han de ser redimidos; mas ¿por quién redimidos? La palabra original lo descubre porque significa aquello a quien otro alguno por vía de parentesco y de deudo lo rescata, y como solemos decir, lo saca por el tanto. De manera que, si no caminan aquí sino aquellos a quien redime su deudo, y por vía de deudo, clara cosa será que solamente caminan los redimidos por Cristo, el cual es deudo nuestro por parte de la naturaleza nuestra, de que se vistió; y nos redime, por serlo. Porque, como hombre, padeció por los hombres, y como hermano y cabeza de ellos pagó, según todo derecho, lo que ellos debían; y nos rescató para sí, como cosa que le pertenecíamos por sangre y linaje, como se dirá en su lugar.

Añade: «Y los redimidos por el Señor volverán a andar por él». Esto toca propiamente a los del pueblo judaico, que con el fin de los tiempos se han de reducir a la Iglesia; y, reducidos, comenzarán a caminar por este nuestro Camino con pasos largos, confesándole por Mesías. Porque —dice— «tornarán a este camino, en el cual anduvieron verdaderamente primero, cuando sirvieron a Dios en la fe de su venida que esperaban, y le agradaron; y después se salieron de él, y no lo quisieron conocer cuando lo vieron, y así ahora no andan en él; mas está profetizado que han de tornar. Y por eso dice que «volverán otra vez al camino los que el Señor redimió». Y tiene cada una de estas palabras su particular razón, que demuestran ser así lo que digo. Porque lo primero, en el original, en lugar de lo que decimos Señor, está el nombre de Dios propio, el cual tiene particular significación de una entrañable piedad y misericordia. Y lo segundo, lo que decimos redimidos, al pie de la letra suena redenciones o rescates; en manera que dice que los rescates o redenciones del Piadosísimo tornarán a volver. Y llama rescates o redenciones a los de este linaje, porque no los rescató una sola vez de sus enemigos, sino muchas veces y en muchas maneras, como las sagradas Letras lo dicen.

Y llámase en este particular misericordiosísimo a sí mismo; lo uno, porque, aunque lo es siempre con todos, mas es cosa que admira el extremo de regalo y de amor con que trató Dios a aquel pueblo, desmereciéndolo él. Lo otro, porque, teniéndolo tan desechado ahora y tan apartado de sí, y desechado y apartado con tan justa razón, como a infiel y homicida; y pareciendo que no se acuerda ya de él, por haber pasado tantos siglos que le dura el enojo, después de tanto olvido y de tan luengo desecho, querer tornarle a su gracia, y de hecho tornarle, señal manifiesta es de que su amor para con él es entrañable y grandísimo; pues no lo acaban ni las vueltas del tiempo tan largas, ni los enojos tan encendidos, ni las causas de ellos tan repetidas y tan justas.

Y señal cierta es que tiene en el pecho de Dios muy hondas raíces aqueste querer, pues cortado y al parecer seco, torna a brotar con tanta fuerza. De arte que Esaías llama rescates a los judíos, y a Dios le llama piadoso, porque sola su no vencida piedad para con ellos, después de tantos rescates de Dios, y de tantas y tan malas pagas de ellos, los tornará últimamente a librar; y libres y ayuntados a los demás libertados que están ahora en la Iglesia, los pondrá en el camino de ella y los guiará derechamente por él.

Mas ¡qué dichosa suerte y qué gozoso y bienaventurado viaje, adonde el Camino es Cristo, y la guía de él es Él mismo, y la guarda y la seguridad ni más ni menos es Él, y adonde los que van por él son sus hechuras y rescatados suyos! Y así todos ellos son nobles y libres; libres, digo, de los demonios y rescatados de la culpa, y favorecidos contra sus reliquias, y defendidos de cualesquier acontecimientos malos, y alentados al bien con prendas y gustos de él; y llamados a premios tan ricos, que la esperanza sola de ellos los hace bienandantes en cierta manera. Y así concluye, diciendo: «Y vendrán a Sión con loores y alegría no perecedera en sus cabezas; asirán del gozo, y asirán del placer, y huirá de ellos el gemido y dolor». Y por esta manera es llamado Camino Cristo, según aquello que con propiedad significa; y no menos lo es según aquellas cosas que por semejanza son llamadas así. Porque si el camino de cada uno son, como decíamos, las inclinaciones que tiene, y aquello a que le lleva su juicio y su gusto, Cristo con gran verdad es Camino de Dios; porque es, como poco antes dijimos, imagen viva suya y retrato verdadero de sus inclinaciones y condiciones todas; o, por decirlo mejor, es como una ejecución y un poner por obra todo aquello que a Dios le aplace y agrada más. Y si es camino el fin y el propósito que se pone cada uno a sí mismo para enderezar sus obras, Camino es sin duda Cristo, de Dios; pues, como decíamos hoy al principio, después de sí mismo, Cristo es el fin principal a quien Dios mira en todo cuanto produce.

Y, finalmente, ¿como no será Cristo Camino, si se llama camino todo lo que es ley, regla y mandamiento que ordena y endereza la vida, pues es Él solo la ley? Porque no solamente dice lo que hemos de obrar, mas obra lo que nos dice que obremos y nos da fuerzas para que obremos lo que nos dice. Y así, no manda solamente a la razón, sino hace en la voluntad ley de lo que manda, y se lanza en ella; y, lanzado allí, es su bien y su ley.

Mas no digamos ahora de esto, porque tiene su propio lugar adonde después lo diremos.

Y dicho esto, calló Marcelo, y Sabino abrió su papel y dijo: P A S T O R [LIámase Cristo Pastor, por qué le conviene este nombre, y cuál es el oficio de pastor] «Llámase también Cristo PASTOR. Él mismo dice en San Juan: "Yo soy buen Pastor", y en la Epístola a los Hebreos dice San Pablo de Dios: "Que resucitó a Jesús, Pastor grande de ovejas". Y San Pedro dice del mismo: "Cuando apareciere el Príncipe de los Pastores". Y por los profetas es llamado de la misma manera. Por Esaías en el capítulo 40, por Ezequiel en el capítulo 34, por Zacarías en el capítulo 11». Y Marcelo dijo luego:

—Lo que dije en el nombre pasado puedo también decir en éste, que es excusado probar que es nombre de Cristo, pues Él mismo se le pone. Mas como esto es fácil, así es negocio de mucha consideración el traer a luz todas las causas por qué se pone este nombre. Porque en esto que llamamos pastor se pueden considerar muchas cosas; unas que miran propiamente a su oficio, y otras que pertenecen a las condiciones de su persona y su vida.

Porque lo primero, la vida pastoril es vida sosegada y apartada de los ruidos de las ciudades, y de los vicios y deleites de ellas. Es inocente, así por esto como por parte del trato y granjería en que se emplea. Tiene sus deleites, y tanto mayores cuanto nacen de cosas más sencillas y más puras y más naturales: de la vista del cielo libre, de la pureza del aire, de la figura del campo, del verdor de las yerbas y de la belleza de las rosas y de las flores. Las aves con su canto y las aguas con su frescura le deleitan y sirven. Y así, por esta razón, es vivienda muy natural y muy antigua entre los hombres, que luego en los primeros de ellos hubo pastores; y es muy usada por los mejores hombres que ha habido, que Jacob y los doce patriarcas la siguieron, y David fue pastor; y es muy alabada de todos, que, como sabéis, no hay poeta, Sabino, que no la cante y alabe.

—Cuando ninguno la loara —dijo Sabino entonces—, basta para quedar muy loada lo que dice de ella el poeta latino, que en todo lo que dijo venció a los demás. y en aquello parece que vence a sí mismo; tanto son escogidos y elegantes esos versos con que lo dice.

Mas, porque, Marcelo, decís de lo que es ser pastor y del caso que de los pastores la poesía hace, mucho es de maravillar con qué juicio los poetas, siempre que quisieron decir algunos accidentes de amor, los pusieron en los pastores, y usaron, más que de otros, de sus personas para representar esta pasión en ellas, que así lo hizo Teócrito y Virgilio. Y ¿quién no lo hizo, pues el mismo Espíritu Santo, en el libro de los Cantares, tomó dos personas de pastores para por sus figuras de ellos y por su boca hacer representación del increíble amor que nos tiene? Y parece, por otra parte, que son personas no convenientes para esta representación los pastores, porque son toscos y rústicos. Y no parece que se conforman ni que caben las finezas que hay en el amor, y lo muy propio y grave de él con lo tosco y villano.

—Verdad es, Sabino —respondió Marcelo—, que usan los poetas de lo pastoril para decir del amor; mas no tenéis razón en pensar que para decir de él hay personas más a propósito que los pastores, ni en quien se represente mejor. Porque puede ser que en las ciudades se sepa mejor hablar; pero la fineza del sentir es del campo y de la soledad Y a la verdad, los poetas antiguos, y cuanto más antiguos tanto con mayor cuidado, atendieron mucho a huir de lo lascivo y artificioso, de que está lleno el amor que en las ciudades se cría, que tiene poco de verdad y mucho de arte y de torpeza. Mas el pastoril, como tienen los pastores los ánimos sencillos y no contaminados con vicios, es puro y ordenado a buen fin; y como gozan del sosiego y libertad de negocios que les ofrece la vida sola del campo, no habiendo en él cosa que los divierta, es muy vivo y agudo. Y ayúdanle a ello también la vista desembarazada, que de continuo gozan, del cielo y de la tierra y de los demás elementos, que es ella en sí una imagen clara, o por mejor decir, una como escuela de amor puro y verdadero. Porque los demuestra a todos amistados entre sí y puestos en orden, y abrazados, como si dijésemos, unos con otros, y concertados con armonía grandísima, y respondiéndose a veces y comunicándose sus virtudes y pasándose unos en otros y ayuntándose y mezclándose todos, y con su mezcla y ayuntamiento sacando de continuo a luz, y produciendo los frutos que hermosean el aire y la tierra. Así que los pastores son en esto aventajados a los otros hombres.

Y así, sea ésta la segunda cosa que señalamos en la condición del pastor; que es muy dispuesto al bien querer.

Y sea la tercera lo que toca a su oficio, que, aunque es oficio de gobernar y regir, pero es muy diferente de los otros gobiernos. Porque lo uno, su gobierno no consiste en dar leyes ni en poner mandamientos, sino en apacentar y alimentar a los que gobiernan. Y lo segundo, no guarda una regla generalmente con todos y en todos los tiempos, sino en cada tiempo y en cada ocasión ordena su gobierno conforme al caso particular del que rige. Lo tercero, no es gobierno el suyo que se departe y ejercita por muchos ministros, sino él solo administra todo lo que a su grey le conviene; que él la apasta, y la abreva, y la baña, y la trasquila, y la cura, y la castiga, y la reposa, y la recrea, y hace música, y la ampara y defiende. Y, últimamente, es propio de su oficio recoger lo esparcido y traer a un rebaño a muchos, que de suyo cada uno de ellos caminara por sí. Por donde las sagradas Letras, de lo esparcido y descarriado y perdido, dicen siempre que son como ovejas que no tienen pastor; como en San Mateo se ve y en el Libro de los Reyes, y en otros lugares.

De manera que la vida del pastor es inocente y sosegada y deleitosa, y la condición de su estado es inclinada al amor, y su ejercicio es gobernar dando pasto, y acomodando su gobierno a las condiciones particulares de cada uno, y siendo él solo para los que gobierna todo lo que les es necesario, y enderezando siempre su obra a esto, que es hacer rebaño y grey.

Veamos, pues, ahora si Cristo tiene esto y las ventajas con que lo tiene; y así veremos cuán merecidamente es llamado Pastor. Vive en los campos Cristo, y goza del cielo libre, y ama la soledad y el sosiego; y en el silencio de todo aquello que pone en alboroto la vida, tiene puesto Él su deleite.

Porque, así como lo que se comprende en el campo es lo más puro de lo visible, y es lo sencillo y como el original de todo lo que de ello se compone y se mezcla, así aquella región de vida adonde vive aqueste nuestro glorioso bien, es la pura verdad y la sencillez de la luz de Dios, y el original expreso de todo lo que tiene ser, y las raíces firmes de donde nacen y adonde estriban todas las criaturas. Y si lo habemos de decir así, aquéllos son los elementos puros y los campos de flor eterna vestidos. y los mineros de las aguas vivas, y los montes verdaderamente preñados de mil bienes altísimos, y los sombríos y repuestos valles, y los bosques de la frescura, adonde, exentos de toda injuria, gloriosamente florecen la haya y la oliva y el lináloe, con todos los demás árboles del incienso, en que reposan ejércitos de aves en gloria y en música dulcísima, que jamás ensordece. Con la cual región, si comparamos este nuestro miserable destierro, es comparar el desasosiego con la paz, y el desconcierto y la turbación, y el bullicio y disgusto de la más inquieta ciudad. con la misma pureza y quietud y dulzura. Que aquí se afana y allí se descansa; aquí se imagina y allí se ve; aquí las sombras de las cosas nos atemorizan y asombran, allí la verdad asosiega y deleita; esto es tinieblas bullicio, alboroto; aquello es luz purísima en sosiego eterno.

Bien y con razón le conjura a este Pastor la Esposa pastora, que le demuestre aqueste lugar de su pasto. «Demuéstrame —dice— ¡oh querido de mi alma!, adónde apacientas y adónde reposas en el medio día.» Que es con razón medio día aquel lugar que pregunta, adonde está la luz no contaminada en su colmo, y adonde, en sumo silencio de todo lo bullicioso, solo se oye la voz dulce de Cristo, que, cercado de su glorioso rebaño, suena en sus oídos de Él sin ruido y con incomparable deleite, en que, traspasadas las almas santas y como enajenadas de sí; solo viven en su Pastor.

Así que es Pastor Cristo por la región donde vive, y también lo es por la manera de vivienda que ama, que es el sosiego de la soledad; como lo demuestra en los suyos, a los cuales llama siempre a la soledad y retiramiento del campo. Dijo a Abraham: «Sal de tu tierra y de tu parentela, y haré de ti grandes gentes». A Elías, para mostrárseles, le hizo penetrar el desierto. Los hijos de los profetas vivían en la soledad del Jordán. De su pueblo dice Él mismo por el profeta «que le sacará al campo y le retirará a la soledad, y allí le enseñará». Y en forma de Esposo, ¿qué otra cosa pide a su Esposa sino esta salida?: «Levántate —dice—, amiga mía, y apresúrate y ven; que ya se pasó el invierno, pasóse la lluvia, fuese; ya han parecido en nuestra tierra las flores, y el tiempo del podar es venido. La voz de la tortolilla se oye; y brota ya la higuera sus higos, y la uva menuda da olor Levántate, hermosa mía, y ven». Que quiere que les sea agradable a los suyos aquello mismo que Él ama; y así como Él, por ser Pastor, ama el campo, así los suyos, porque han de ser sus ovejas, han de amar el campo también; que las ovejas tienen su pasto y su sustento en el campo.

Porque, a la verdad, Juliano, los que han de ser apacentados por Dios han de desechar los sustentos del mundo y salir de sus tinieblas y lazos a la libertad clara de la verdad, y a la soledad, poco seguida, de la virtud, y al desembarazo de todo lo que pone en alboroto la vida; porque allí nace el pasto que mantiene en felicidad eterna nuestra alma, y que no se agosta jamás. Que adonde vive y se goza el pastor, allí han de residir sus ovejas, según que alguna de ellas decía: «Nuestra conversación es en los cielos». Y como dice el mismo Pastor: «Las sus ovejas reconocen su voz y le siguen». Mas si es Pastor Cristo por el lugar de su vida, ¿cuánto con más razón lo será por el ingenio de su condición, por las amorosas entrañas que tiene, a cuya grandeza no hay lengua ni encarecimiento que allegue? Porque, demás de que todas sus obras son amor, que en nacer nos amó y viviendo nos ama, y por nuestro amor padeció muerte, y todo lo que en la vida hizo y todo lo que en el morir padeció, y cuanto glorioso ahora y asentado a la diestra del Padre negocia y entiende, lo ordena todo con amor para nuestro provecho.

Así que, demás de que todo su obrar es amor, la afición y la terneza de entrañas, y la solicitud y cuidado amoroso, y el encendimiento e intensión de voluntad con que siempre hace esas mismas obras de amor que por nosotros obró, excede todo cuanto se puede imaginar y decir. No hay madre así solícita, ni esposa así blanda, ni corazón de amor así tierno y vencido, ni título ninguno de amistad así puesto en fineza, que le iguale o le llegue. Porque antes que le amemos nos ama; y, ofendiéndole y despreciándole locamente, nos busca; y no puede tanto la ceguedad de mi vista ni mi obstinada dureza, que no pueda más la blandura ardiente de su misericordia dulcísima. Madruga, durmiendo nosotros descuidados del peligro que nos amenaza. Madruga, digo, antes que amanezca se levanta; o, por decir verdad, no duerme ni reposa, sino, asido siempre al aldaba de nuestro corazón, de continuo y a todas horas le hiere y le dice, como en los Cantares se escribe: «Ábreme, hermana mía, Amigo mía, Esposa mía, ábreme, que la cabeza traigo llena de rocío, y las guedejas de mis cabellos llenas de gotas de la noche. No duerme —dice David—, ni se adormece el que guarda a Israel». Que en la verdad, así como en la divinidad es amor, conforme a San Juan: «Dios es caridad; así en la humanidad, que de nosotros tomó, es amor y blandura. Y como el Sol, que de suyo es fuente de luz, todo cuanto hace perpetuamente es lucir, enviando, sin nunca cesar, rayos de claridad de sí mismo, así Cristo, como fuente viva de amor que nunca se agota, mana de continuo en amor; y en su rostro y en su figura siempre está bullendo este fuego, y por todo su traje y persona traspasan y se nos vienen a los ojos sus llamas, y todo es rayos de amor cuanto de Él se parece».

Que por esta causa, cuando se demostró primero a Moisés, no le demostró sino unas llamas de fuego que se emprendía en una zarza; como haciendo allí figura de nosotros y de sí mismo, de las espinas de la aspereza nuestra, y de los ardores vivos y amorosos de sus entrañas, y como mostrando en la apariencia visible el fiero encendimiento que le abrasaba lo secreto del pecho con amor de su pueblo. Y lo mismo se ve en la figura de Él, que San Juan en el principio de sus revelaciones nos pone, a do dice que vio una imagen de hombre cuyo rostro lucía como el Sol, y cuyos ojos eran como llamas de fuego, y sus pies como oriámbar encendido en ardiente fornaza, y que le centelleaban siete estrellas en la mano derecha, y que se ceñía por junto a los pechos con cinto de oro, y que le cercaban en derredor siete antorchas encendidas en sus candeleros. Que es decir de Cristo que espiraba llamas de amor, que se le descubrían por todas partes, y que le encendían la cara y le salían por los ojos, y le ponían fuego a los pies, y le lucían por las manos, y le rodeaban en torno resplandeciendo. Y que como el oro, que es señal de la caridad en la Sagrada Escritura, le ceñía las vestiduras junto a los pechos, así el amor de sus vestiduras, que en las mismas Letras significan los fieles que se allegan a Cristo, le rodeaba el corazón.

Mas dejemos esto, que es llano, y pasemos al oficio del pastor y a lo propio que le pertenece.

Porque, si es del oficio del pastor gobernar apacentando, como ahora decía, solo Cristo es Pastor verdadero, porque Él solo es, entre todos cuantos gobernaron jamás, el que pudo usar y el que usa de este género de gobierno. Y así, en el salmo, David, hablando de este Pastor, juntó como una misma cosa el apacentar y el regir. Porque dice: «El Señor me rige, no me faltará nada; en lugar de pastos abundantes me pone». Porque el propio gobernar de Cristo, como por ventura después diremos, es darnos su gracia y la fuerza eficaz de su espíritu; la cual así nos rige, que nos alimenta; o, por decir la verdad, su regir principal es darnos alimento y sustento. Porque la gracia de Cristo es vida del alma y salud de la voluntad, y fuerzas de todo lo flaco que hay en nosotros, y reparo de lo que gastan vicios, y antídoto eficaz contra su veneno y ponzoña, y restaurativo saludable, y, finalmente, mantenimiento que cría en nosotros inmortalidad resplandeciente y gloriosa. Y así, todos los dichosos que por este Pastor se gobiernan, en todo lo que, movidos de Él, o hacen o padecen, crecen y se adelantan y adquieren vigor nuevo, y todo les es virtuoso y jugoso y sabrosísimo pasto. Que esto es lo que Él mismo dice en San Juan: «El que por mí entrare, entrará y saldrá, y siempre hallará pastos». Porque el entrar y el salir, según la propiedad de la Sagrada Escritura, comprende toda la vida y las diferencias de lo que en ella se obra.

Por donde dice que en el entrar y en el salir, esto es, en la vida y en la muerte, en el tiempo próspero y en el turbio y adverso, en la salud y en la flaqueza, en la guerra y en la paz, hallarán sabor los suyos a quienes Él guía; y no solamente sabor, sino mantenimiento de vida y pastos substanciales y saludables. Conforme a lo cual es también lo que Esaías profetiza de las ovejas de este Pastor, cuando dice: «Sobre los caminos serán apacentados, y en todos los llanos pastos para ellos; no tendrán hambre ni sed, ni les fatigara el bochorno ni el Sol. Porque el piadoso de ellos los rige y los lleva a las fuentes del agua». Que, como veis, en decir que sean apacentados sobre los caminos, dice que les son pasto los pasos que dan y los caminos que andan; y que los caminos que en los malos son barrancos y estropiezos y muerte como ellos lo dicen, «que anduvieron caminos dificultosos y ásperos», en las ovejas de este Pastor son apastamiento y alivio. Y dice que así en los altos ásperos como en los lugares llanos y hondos, esto es, como decía, en todo lo que en la vida sucede, tienen sus cebos y pastos, seguros de hambre y defendidos del Sol. Y esto, ¿por qué? Porque —dice— «El que se apiadó de ellos, ese mismo es el que los rige»; que es decir que porque los rige Cristo, que es el que solo con obra y con verdad se condolió de los hombres; como señalando lo que decimos, que su regir es dar gobierno y sustento, y guiar siempre a los suyos a las fuentes del agua, que es en la Escritura la gracia del Espíritu, que refresca y cría y engruesa y sustenta.

Y también el sabio miró a esto a do dice «que la ley de la sabiduría es fuente de vida».

Adonde, como parece, juntó la ley y la fuente; lo uno, porque poner Cristo a sus ovejas ley es criar en ellas fuerzas y salud para ella por medio de la gracia, así como he dicho. Y lo otro, porque eso mismo que nos manda es aquello de que se ceba nuestro descanso y nuestra verdadera vida. Porque todo lo que nos manda es que vivamos en descanso, y que gocemos de paz, y que seamos ricos y alegres, y que consigamos la verdadera nobleza. Porque no plantó Dios sin causa en nosotros los deseos de estos bienes, ni condenó lo que Él mismo plantó; sino que la ceguedad de nuestra miseria, movida del deseo, y no conociendo el bien a que se endereza el deseo, y engañada de otras cosas que tienen apariencia de aquello que se desea, por apetecer la vida, sigue la muerte, y en lugar de las riquezas y de la honra, va desalentada en pos de la afrenta y de la pobreza. Y así Cristo nos pone leyes que nos guíen sin error a aquello verdadero que nuestro deseo apetece.

De manera que sus leyes dan vida, y lo que nos manda es nuestro puro sustento, y apaciéntanos con salud y con deleite y con honra y descanso, con esas mismas reglas que nos pone con que vivamos. Que como dice el Profeta: «Acerca de Ti está la fuente de la vida, y en tu lumbre veremos la lumbre». Porque la vida y el ser, que es el ser verdadero y las obras que a tal ser le convienen. nacen y manan, como de fuente. de la lumbre de Cristo, esto es, de las leves suyas, así las de gracia, que nos da, como las de mandamientos, que nos escribe. Que es también la causa de aquella querella contra nosotros suya, tan justa y tan sentida, que pone por Jeremías, diciendo: «Dejáronme a Mí, fuente de agua viva, y caváronse cisternas quebradas, en que el agua no para». Porque, guiándonos Él al verdadero pasto y al bien, escogemos nosotros por nuestras manos lo que nos lleva a la muerte; y, siendo fuente Él, buscamos nosotros pozos; y siendo manantial su corriente, escogemos cisternas rotas, adonde el agua no se detiene. Y a la verdad, así como aquello que Cristo nos manda es lo mismo que nos sustenta la vida, así lo que nosotros por nuestro error escogemos, y los caminos que seguimos, guiados de nuestros antojos, no se pueden nombrar mejor que como el Profeta los nombra.

Lo primero, cisternas cavadas en tierra con increíble trabajo nuestro, esto es, bienes buscados entre la vileza del polvo con diligencia infinita. Que si consideramos lo que suda el avariento en su pozo, y las ansias con que anhela el ambicioso a su bien, y lo que cuesta de dolor al lascivo el deleite, no hay trabajo ni miseria que con la suya se iguale. Y lo segundo, nombra las cisternas secas y rotas, grandes en apariencia y que convidan a sí a los que de lejos las ven, y les prometen agua que mitigan su sed, mas en la verdad son hoyos hondos y oscuros, y yermos de aquel mismo bien que prometen, o, por mejor decir, llenos de lo que le contradice y repugna, porque en lugar de agua dan cieno. Y la riqueza del avaro le hace pobre; y al ambicioso su deseo de honra le trae a ser apocado y vil siervo; y el deleite deshonesto a quien lo ama le atormenta y enferma.

Mas si Cristo es Pastor, porque rige apastando y porque sus mandamientos son mantenimientos de vida, también lo será porque en su regir no mide a sus ganados por un mismo rasero, sino atiende a lo particular de cada uno que rige. Porque rige apacentando, y el pasto se mide según el hambre y necesidad de cada uno que pace. Por donde, entre las propiedades del buen Pastor, pone Cristo en el Evangelio «que llama por su nombre a cada una de sus ovejas, que es decir que conoce lo particular de cada una de ellas, y la rige y llama al bien en la forma particular que más le conviene, no a todas por una forma, sino a cada cual por la suya. Que de una manera pace Cristo a los flacos, y de otra a los crecidos en fuerza; de una a los perfectos y de otra a los que aprovechan; y tiene con cada uno su estilo, y es negocio maravilloso el secreto trato que tiene con sus ovejas, y sus diferentes y admirables maneras. Que así como en el tiempo que vivió con nosotros, en las curas y beneficios que hizo, no guardó con todos una misma forma de hacer, sino a unos curó con su sola palabra, a otros con su palabra y presencia, a otros tocó con la mano, a otros no los sanaba luego después de tocados, sino cuando iban su camino, y ya de Él apartados les enviaba salud; a unos que se la pedían y a otros que le miraban callando; así en este trato oculto y en esta medicina secreta que en sus ovejas contino hace, es extraño milagro ver la variedad de que usa y cómo se hace y se mide a las figuras y condiciones de todos. Por lo cual llama bien San Pedro multiforme a su gracia, porque se transforma con cada uno en diferentes figuras.

Y no es cosa que tiene una figura sola o un rostro. Antes, como al pan que en el templo antiguo se ponía ante Dios, que fue clara imagen de Cristo, le llama pan de faces la Escritura divina, así el gobierno de Cristo y el sustento que da a los suyos es de muchas faces, y es pan. Pan porque sustenta, y de muchas faces porque se hace con cada uno según su manera; y como en el maná dice la sabiduría que hallaba cada uno su gusto, así diferencia sus pastos Cristo, conformándose con las diferencias de todos. Por lo cual su gobierno es gobierno extremadamente perfecto; porque como dice Platón, no es la mejor gobernación la de leyes escritas; porque son unas y no se mudan, y los casos particulares son muchos y que se varían, según las circunstancias, por horas. Y así acaece no ser justo en este caso lo que en común se estableció con justicia; y el tratar con sola la ley escrita es como tratar con un hombre cabezudo por una parte y que no admite razón, y por otra poderoso para hacer lo que dice, que es trabajoso y fuerte caso. La perfecta gobernación es de ley viva, que entienda siempre lo mejor, y que quiera siempre aquello bueno que entiende. De manera que la ley sea el bueno y sano juicio del que gobierna, que se ajusta siempre con lo particular de aquel a quien rige.

Mas porque este gobierno no se halla en el suelo, porque ninguno de los que hay en él es ni tan sabio ni tan bueno que, o no se engañe o no quiera hacer lo que ve que no es justo, por eso es imperfecta la gobernación de los hombres, y solamente no lo es la manera con que Cristo nos rige; que, como está perfectamente dotado de saber y bondad, ni yerra en lo justo ni quiere lo que es malo; y así siempre ve lo que a cada uno conviene, y a eso mismo le guía, y, como San Pablo de sí dice, «a todos se hace todas las cosas, para ganarlos a todos».

Que toca ya en lo tercero y propio de este oficio, según que dijimos, que es ser un oficio lleno de muchos oficios, y que todos los administra el pastor. Porque verdaderamente es así, que todas aquellas cosas que hacen para la felicidad de los hombres, que son diferentes y muchas, Cristo principalmente las ejecuta y las hace; que Él nos llama y nos corrige y nos lava y nos sana y nos santifica y nos deleita y nos viste de gloria. Y de todos los medios de que Dios usa para guiar bien un alma, Cristo es el merecedor y el autor.

Mas ¡qué bien y qué copiosamente dice de esto el Profeta! Porque el Señor Dios dice así: «Yo mismo buscaré mis ovejas y las rebuscaré; como revee el pastor su rebaño cuando se pone en medio de sus esparcidas ovejas, ansí yo buscaré mi ganado. Sacaré mis ovejas de todos los lugares a do se esparcieron en el día de la nube y de la oscuridad, y sacarélas de los pueblos, y recogerlas he de las tierras, y tornarélas a meter en su patria, y las apacentaré en los montes de Israel. En los arroyos y en todas las moradas del suelo las apacentaré con pastos muy buenos, y serán sus pastos en los montes de Israel más erguidos. Allí reposarán en pastos sabrosos, y pacerán en los montes de Israel pastos gruesos. Yo apacentaré a mi rebaño y yo le haré que repose, dice Dios el Señor. A la oveja perdida buscaré; a la ablentada tornaré a su rebaño; ligaré a la quebrada y daré fuerza a la enferma, y a la gruesa y fuerte castigaré; paceréla en juicio». Porque dice que Él mismo busca sus ovejas, y que las guía si estaban perdidas, y si cautivas las redime, y si enfermas las sana; y Él mismo las libra del mal, y las mete en el bien, y las sube a los pastos más altos. En todos los arroyos y en todas las moradas las apacienta, porque en todo lo que les sucede les halla pastos, y en todo lo que permanece o se pasa; y porque todo es por Cristo, añade luego el Profeta: «Yo levantaré sobre ellas un PASTOR y apacentarálas mi siervo David; Él las apacentará y Él será su PASTOR; y yo, el Señor, seré su Dios, y en medio de ellas ensalzado mi siervo David». En que se consideran tres cosas: una, que para poner en ejecución todo esto que promete Dios a los suyos, les dice que les dará a Cristo, Pastor, a quien llama siervo suyo, y David, porque es descendiente de David según la carne, en que es menor y sujeto a su Padre. La segunda, que para tantas cosas promete un solo Pastor, así para mostrar que Cristo puede con todo, como para enseñar que en Él es siempre uno el que rige. Porque en los hombres, aunque sea uno solo el que gobierna a los otros, nunca acontece que los gobierne uno solo; porque de ordinario viven en uno muchos, sus pasiones sus afectos, sus intereses, que manda cada uno su parte. Y la tercera es que este Pastor, que Dios promete y tiene dado a su Iglesia, dice que ha de estar levantado en medio de sus ovejas; que es decir que ha de residir en lo secreto de sus entrañas, enseñoreándose de ellas, y que las ha de apacentar dentro de sí.

Porque cierto es que el verdadero pasto del hombre está dentro del mismo hombre, y en los bienes de que es señor cada uno. Porque es sin duda el fundamento del bien aquella división de bienes en que Epicteto, filósofo, comienza su libro; porque dice de esta manera: «De las cosas, unas están en nuestra mano y otras fuera de nuestro poder. En nuestra mano están los juicios, los apetitos, los deseos y los desvíos, y, en una palabra, todas las que son nuestras obras. Fuera de nuestro poder están el cuerpo y la hacienda, y las honras y los mandos, y, en una palabra, todo lo que no es obras nuestras. Las que están en nuestra mano son libres de suyo, y que no padecen estorbo ni impedimento; mas las que van fuera de nuestro poder son flacas y siervas, y que nos pueden ser estorbadas, y al fin son ajenas todas. Por lo cual conviene que adviertas que, si lo que de suyo es siervo lo tuvieres por libre tú, y tuvieres por propio lo que es ajeno, serás embarazado fácilmente y caerás en tristeza y en turbación, y reprenderás a veces a los hombres y a Dios. Mas si solamente tuvieres por tuyo lo que de veras lo es, y lo ajeno por ajeno, como lo es en verdad, nadie te podrá hacer fuerza jamás, ninguno estorbará tu designio, no reprenderás a ninguno, ni tendrás queja de él, no harás nada forzado, nadie te dañará, ni tendrás enemigo, ni padecerás detrimento». Por manera que, por cuanto la buena suerte del hombre consiste en el buen uso de aquellas obras y cosas de que es señor enteramente, todas las cuales obras y cosas tiene el hombre dentro de sí mismo y debajo de su gobierno, sin respeto a fuerza exterior; por eso el regir y el apacentar al hombre es el hacer que use bien de esto que es suyo y que tiene encerrado en sí mismo. Y así Dios con justa causa pone a Cristo, que es su Pastor, en medio de las entrañas del hombre, para que, poderoso sobre ellas, guíe sus opiniones, sus juicios, sus apetitos y deseos al bien, con que se alimente y cobre siempre mayores fuerzas el alma, y se cumpla de esta manera lo que el mismo Profeta dice: «Que serán apacentados en todos los mejores pastos de su tierra propia»; esto es, en aquello que es pura y propiamente buena suerte y buena dicha del hombre. Y no en esto solamente, sino también en los montes altísimos de Israel, que son los bienes soberanos del cielo, que sobran a los naturales bienes sobre toda manera, porque es señor de todos ellos aquese mismo Pastor que los guía, o para decir la verdad, porque los tiene todos y amontonados en sí.

O porque los tiene en sí, por esta misma causa, lanzándose en medio de su ganado, mueve siempre a sí sus ovejas; y no lanzándose solamente, sino levantándose y encumbrándose en ellas, según lo que el Profeta de Él dice. Porque en sí es alto por el amontonamiento de bienes soberanos que tiene; y en ellas es alto también, porque apacentándolas las levanta del suelo, y las aleja cuanto más va de la tierra, y las tira siempre hacia sí mismo, y las enrisca en su alteza, encumbrándolas siempre más y entrañándolas en los altísimos bienes suyos. Y porque Él uno mismo está en los pechos de cada una de sus ovejas, y porque su pacerlas es ayuntarlas consigo y entrañarlas en sí, como ahora decía, por eso le conviene también lo postrero que pertenece al Pastor, que es hacer unidad y rebaño. Lo cual hace Cristo por maravilloso modo, como por ventura diremos después. Y bástenos decir ahora que no está la vestidura tan allegada al cuerpo del que la viste, ni ciñe tan estrechamente por la cintura la cinta, ni se ayuntan tan conformemente la cabeza y los miembros, ni los padres son tan deudos del hijo, ni el esposo con su esposa tan uno, cuanto Cristo, nuestro divino Pastor, consigo y entre sí hace una su grey.

Así lo pide y así lo alcanza, y así de hecho lo hace. Que los demás hombres que, antes de Él y sin Él, introdujeron en el mundo leyes y sectas, no sembraron paz, sino división; y no vinieron a reducir a rebaño, sino, como Cristo dice en San Juan, «fueron ladrones y mercenarios, que entraron a dividir y desollar y dar muerte al rebaño». Que, aunque la muchedumbre de los malos haga contra las ovejas de Cristo bando por sí, no por eso los malos son unos ni hacen un rebaño suyo en que estén adunados, sino cuanto son sus deseos y sus pasiones y sus pretendencias, que son diversas y muchas, tanto están diferentes contra sí mismos. Y no es rebaño el suyo de unidad y de paz, sino ayuntamiento de guerra y gavilla de muchos enemigos, que entre sí mismos se aborrecen y dañan; porque cada uno tiene su diferente querer. Mas Cristo, nuestro Pastor, porque es verdaderamente Pastor, hace paz y rebaño. Y aun por eso, allende de lo que dicho tenemos, le llama Dios Pastor uno en el lugar alegado; porque su oficio todo es hacer unidad.

Así que Cristo es Pastor por todo lo dicho; y porque si es del pastor el desvelarse para guardar y mejorar su ganado, Cristo vela sobre los suyos siempre y los rodea solícito. Que como David dice: «Los ojos del Señor sobre los justos, y sus oídos en sus ruegos. Y aunque la madre se olvide de su hijo, yo —dice— no me olvido de ti». Y si es del pastor trabajar por su ganado al frío y al hielo, ¿quién cual Cristo trabajó por el bien de los suyos? Con verdad Jacob, como en su nombre, decía: «Gravemente laceré de noche y de día, unas veces al calor y otras veces al hielo, y huyó de mis ojos el sueño». Y si es del pastor servir abatido, vivir en hábito despreciado, y no ser adorado y servido, Cristo, hecho al traje de sus ovejas, y vestido de su bajeza y su piel, sirvió por ganar su ganado.

Y porque hemos dicho cómo le conviene a Cristo todo lo que es del pastor, digamos ahora las ventajas que en este oficio Cristo hace a todos los otros pastores. Porque no solamente es Pastor, sino Pastor como no lo fue otro ninguno que así lo certificó Él cuando dijo: «Yo soy el buen PASTOR». Que el bueno allí es señal de excelencia, como si dijese el Pastor aventajado entre todos.

Pues sea la primera ventaja, que los otros lo son, o por caso o por suerte; mas Cristo nació para ser Pastor, y escogió, antes que naciese, nacer para ello; que, como de sí mismo dice, bajó del cielo y se hizo Pastor hombre, para buscar al hombre, oveja perdida. Y así como nació para llevar a pacer, dio, luego que nació, a los pastores nueva de su venida.

Demás de esto, los otros pastores guardan el ganado que hallan; mas nuestro Pastor Él se hace el ganado que ha de guardar. Que no solo debemos a Cristo que nos rige y nos apacienta en la forma ya dicha, sino también y primeramente que, siendo animales fieros, nos da condiciones de ovejas; y que, siendo perdidos, nos hace ganados suyos, y que cría en nosotros el espíritu de sencillez y de mansedumbre y de santa y fiel humildad, por el cual pertenecemos a su rebaño. Y la tercera ventaja es que murió por el bien de su grey, lo que no hizo algún otro pastor, y que por sacarnos de entre los dientes del lobo consintió que hiciesen en Él presa los lobos.

Y sea lo cuarto, que es así Pastor, que es pasto también, y que su apacentar es darse a sí a sus ovejas. Porque el regir Cristo a los suyos y el llevarlos al pasto, no es otra cosa sino hacer que se lance en ellos y que se embeba y que se incorpore su vida, y hacer que con entendimientos fieles de caridad le traspasen sus ovejas a sus entrañas, en las cuales traspasado, muda Él sus ovejas en sí. Porque, cebándose ellas de Él, se desnudan a sí de sí mismas y se visten de sus cualidades de Cristo; y creciendo con este dichoso pasto el ganado, viene por sus pasos contados a ser con su Pastor una cosa.

Y finalmente, como otros nombres y oficios le convengan a Cristo, o desde algún principio o hasta un cierto fin o según algún tiempo, este nombre de Pastor en Él carece de término. Porque antes que naciese en la carne, apacentó a las criaturas luego que salieron a luz; porque Él gobierna y sustenta las cosas, y Él mismo da cebo a los ángeles, y todo espera de su mantenimiento a su tiempo, como en el salmo se dice y ni más ni menos, nacido ya hombre, con su espíritu y con su carne apacienta a los hombres, y luego que subió al cielo llovió sobre el suelo su cebo; y luego y agora y después, y en todos los tiempos y horas, secreta y maravillosamente y por mil maneras los ceba; en el suelo los apacienta, y en el cielo será también su Pastor, cuando allá los llevare; y en cuanto se revolvieren los siglos y en cuanto vivieren sus ovejas; que vivirán eternamente con Él, Él vivirá en ellas, comunicándoles su misma vida, hecho su Pastor y su pasto.

Y calló Marcelo aquí, significando a Sabino que pasase adelante, que luego desplegó el papel y leyó: M O N T E [Se le da a Cristo el nombre de Monte, qué significa éste en la Escritura y por qué se le atribuye a Cristo.] «Llámase a Cristo MONTE, como en el capítulo 2 de Daniel, adonde se dice que la piedra que hirió en los pies de la estatua que hirió el rey de Babilonia, y la desmenuzó y deshizo, se convirtió en un monte muy grande que ocupaba toda la tierra. Y en el capítulo 2 de Esaías: "Y en los postreros días será establecido el monte de la casa del Señor sobre la cumbre de todos los montes". Y en el salmo 67: "El monte de Dios, monte enriscado y lleno de grosura".» Y en leyendo esto cesó: Y dijo Juliano luego:

—Pues que este vuestro papel, Marcelo, tiene la condición de Pitágoras, que dice y no da razón de lo que dice, justo será que nos la deis vos por él. Porque los lugares que ahora alega, mayormente los dos postreros, algunos podrían dudar si hablan de Cristo o no.

—Muchos dicen muchas cosas —respondió Marcelo—, pero el papel siguió lo más cierto y lo mejor, porque en el lugar de Esaías casi no hay palabra, así en él como en lo que le antecede o se le sigue, que no señale a Cristo como con el dedo. Lo primero dice: «En los días postreros, y como sabéis lo postrero de los días, o los días postreros en la Santa Escritura, es nombre que se da al tiempo en que Cristo vino, como se parece en la profecía de Jacob, en el capítulo último del libro de la creación y en otros muchos lugares. Porque el tiempo de su venida, en el cual juntamente con Cristo comenzó a nacer la luz del Evangelio, y el espacio que dura el movimiento de esta luz, que es el espacio de su predicación, que va como un Sol cercando el mundo, y pasando de unas naciones en otras; así que todo el discurso y suceso y duración de aqueste alumbramiento, se llama un día, porque es como el nacimiento y vuelta que da el Sol en un día. Y llámase postrero día, porque, en acabando el Sol del Evangelio su curso, que será en habiendo amanecido a todas las tierras como este Sol amanece, no ha de sucederle otro día. Y será predicado —dice Cristo— aqueste Evangelio por todo el mundo, y luego vendrá el fin». Demás de esto dice: «Será establecido». Y la palabra original significa un establecer y afirmar no mudable, ni, como si dijésemos, movedizo o sujeto a las injurias y vueltas del tiempo. Y así en el salmo con esta misma palabra se dice: «El Señor afirmó su trono sobre los cielos». Pues ¿qué monte otro hay, o qué grandeza no sujeta a mudanza, si no es Cristo solo, cuyo reino no tiene fin, como dijo a la Virgen el ángel? Pues ¿qué se sigue tras esto? «El monte —dice— de la casa del Señor.» Adonde la una palabra es como declaración de la otra, como diciendo el monte, esto es, la casa del Señor. La cual casa entre todas por excelencia es Cristo nuestro Redentor, en quien reposa y mora Dios enteramente, como es escrito: «En el cual reposa todo lo lleno de la divinidad». Y dice más: «Sobre la cumbre de los montes». Que es cosa que solamente de Cristo se puede con verdad decir. Porque monte en la Escritura, y en la secreta manera de hablar de que en ella usa el Espíritu Santo, significa todo lo eminente, o en poder temporal, como son los príncipes, o en virtud y saber espiritual, como son los profetas y los prelados; y decir montes sin limitación, es decir todos los montes, o como se entiende de un artículo que está en el primer texto l en aqueste lugar, es decir los montes más señalados de todos, así por alteza de sitio como por otras cualidades y condiciones suyas.

Y decir que será establecido sobre todos los montes, no es decir solamente que este Monte es más levantado que los demás, sino que está situado sobre la cabeza de todos ellos; por manera que lo más bajo de él está sobrepuesto a lo que es en ellos más alto.

Y así, juntando con palabras descubiertas todo aquesto que he dicho, resultará de todo ello aquesta sentencia que la raíz, o como llamamos, la falda de este Monte que dice Esaías, esto es, lo menos y más humilde de él, tiene debajo de sí a todas las altezas más señaladas y altas que hay, así temporales como espirituales. Pues ¿qué alteza o encumbramiento será aqueste tan grande, si Cristo no es? O ¿a qué otro monte, de los que Dios tiene, convendrá una semejante grandeza?

Veamos lo que la Santa Escritura dice, cuando habla con palabras llanas y sencillas de Cristo, y cotejémoslo con los rodeos de este lugar, y si halláremos que ambas partes dicen lo mismo, no dudemos de que es uno mismo aquel de quien hablan.

¿Qué dice David?: «Dijo el Señor a mi Señor. Asiéntate a mi mano derecha, hasta que ponga por escaño de tus pies a tus enemigos». Y el apóstol San Pablo: «Para que al nombre de Jesús doblen las rodillas todos, así los del cielo como los de la tierra y los del infierno». Y el mismo, hablando propiamente del misterio de Cristo, dice: «Lo flaco de Dios que parece, es más valiente que la fortaleza toda; y lo inconsiderado, más sabio que cuanto los hombres saben». Pues allí se pone el Monte sobre los montes, y aquí la alteza toda del mundo y del infierno por escaño de los pies de Jesucristo. Aquí se le arrodilla lo criado; allí todo lo alto le está sujeto; aquí su humildad, su desprecio, su cruz, se dice ser más sabia y más poderosa que cuanto pueden y saben los hombres; allí la raíz de aquel Monte se pone sobre las cumbres de todos los montes.

Así que no debemos dudar de que es Cristo este Monte de que habla Esaías. Ni menos de que es aquel de quien canta David en las palabras del salmo alegado. El cual salmo todo es manifiesta profecía, no de un misterio solo, sino casi de todos aquellos que obró Cristo para nuestra salud. Y es oscuro salmo, al parecer, pero oscuro a los que no dan en la vena del verdadero sentido, y siguen sus imaginaciones propias; con las cuales, como no dice el salmo bien, ni puede decir, para ajustarle con ellas revuelven la letra y oscurecen y turban la sentencia, y al fin se fatigan en balde. Mas al revés, si se toma una vez el hilo de él y su intento, las mismas cosas se van diciendo y llamándose unas a otras, y trabándose entre sí con maravilloso artificio.

Y lo que toca ahora a nuestro propósito, porque sería apartarnos mucho de él declarar todo el salmo, así que lo que toca al verso que de este salmo alega el papel, para entender que el Monte de quien el verso habla es Jesucristo, basta ver lo que luego se sigue, que es: «Monte en el cual le aplació a Dios morar en él, y cierto morará en él eternamente». Lo cual, si no es de Jesucristo, de ningún otro se puede decir. Y son muy de considerar cada una de las palabras así de este verso como del verso que le antecede; pero no turbemos ni confundamos el discurso de nuestra razón.

Digamos primero qué quiere decir que Cristo se llame Monte. Y dicho, y volviendo sobre estos mismos lugares diremos algo de las cualidades que da en ellos el Espíritu Santo a este Monte. Pues digo así: que demás de la eminencia señalada que tienen los montes sobre lo demás de la tierra, como Cristo la tiene en cuanto hombre, sobre todas las criaturas, la más principal razón por qué se llama Monte, es por la abundancia, o, digámoslo así, por la preñez riquísima de bienes diferentes que atesora y comprende en sí mismo. Porque, como sabéis, en la lengua hebrea, en que los sagrados libros en su primer origen se escriben, la palabra con que el monte se nombra, según el sonido de ella, suena en nuestro castellano el preñado; por manera que los que nosotros llamamos montes, llama el hebreo por nombre propio preñados.

Y díceles este nombre muy bien, no solo por la figura que tienen alta y redonda y como hinchada sobre la tierra, por lo cual parecen el vientre de ella, y no vacío ni flojo vientre, mas lleno y preñado, sino también porque tienen en sí como concebido, y lo paren y sacan a luz a sus tiempos, casi todo aquello que en la tierra se estima. Producen árboles de diferentes maneras, unos que sirven de madera para los edificios, y otros que con sus frutas mantienen la vida. Paren yerbas, más que ninguna otra parte del suelo, de diversos géneros y de secretas y eficaces virtudes. En los montes por la mayor parte se conciben las fuentes y los principios de los ríos, que naciendo de allí y cayendo en los llanos después y torciendo el paso por ellos, fertilizan y hermosean las tierras. Allí se cría el azogue y el estaño, y las venas ricas de la plata y del oro, y de los demás metales todas las minas, las piedras preciosas y las canteras de las piedras firmes, que son más provechosas, con que se fortalecen las ciudades con muros y se ennoblecen con suntuosos palacios. Y, finalmente, son como un arca los montes, y como un depósito de todos los mayores tesoros del suelo.

Pues por la misma manera, Cristo Nuestro Señor, no solo en cuanto Dios —que, según esta razón, por ser el Verbo divino, por quien el Padre cría todas las cosas, las tiene todas en sí de mejores quilates y ser que son en sí mismas—, mas también, según que es hombre, es un Monte y un amontonamiento y preñez de todo lo bueno y provechoso y deleitoso y glorioso que en el deseo y en el seno de las criaturas cabe, y de mucho más que no cabe. En Él está el remedio del mundo y la destrucción del pecado y la victoria contra el demonio; y las fuentes y mineros de toda la gracia y virtudes que se derraman por nuestras almas y pechos, y los hacen fértiles, en Él tienen su abundante principio; en Él tienen sus raíces, y de Él nacen y crecen con su virtud, y se visten de hermosura y de fruto las hayas altas, y los soberanos cedros y los árboles de la mirra, como dicen los Cantares, y del incienso: los apóstoles y los mártires y profetas y vírgenes. Él mismo es el sacerdote y el sacrificio, el pastor y el pasto, el doctor y la doctrina, el abogado y el juez, el premio y el que da el premio; la guía y el camino, el médico, la medicina, la riqueza, la luz, la defensa y el consuelo es Él mismo, y solo Él. En Él tenemos la alegría en las tristezas, el consejo en los casos dudosos, y en los peligrosos y desesperados el amparo y la salud.

Y por obligarnos más así, y porque buscando lo que nos es necesario en otras partes no nos divertiésemos de Él, puso en sí la copia y la abundancia, o, si decimos, la tienda y el mercado, o será mejor decir tesoro abierto y liberal de todo lo que nos es necesario, útil y dulce, así en lo próspero como en lo adverso, así en la vida como en la muerte también, así en los años trabajosos de aqueste destierro como en la vivienda eterna y feliz a do caminamos. Y como el monte alto, en la cumbre, se toca de nubes y las traspasa, y parece que llega hasta el cielo y en las faldas cría viñas y mieses, y da pastos saludables a los ganados, así lo alto y la cabeza de Cristo es Dios, que traspasa los cielos, y es consejos altísimos de sabiduría, adonde no puede arribar ingenio ninguno mortal; mas lo humilde de Él, sus palabras llanas, la vida pobre y sencilla y santísima que, morando entre nosotros, vivió, las obras que como hombres hizo, y las pasiones y dolores que de los hombres y por los hombres sufrió, son pastos de vida para sus fieles ovejas. Allí hallamos el trigo, que esfuerza el corazón de los hombres; y el vino, que les da verdadera alegría; y el óleo, hijo de la oliva y engendrador de la luz, que destierra nuestras tinieblas. «El risco —dice el salmo—, es refrigerio de los conejos.» Y en Ti, ¡oh verdadera guarida de los pobrecitos amedrentados, Cristo Jesús!; y en Ti, ¡oh amparo dulce y seguro, oh acogida llena de fidelidad!, los afligidos y acosados del mundo nos escondemos. Si vertieren agua las nubes y se abrieren los canales del cielo, y saliendo la mar de madre se anegaren las tierras y sobrepujaren como en el diluvio sobre los montes las aguas en este Monte, que se asienta sobre la cumbre de todos los montes, no las tememos. Y si «los montes —como dice David— trastornados de sus lugares, cayeren en el corazón de la mar», en este Monte no mudable enriscados, carecemos de miedo.

Mas ¿qué hago yo ahora, o adónde me lleva el ardor? Tornemos a nuestro hilo; y ya que hemos dicho el porqué es Monte Cristo, digamos, según que es Monte, las cualidades que le da la Escritura.

Decía, pues, Daniel que «una piedra sacada sin manos hirió en los pies de la estatua y la volvió en polvo, y la piedra creciendo se hizo monte tan grande, que ocupó toda la tierra». En lo cual primeramente entendemos que este grandísimo monte era primero una pequeña piedra. Y, aunque es así que Cristo es llamado piedra por diferentes razones, pero aquí la piedra dice fortaleza y pequeñez. Y así es cosa digna de considerar que no cayó hecha pequeña; porque no usó Cristo, para destruir la alteza y poder tirano del demonio y la adoración usurpada y los ídolos que tenía en el mundo, de la grandeza de sus fuerzas; ni derrocó sobre él el brazo y el peso de su divinidad encubierta, sino lo humilde que había en Él, y lo bajo y lo pequeño: su carne santa y su sangre vertida, y el ser preso y condenado y muerto crudelísimamente. Y esta pequeñez y flaqueza fue fortaleza dura, y toda la... ¡Oh siglos de oro, cuando tan sola una soberbia del infierno y su monarquía quedó rendida a la muerte de Cristo. Por manera que primero fue piedra, y después de piedra Monte. Primero se humilló, y humilde, venció; y después, vencedor glorioso, descubrió su claridad y ocupó la tierra y el cielo con la virtud de su nombre.

Mas lo que el profeta significó por rodeos, ¡cuán llanamente lo dijo el Apóstol! «El haber subido —dice hablando de Cristo— ¿qué es sino por haber descendido primero hasta lo bajo de la tierra? El que descendió, ese mismo subió sobre todos los cielos para henchir todas las cosas.» Y en otra parte: «Fue hecho obediente hasta la muerte, y muerte de cruz, por lo cual ensalzó su nombre Dios sobre todo nombre». Y como dicen del árbol, que cuanto lanza las raíces más en lo hondo, tanto en lo alto crece y sube más por el aire, así a la humildad y pequeñez de esta piedra correspondió la grandeza sin medida del monte; y cuanto primero se disminuyó, tanto después fue mayor. Pero acontece que la piedra que se tira hace gran golpe, aunque sea pequeña, si el brazo que la envía es valiente; y pudiérase por ventura pensar que, si esta piedra pequeña hizo pedazos la estatua, fue por la virtud de alguna fuerza extraña y poderosa que la lanzó. Mas no fue así, ni quiso que se imaginase así el Espíritu Santo; y por esta causa añadió que hirió a la estatua sin manos, conviene a saber, que no la hirió con fuerza mendigada de otro ni de poder ajeno, sino con el suyo mismo hizo tan señalado golpe.

Como pasó en la verdad.

Porque lo flaco y lo despreciado de Cristo, su pasión y su muerte, aquel humilde escupido y escarnecido, fue tan de piedra, quiero decir, tan firme para sufrir y tan fuerte y duro para herir, que cuanto en el soberbio mundo es tenido por fuerte no pudo resistir a su golpe; mas antes cayó todo quebrantado y deshecho, como si fuera vidrio delgado.

Y aun, lo que es más de maravillar, no hirió esta piedra la frente de aquel busto espantable, sino solamente los pies adonde nunca la herida es mortal; mas, sin embargo de esto, con aquel golpe dado en los pies, vinieron a menos los pechos y hombros y el cuello y cabeza de oro. Porque fue así, que el principio del Evangelio y los primeros golpes que Cristo dio para deshacer la pujanza mundana, fueron en los pies de ella y en lo que andaba como rastreando en el suelo, en las gentes bajas y viles, así en oficio como en condición. Y heridos éstos con la verdad, y vencidos y quebrados del mundo y como muertos a él; y puestos debajo la piedra las cabezas y los pechos, esto es, los sabios y los altos, cayeron todos; unos para sujetarse a la piedra, y otros para quedar quebrados y desmenuzados de ella; unos para dejar su primero y mal ser, y otros para crecer para siempre en su mal. Y así, unos destruidos y otros convertidos, la piedra, transformándose en monte, ella sola ocupó todo el mundo.

Es también Monte hecho y como nacido de piedra, por que entendamos que no es terreno ni movedizo este Monte, ni tal que pueda ser menoscabado o disminuido en alguna manera.

Y con esto, pasemos a ver lo demás que decía de él el santo David. «El Monte —dice— del Señor, Monte cuajado, monte grueso»; quiere decir fértil y abundante Monte, como a la buena tierra solemos llamarla tierra gruesa. Y la condición de la tierra gruesa es ser espesa y tenaz y maciza, no delgada y arenisca, y ser tierra que bebe mucha agua, y que no se anega o deshace con ella, sino antes la abraza toda en sí y se engruesa e hinche de jugo; y así, después son conformes a esta grosura las mieses que produce espesas y altas, y las cañas gruesas y las espigas grandes.

Bien es verdad que adonde decimos grueso, el primer texto dice Basan, que es nombre propio de un monte llamado así en la Tierra Santa, que está de la otra parte del Jordán, en la suerte que cupo a los de Gad y Rubén y a la mitad del tribu de Manasés. Pero era señaladamente abundante este Monte, y así nuestro texto, aunque calló el nombre, guardó bien el sentido y puso la misma sentencia; y en lugar de Basan puso monte grueso, cual lo es el Basán.

Pues es Cristo, ni más ni menos, no como arena flaca y movediza, sino como tierra de cuerpo y de tomo, y que bebe y contiene en sí todos los dones del Espíritu Santo, que la Escritura suele muchas veces nombrar con nombre de aguas, y así el fruto que de este Monte sale, y las mieses que se crían en él, nos muestran bien a la clara. Si es grueso y fecundo este Monte. De las cuales mieses, David, en el salmo 71, debajo de la misma figura de trigo y de mieses y de frutos del campo, hablando a la letra del reino de Cristo, nos canta diciendo: «Y será, de un puñado de trigo echado en la tierra en las cumbres de los montes, el fruto suyo más levantado que el Líbano, y por las villas florecerán como el heno de la tierra». O, porque en este punto y diciendo esto, me vino a la memoria, quiérolo decir como nuestro común amigo lo dijo, traduciendo en verso castellano este salmo: espiga sobre el cerro tal tesoro Y porque se viese claro que este fruto, que se llama trigo, no es trigo, y que esta abundancia no es buena disposición de tierra ni templanza de cielo clemente, sino que es fruto de justicia y mieses espirituales nunca antes vistas, que nacen por la virtud de este Monte, añade luego: Mas

¿nació por ventura con este fruto su nombre, o era ya y vivía en el seno de su Padre, primero que la rueda de los siglos comenzase a moverse? Dice: Salido he de mi camino, llevado de la golosina del verso; mas volvamos a él.

Y habiendo dicho esto Marcelo y tomando un poco de aliento, quería pasar adelante; mas Juliano, deteniéndole, dijo:

—Antes que digáis más, me decid, Marcelo; este común amigo nuestro que nombrasteis, cuyos son estos versos, ¿quién es? Porque, aunque yo no soy muy poeta, hanme parecido muy bien, y debe hacerlo ser el sujeto cual es, en quien solo, a mi juicio, se emplea la poesía como debe.

—Gran verdad, Juliano, es —respondió al punto Marcelo— lo que decís. Porque éste es solo digno sujeto de la poesía; y los que la sacan de él, y forzándola la emplean, o por mejor decir, la pierden en argumentos de liviandad, habían de ser castigados como públicos corrompedores de dos cosas santísimas: de la poesía y de las costumbres. La poesía corrompen, porque sin duda la inspiró Dios en los ánimos de los hombres, para con el movimiento y espíritu de ella levantarlos al cielo, de donde ella procede, porque poesía no es sino una comunicación del aliento celestial y divino; y así, en los profetas casi todos, así los que fueron movidos verdaderamente por Dios, como los que incitados por otras causas sobrehumanas hablaron, el mismo espíritu que los despertaba y levantaba a ver lo que los otros hombres no veían les ordenaba y componía y como metrificaba en la boca las palabras, con número y consonancia debida, para que hablasen por más subida manera que las otras gentes hablaban y para que el estilo del decir se asemejase al sentir, y las palabras y las cosas fuesen conformes.

Así que corrompen esta santidad, y corrompen también lo que es mayor mal, las santas costumbres; porque los vicios y las torpezas, disimuladas y enmeladas con el sonido dulce y artificioso del verso, recíbense en los oídos con mejor gana, y de ellos pasan al ánimo, que de suyo no es bueno, y lánzanse en él poderosísimamente; y, hechas señoras de él y desterrando de allí todo buen sentido y respeto, corrómpenlo, y muchas veces sin que el mismo que es corrompido lo sienta. Y es, iba a decir donaire, y no es donaire, sino vituperable inconsideración que las madres celosas del bien de sus hijas les vedan las pláticas de algunas otras mujeres, y no les vedan los versos y los cantarcillos de argumentos livianos, los cuales hablan con ellas a todas horas; y, sin recatarse de ellos, antes aprendiéndolos y cantándolos, las atraen a sí y las persuaden secretamente, y derramándoles su ponzoña poco a poco por los pechos, las inficionan y pierden. Porque así como en la ciudad, perdido el alcázar de ella y puesto en las manos de los enemigos, toda ella es perdida, así, ganado una vez, quiero decir, perdido el corazón, y aficionado a los vicios y embeleñado con ellos no hay cerradura tan fuerte producirá sembrada, de mieses ondeando, cual la cumbre del Líbano ensalzada; cuando con más largueza y muchedumbre que el heno en la ciudades el trigo crecerá!

...Por do desplega la fama en mil edades el nombre de este rey, y al cielo llega.

a tu debida gloria?

El nombre que primero que el Sol manase luz, resplandecía, en quien hasta el postrero mortal será bendito; a quien de día, de noche celebrando, las gentes darán loa y bienandanza, y dirán alabando: «Señor, Dios de Israel, ¿qué lengua alcanza ni centinela tan veladora y despierta que baste a la guarda. Pero esto es de otro lugar, aunque la necesidad o el estrago que el uso malo, introducido más ahora que nunca, hace en las gentes, hace también que se pueda tratar de ello a propósito en cualquier lugar.

Mas, dejándolo agora, espántome, Juliano, que me preguntéis quién es el común amigo que dije, pues no podéis olvidaros que, aunque cada uno de nosotros dos tenemos amistad con muchos amigos, uno solo tenemos que la tiene conmigo y con vos casi en igual grado; porque a mí me ama como a sí, y a vos en la misma manera como yo os amo, que es muy poco menos que a mí.

—Razón tenéis —respondió Juliano— en condenar mi descuido; y entiendo muy bien por quién decís. Y pues tendréis en la memoria algunos otros salmos de los que ha puesto en verso este amigo nuestro, mucho gustaría yo, y Sabino gustará de ello, si no me engaño, también, que en los lugares que se os ofrecieren de aquí adelante, uséis de ellos y nos los digáis.

—Sabino —respondió Marcelo— no sé yo si gustará de oír lo que sabe; porque, como más mozo y más aficionado a los versos, tiene casi en la lengua estos salmos que pedís; pero haré vuestro gusto, y aun Sabino podrá servir de acordármelos si yo me olvidare, como será posible olvidarme. Así que él me los acordará, o, si más le pluguiere, diralos él mismo; y aun es justo que le plega, porque los sabrá decir con mejor gracia.

De esto postrero se rieron un poco Juliano y Sabino. Y diciendo Sabino que lo haría así y que gustaría de hacerlo, Marcelo tornó a seguir su razón, y dijo:

—Decíamos, pues, que este sagrado Monte, conforme a lo del salmo, era fértil señaladamente; y probamos su grosura por la muchedumbre y por la grandeza de las mieses que de él han nacido; y referimos que David, hablando de ellas, decía que de un puñado de trigo esparcido sobre la cumbre del monte serían el fruto y cañas que nacerían de él tan «altas y gruesas que igualarían a los cedros altos del Líbano». De manera que cada caña y espiga sería como un cedro, y todas ellas vestirían la cumbre de su monte, y, meneadas del aire, ondearían sobre él como ondean las copas de los cedros y de los otros árboles soberanos de que el Líbano se corona.

En lo cual David dice tres cualidades muy señaladas; porque, lo uno, dice que son mieses de trigo, cosa útil y necesaria para la vida, y no árboles, más vistosos en ramas y hojas que provechosos en fruto, como fueron los antiguos filósofos y los que por su sola industria quisieron alcanzar la virtud.

Y lo otro, afirma que estas mieses, no solo por ser trigo son mejores, sino en alteza también son mayores mucho que la arboleda del Líbano; que es cosa que se ve por los ojos, si cotejamos la grandeza de nombre, que dejaron después de sí los sabios y grandes del mundo, con la honra merecida que se da en la Iglesia a los santos, y se les dará siempre, floreciendo cada día más en cuanto el mundo durare. Y lo tercero, dice que tiene origen este fruto de muy pequeños principios, de un puñado de trigo sembrado sobre la cumbre de un monte, adonde de ordinario crece el trigo mal, porque, o no hay tierra, sino peña, en la cumbre, o, si la hay, es tierra muy flaca, y el lugar muy frío por razón de su alteza. Pues ésta es una de las mayores maravillas que vemos en la virtud, que nace y se aprende en la escuela de Cristo; que, de principios al parecer pequeños y que casi no se echan de ver, no sabréis como ni de que manera nace y crece y sube en brevísimo tiempo a incomparable grandeza.

Bien sabemos todos lo mucho que la antigua filosofía se trabajó por hacer virtuosos los hombres —sus preceptos, sus disputas, sus revueltas cuestiones— y vemos cada hora en los libros la hermosura y el dulzor de sus escogidas y artificiosas palabras, mas también sabemos con todo este aparato suyo, el pequeño fruto que hizo y cuán menos fue lo que dio de lo que se esperaba de sus largas promesas. Mas en Cristo no pasó así; porque, si miramos lo general del mismo, que se llama no muchos granos, sino un grano de trigo muerto, y de doce hombres bajos y simples, y de su doctrina, en palabras toscas y en sentencia breve y al juicio de los hombres amarga y muy áspera, se hinchió el mundo todo de incomparable virtud, como diremos después en su propio y más conveniente lugar.

Y por semejante manera, si ponemos los ojos en lo particular que cada día acontece en muchas personas, ¿quién es el que lo considera que no salga de sí? El que ayer vivía como sin ley, siguiendo en pos de sus deseos sin rienda, y que estaba ya como encallado en el mal; el que servía al dinero y cogía el deleite, soberbio con todos, y con sus menores soberbio y cruel, hoy, con una palabra que le tocó en el oído, y pasando de allí al corazón, puso en él su simiente, tan delicada y pequeña, que apenas él mismo la entiende, ya comienza a ser otro; y en pocos días, cundiendo por toda el alma la fuerza secreta del pequeño grano, es otro del todo; y crece así en nobleza de virtud y buenas costumbres, que la hojarasca seca, que poco antes estaba ordenada al infierno, es ya árbol verde y hermoso, lleno de fruto y de flor; y el león es oveja ya, y el que robaba lo ajeno derrama ya en los ajenos sus bienes; y el que se revolcaba en la hediondez esparce alrededor de sí, y muy lejos de sí, por todas partes, la pureza del buen olor.

Y, como dije, si tornando al principio, comparamos la grandeza de esta planta y su hermosura con el pequeño grano de donde nació, y con el breve tiempo en que ha venido a ser tal, veremos en extraña pequeñez admirable y no pensada virtud. Y así, Cristo en unas partes dice que es como el grano de mostaza, que es pequeño y trasciende; y en otras se asemeja a perla oriental, pequeña en cuerpo y grande en valor; y parte hay donde dice que es levadura, la cual en sí es poca y parece muy vil, y escondida en una gran masa, casi súbitamente cunde por ella toda, y la inficiona.

Excusado es ir buscando ejemplos en esto, adonde la muchedumbre nos puede anegar. Mas entre todos es clarísimo el del apóstol San Pablo, a quien hacemos hoy fiesta. ¿Quién era, y quién fue, y cuán breve y cuán con una palabra se convirtió de tinieblas en luz, y de ponzoña en árbol de vida para la Iglesia?

Pero vamos más adelante. Añade David Monte cuajado. La palabra original quiere decir el queso, y quiere también decir lo corcovado; y propiamente y de su origen, significa todo lo que tiene en sí algunas partes eminentes e hinchadas sobre las demás que contiene; y de aquí el queso y lo corcovado se llama con esta palabra. Pues juntando esta palabra con el nombre de Monte, como hace David aquí, y poniéndola con el nombre de Monte, como hace David aquí y poniéndola en el número de muchos, como está en el primer texto, suena como leyó San Agustín, monte de quesos; o como trasladan ahora algunos, monte de corcovas, y de la una y de la otra manera viene muy bien. Porque, en decir lo primero, se declara y especifica más la fertilidad de este Monte, el cual no solo es de tierra gruesa y aparejada para producir mieses, sino también es Monte de quesos o de cuajados, esto es, significando por el efecto la causa, Monte de buenos pastos para el ganado, digo monte bueno para pan llevar, y para apacentar ganados no menos bueno.

Y, como dice bien San Agustín, el pan y la grosura del monte que le produce es el mantenimiento de los perfectos;

la leche que se cuaja en el queso, y los pastos que la crían es el propio manjar de los que comienzan en la virtud, como dice San Pablo: «Como a niños os di leche, y no manjar macizo». Y así, conforme a esto, se entiende que este monte es general sustento de todos, así de los grandes en la virtud con su grosura, como de los recién nacidos en ella con sus pastos y leche.

Mas si decimos de la otra manera, monte de corcovas o de hinchazones, dícese una señalada verdad; y es que como hay unos montes que suben seguidos hasta lo alto, y en lo alto hacen una punta sola y redonda, y otros que hacen muchas puntas y que están como compuestos de muchos cerros, así Cristo no es Monte, como los primeros, eminente y excelente en una cosa sola, sino Monte hecho de montes, y una grandeza llena de diversas e incomparables grandezas; y, como si dijésemos, Monte que todo Él es montes, para que, como escribe divinamente San Pablo, «tenga principado y eminencia en todas las cosas».

Dice más: «¿Qué sospecháis, montes de cerros? Este es el Monte que Dios escogió para su morada, y ciertamente el Señor mora en él para siempre». Habla con todo lo que se tiene a sí mismo por alto, y que se opone a Cristo, presumiendo de traer competencias con Él, y díceles: «¿Qué sospecháis?» como en otro lugar San Jerónimo puso: «¿Qué pleiteáis o qué peleáis contra este Monte?». Y es como si más claro dijese: ¿Qué presunción o qué pensamiento es el vuestro?, ¡oh montes!, cuanto quiera que seáis, según vuestra opinión, eminentes, de oponeros con este Monte, pretendiendo o vencerle o poner en vosotros lo que Dios tiene ordenado de poner en él, que es su morada perpetua? Como si dijese: Muy en balde y muy sin fruto os fatigáis. De lo cual entendemos dos cosas: la una, que este Monte es envidiado y contradecido de muchos montes; y la otra, que es escogido de Dios entre todos.

Y de lo primero, que toca a la envidia y contradicción, es, como si dijésemos, hado de Cristo el ser siempre envidiado; que no es pequeño consuelo para los que le siguen, como se lo pronosticó el viejo Simeón luego que lo vio Niño en el templo, y hablando con su madre, lo dijo: «Ves este Niño; será caída y levantamiento para muchos en Israel, y como blanco a quien contradecirán muchos». Y el salmo 2 en este mismo propósito: «¿Por qué —dice— bramaron las gentes y los pueblos trataron consejos vanos? Pusiéronse los reyes de la tierra, y los príncipes se hicieron a una contra el Señor y contra su Cristo». Y fue el suceso bien conforme al pronóstico, como se pareció en la contradicción que hicieron a Cristo las cabezas del pueblo hebreo por todo el discurso de su vida, y en la conjuración que hicieron entre sí para traerle a la muerte. Lo cual, si se considera bien, admira mucho sin duda. Porque si Cristo se tratara como pudo tratarse y conforme a lo que se debía a la alteza de su persona; si apeteciera el mando temporal sobre todos, o si en palabras o si en hechos fuera altivo y deseoso de enseñorearse; si pretendiera no hacer bienes, sino enriquecerse de bienes, y, sujetando a las gentes, vivir con su sudor y trabajo de ellas en vida de descanso abundante; si le envidiaran y si se le opusieran muchos, movidos por sus intereses, ninguna maravilla fuera, antes fuera lo que cada día acontece; mas siendo la misma llaneza, y no anteponiéndose a nadie ni queriendo derrocar a ninguno de su preeminencia y oficio, viviendo sin fausto y humilde, y haciendo bienes jamás vistos generalmente a todos los hombres, sin buscar ni pedir ni aun querer recibir por ellos ni honra ni interés, que le aborreciesen las gentes y que los grandes desamasen a un pobre, y los potentados y pontificados a un humilde bienhechor, es cosa que espanta.

Pues ¿acabóse esta envidiosa oposición con su muerte, y a sus discípulos de Él y a su doctrina no contradijeron después, ni se opusieron contra ellos los hombres? Lo que fue en la cabeza, eso mismo aconteció por los miembros. Y como Él mismo lo dijo: «No es el discípulo sobre el maestro; si me persiguieron a mí, también os perseguirán a vosotras». Así puntualmente les aconteció con los emperadores y con los reyes, y con los príncipes de la sabiduría del mundo. Y por la manera que nuestra bienaventurada Luz, debiendo según toda buena razón ser amado, fue perseguido, así a los suyos y a su doctrina, con quitar todas las causas y ocasiones de envidia y de enemistad, les hizo toda la grandeza del mundo enemiga cruel. Porque los que enseñaban, no a engrandecer las haciendas ni a caminar a la honra y a las dignidades, sino a seguir el estado humilde y ajeno de envidia, y a ceder de su propio derecho con todos, y a empobrecerse a sí para el remedio de la ajena pobreza, y a pagar el mal con el bien; y los que vivían así, como lo enseñaban, hechos unos públicos bienhechores, ¿quién pensará jamás que pudieran ser aborrecidos y perseguidos de nadie? cuando lo fueran de alguno, ¿quién creyera que lo habían de ser de los reyes, y que el poderío y grandeza había de tomar armas y mover guerra contra una tan humilde bondad? Pero era ésta la suerte que dio a este Monte Dios, para mayor grandeza suya.

Y aun, si queremos volver los ojos al principio y al primer origen de este aborrecimiento y envidia, hallaremos que mucho antes que comenzase a ser Cristo en la carne, comenzó este su odio, y podremos venir en conocimiento de su causa de él en esta manera. Porque el primero que le envidió y aborreció fue Lucifer, como lo afirma, y muy conforme a la doctrina verdadera, el glorioso Bernardo; y comenzóle a aborrecer luego que, habiéndoles a él y a algunos otros ángeles revelado Dios alguna parte de este su consejo y misterio, conoció que disponía Dios de hacer príncipe universal de todas las cosas a un hombre. Lo cual conoció luego al principio del siglo y antes que cayese, y cayó por ventura por esta ocasión.

Porque volviendo los ojos a sí, y considerando soberbiamente la perfección altísima de sus naturales, y mirando juntamente con esto el singular grado de gracias y dones de que le había dotado Dios, más que a otro ángel alguno, contento de sí y miserablemente desvanecido, apeteció para sí aquella excelencia. Y, de apetecerla, vino a no sujetarse a la orden y decreto de Dios, y a salir de su santa obediencia y a trocar la gracia en soberbia, por donde fue hecho cabeza de todo lo arrogante y soberbio, así como lo es Cristo de todo lo llano y humilde. Y como del que, en la escalera bajando, pierde algún paso, no para su caída en un escalón, sino de uno en otro llega hasta el postrero cayendo, así Lucifer, de la desobediencia para con Dios, cayó en el aborrecimiento de Cristo, concibiendo contra Él primero envidia y después sangrienta enemistad, y de la enemistad nació en él absoluta determinación de hacerle guerra siempre con todas sus fuerzas.

Y así lo intentó primero en sus padres, matando y condenando en ellos, cuanto fue en sí toda la sucesión de los hombres; y después en su persona misma de Cristo, persiguiéndole por sus ministros y trayéndolo a muerte, y de allí en los discípulos y seguidores de Él, de unos en otros hasta que se cierren los siglos, encendiendo contra ello a sus principales ministros, que es a todo aquello que se tiene por sabio y por alto en el mundo.

En la cual guerra y contienda, peleando siempre contra la flaqueza el poder, y contra la humildad la soberbia y la maña, y la astucia contra la sencillez y bondad, al fin quedan aquéllos vencidos pareciendo que vencen. Y contra este enemigo propiamente, endereza David las palabras de que vamos hablando. Porque a este ángel y a los demás ángeles, que le siguieron en tantas maneras de naturales y graciosos bienes enriscados e hinchados, llama aquí corcovad os y enriscados montes; o por decirlo mejor, montes montuosos, y a éstos les dice así: ¿Por qué, ¡oh montes soberbios!, o envidiáis la grandeza del hombre en Cristo, que os es revelada, o le movéis guerra pretendiendo estorbarla, o sospecháis que se debía esta gloria a vosotros, o que será parte vuestra contradicción para quitársela? Que yo os hago seguros que será vano trabajo vuestro, y que redundará toda esta pelea en mayor acrecentamiento suyo; y que por mucho que os empinéis, Él pisará sobre vosotros, y la Divinidad reposará en Él dulce y agradablemente por todos los siglos sin fin.

Y habiendo Marcelo dicho esto, callóse, y luego Sabino entendiendo que había acabado, y desplegando de nuevo el papel y mirando en él, dijo:

—Lo que se sigue ahora es asaz breve en palabras, mas sospecho que en cosas ha de dar bien que decir. Y dice así: PADRE DEL SIGLO FUTURO [Llámase Cristo Padre del siglo futuro y explícase el modo con que nos engendra en hijos suyos.]

«El sexto nombre es PADRE DEL SIGLO FUTURO. Así le llama Esaías en el capítulo 9, diciendo: "Y será llamado Padre del siglo futuro".»

—Aún no me había despedido del Monte —respondió Marcelo entonces—; mas, pues Sabino ha pasado adelante, y para lo que me quedaba por decir habrá por ventura después otro mejor lugar, sigamos lo que Sabino quiere. Y dice bien, que lo que ahora ha propuesto es breve en palabras y largo en razón; a lo menos, si no es largo, es hondo y profundo, porque se encierra en ello una gran parte del misterio de nuestra redención. Lo cual, si como ello es, pudiese caber en mi entendimiento, y salir por mi lengua vestido con las palabras y sentencias que se le deben, ello solo henchiría de luz y de amor celestial nuestras almas, Pero confiados del favor de Jesucristo y ayudándome en ello vuestros santos deseos, comencemos a decir lo que en él nos diere. Y comencemos de esta manera.

Cierta cosa es y averiguada en la Santa Escritura, que los hombres para vivir a Dios tenemos necesidad de nacer segunda vez, demás de aquella que nacemos cuando salimos del vientre de nuestras madres. Y cierto es que todos los fieles nacen este segundo nacimiento, en el cual está el principio y origen de la vida santa y fiel. Así lo afirmó Cristo a Nicodemus, que, siendo maestro de la Ley, vino una noche a ser su discípulo. Adonde, como por fundamento de la doctrina que le había de dar, propuso esto, diciendo: «Ciertamente te digo que ningún hombre, si no torna a nacer segunda vez, no podrá ver el reino de Dios». Pues por la fuerza de los términos correlativos que entre sí se responden, se sigue muy bien que donde hay nacimiento hay hijo, y donde hijo, hay también padre. De manera que si los fieles, naciendo de nuevo, comenzamos a ser nuevos hijos, tenemos forzosamente algún nuevo Padre cuya virtud nos engendra; el cual Padre es Cristo. Y por esta causa es llamado Padre del siglo futuro, porque es el principio original de esta generación bienaventurada y segunda, y de la multitud innumerable de descendientes que nacen por ella.

Mas, porque esto se entienda mejor, en cuanto puede ser de nuestra flaqueza entendido, tomemos de su principio toda esta razón, y digamos lo primero de dónde vino a «ser necesario que el hombre naciese segunda vez». Y dicho esto y procediendo de grado en grado ordenadamente, diremos todo lo demás que a la claridad de todo este argumento y a su entendimiento conviene, llevando siempre, como en estrella de guía, puestos los ojos en la luz de la Escritura Sagrada, y siguiendo las pisadas de los doctores y santos antiguos.

Pues conforme a lo que yo ahora decía, como la infinita bondad de Dios, movida de su sola virtud, ante todos los siglos se determinase de levantar a sí la naturaleza del hombre y de hacerla particionera de sus mayores bienes y señora de todas sus criaturas, Lucifer, luego que lo conoció, encendido de envidia, se dispuso a dañar e inflamar el género humano en cuanto pudiese, y estragarle en el alma y en el cuerpo por tal manera que, hecho inhábil para los bienes del cielo, no viniese a efecto lo que en su favor había ordenado Dios. «Por envidia del demonio —dice el Espíritu Santo en la Sabiduría— entró la muerte en el mundo.» Y fue así que, luego que vio criado al primer hombre y cercado de la gracia de Dios, y puesto en lugar deleitoso y en estado bienaventurado, y como en un vecino y cercano escalón para subir al eterno y verdadero bien, echó también juntamente de ver que le había Dios vedado la fruta del árbol, y puéstole, si la comiese, pena de muerte, en la cual incurriese cuanto a la vida del alma luego, y cuanto a la del cuerpo después, y sabía por otra parte el demonio que Dios no podía por alguna manera volverse de lo que una vez pone. Y así, luego se imaginó que si él podía engañar al hombre y acabar con el que traspasase aquel mandamiento, lo dejaba necesariamente perdido y condenado a la muerte, así del alma como del cuerpo; y por la misma razón lo hacía incapaz del bien para que Dios le ordenaba.

Mas porque se le ofreció que, aunque pecase aquel hombre primero, en los que después de él naciesen podría Dios traer a efecto lo que tenía ordenado en favor de las hombres, determinóse de poner en aquel primero, como en la fuente primera, su ponzoña y las semillas de su soberbia y profanidad y ambición, y las raíces y principios de todos los vicios; y poner un atizador continuo de ellos para que, juntamente con la naturaleza, en los que naciesen de aquel primer hombre se derramase y extendiese este mal, y así naciesen todos culpados y aborrecibles a Dios, e inclinados a continuas y nuevas culpas, e inútiles todos para ser lo que Dios había ordenado que fuesen.

Así lo pensó, y como lo pensó lo puso por obra, y sucedióle su pretensión. Porque, inducido y persuadido del demonio, el hombre pecó, y con esto tuvo por acabado su hecho, esto es, tuvo al hombre por perdido a remate, y tuvo por desbaratado y deshecho el consejo de Dios.

Y, a la verdad, quedó extrañamente dificultoso y revuelto todo este negocio del hombre.

Porque se contradecían y como hacían guerra entre sí dos decretos y sentencias divinas, y no parecía que se podía dar corte ni tomar medio alguno que bueno fuese. Porque, por una parte, había decretado Dios de ensalzar al hombre sobre todas las cosas, y, por otra parte, había firmado que, si pecase, le quitaría la vida del alma y del cuerpo; y había pecado. Y así, si cumplía Dios el decreto primero, no cumplía con el segundo; y al revés, cumpliendo el segundo dicho, el primero se deshacía y borraba; y juntamente con esto, no podía Dios, así en lo uno como en lo otro, no cumplir su palabra; porque no es mudable Dios en lo que una vez dice, ni puede nadie poner estorbo a lo que Él ordena que sea. Y cumplirlo en ambas cosas parecía imposible; porque si a alguno se ofrece que fuera bueno criar Dios otros hombres no descendientes de aquel primero, y cumplir con éstos la ordenación de su gracia, y la sentencia de su justicia ejecutarla en los otros, Dios lo pudiera hacer muy bien sin ninguna duda; pero todavía quedaba falta y como menor la verdad de la promesa primera; porque la gracia de ella no se prometía a cualesquiera, sino a aquellos hombres que criaba Dios en Adán, esto es, a los que de él descendiesen.

Por lo cual, en esto que no parecía haber medio, el saber no comprensible de Dios lo halló, y dio salida a lo que por todas partes estaba con dificultades cerrado. Y el medio la salida fue no criar otro nuevo linaje de hombres, sino dar orden como aquellos mismos ya criados, y por orden de descendencia nacidos, naciesen de nuevo otra vez, y para que ellos mismos y unos mismos, según el primer nacimiento muriesen, y viviesen según el segundo; y en lo uno ejecutase Dios la pena ordenada, y la gracia y la grandeza prometida cumpliese Dios en lo otro; y así quedase en todo verdadero y glorioso.

Mas ¡qué bien, aunque brevemente, San León papa dice esto que he dicho! «Porque se alababa —dice— el demonio que el hombre, por su engaño inducido al pecado, había ya de carecer de los dones del cielo, y que, desnudado del don de la inmortalidad, quedaba sujeto a dura sentencia de muerte y porque decía que había hallado consuelo de sus caídas y males con la compañía del nuevo pecador, y que Dios también, pidiéndolo así la razón de su severidad y justicia para con el hombre, al cual crió para su honra tan grande, había mudado su antiguo y primer parecer; pues por eso fue necesario que usase Dios de nueva y secreta forma de consejo, para que Dios, que es inmudable, y cuya voluntad no puede ser impedida en los largos bienes que hacer determina, cumpliese con misterio más secreto el primer decreto y ordenación de su clemencia; y para que el hombre, por haber sido inducido a culpa por el engaño y astucia de la maldad infernal, no pereciese contra lo que Dios tenía ordenado.» Esto, pues, es la necesidad que tiene el hombre de nacer segunda vez. A lo cual se sigue saber qué es o qué fuerza tiene y en qué consiste este nuevo y segundo nacimiento. Para lo cual presupongo que cuando nacemos, juntamente con la sustancia de nuestra alma y cuerpo con que nacemos, nace también en nosotros un espíritu y una infección infernal, que se extiende y derrama por todas las partes del hombre, y se enseñorea de todas y las daña y destruye. Porque en el entendimiento es tinieblas, y en la memoria olvido, y en la voluntad culpa y desorden de las leyes de Dios, y en los apetitos fuego y desenfrenamiento, y en los sentidos engaño, y en las obras pecado y maldad, y en todo el cuerpo desatamiento y flaqueza y penalidad, y, finalmente, muerte y corrupción. Todo lo cual San Pablo suele comprender con un solo nombre, y lo llama pecado y cuerpo de pecado. Y Santiago dice que la rueda de nuestro nacimiento, esto es, el principio de él o la sustancia con que nacemos, está encendida con fuego del infierno.

De manera que en la sustancia de nuestra alma y cuerpo nace, cuando ella nace, impresa y apegada esta mala fuerza, que con muchos nombres apenas puede ser bien declarada la cual se apodera de ella así, que no solamente la inficiona y contamina y hace casi otra, sino también la mueve y enciende y lleva por donde quiere, como si fuese alguna otra sustancia o espíritu asentado y engerido en el nuestro, y poderoso sobre él.

Y si quiere saber alguno la causa por qué nacemos así para entenderlo hase de advertir, lo primero, que la sustancia de la naturaleza del hombre, ella de sí y de su primer nacimiento es sustancia imperfecta, y como si dijésemos comenzada a hacer; pero tal, que tiene libertad y voluntad para poder acabarse y figurarse del todo en la forma, o mala o buena, que más le pluguiere; porque de suyo no tiene ninguna, y es capaz para todas, y maravillosamente fácil y como de cera para cada una de ellas. Lo segundo, hase también de advertir que esto que le falta y puede adquirir el hombre, que es como cumplimiento y fin de la obra, aunque no le da, cuando lo tiene, el ser y el vivir y el moverse pero dale el ser bueno o ser malo, y dale determinadamente su bien y figura propia, y es como el espíritu y la forma de la misma alma, y la que la lleva y determina a la cualidad de sus obras, y lo que se extiende y trasluce por todas ellas, para que obre como vive y para que sea lo que hace, conforme al espíritu que la califica y la mueve a hacer.

Pues aconteciónos así, que Dios cuando formó al primer hombre, y formó en él a todos los que nacemos de él como en su simiente primera, porque le formó con sus manos solas, y de las manos de Dios nunca sale cosa menos acabada y perfecta, sobrepuso luego a la sustancia natural del hombre los dones de su gracia, y figurólo particularmente con su sobrenatural imagen y espíritu, y sacólo, como si dijésemos de un golpe y de una vez acabado, del todo y divinamente acabado. Porque al que, según su facilidad natural, se podía figurar en condiciones y mañas, o como bruto o como demonio o como ángel, figuróle Él como Dios, y puso en él una imagen suya sobrenatural y muy cercana a su semejanza, para que así él como los que estábamos en él, naciendo después, la tuviésemos siempre por nuestra, si el primer padre no la perdiese.

Mas perdióla presto, porque traspasó la ley de Dios; y así fue despojado luego de esta perfección de Dios que tenía; y, despojado de ella, no fue su suerte tal que quedase desnudo, sino, como dicen del trueco de Glauco y Diómedes, trocando desigualmente las armas, juntamente fue desnudado y vestido. Desnudado del espíritu y figura sobrenatural de Dios, y vestido de la culpa y de su miseria, y del traje y figura y espíritu del demonio cuyo inducimiento siguió. Porque así como perdió lo que tenía de Dios, porque se apartó de Él, así, porque siguió y obedeció a la voz del demonio, concibió luego en sí su espíritu y sus mañas, permitiendo por esta razón Dios justísimamente que debajo de aquel manjar visible, por vía y fuerza secreta, pusiese en él el demonio una imagen suya, esto es, una fuerza malvada muy semejante a él.

La cual fuerza, unas veces llamamos ponzoña, porque se presentó el demonio en figura de sierpe; otras ardor y fuego, porque nos enciende y abrasa con no creíbles ardores; y otras pecado, porque consiste toda ella en desorden y desconcierto, y siempre inclina a desorden. Y tiene otros mil nombres, y son pocos todos para decir lo malo que ella es; y el mejor es llamarla un otro demonio, porque tiene y encierra en sí las condiciones todas del demonio: soberbia, arrogancia, envidia, desacato de Dios, afición a bienes sensibles, amor de deleites y de mentira y de enojo y de engaño y de todo lo que es vanidad.

El cual mal espíritu, así como sucedió al bueno que el hombre tenía antes. así en la forma del daño que hizo imitó el bien y al provecho que hacía el primero. Y como aquél perfeccionaba al hombre, no solo en la persona de Adán, sino también en la de todos los que estábamos en él, y así como era bien general, que ya en virtud y en derecho lo teníamos todos, y lo tuviéramos cada uno en real posesión en nasciendo, así esta ponzoña emponzoñaba, no a Adán solamente, sino a todos nosotros, sus sucesores; primero a todos en la raíz y semilla de nuestro origen, y después en particular a cada uno cuando nacemos, naciendo juntamente con nosotros y apegados a nosotros.

Y ésta es la causa por que nacemos, como dije al principio, inficionados y pecadores; porque, así como aquel espíritu bueno, siendo hombres, nos hacía semejantes a Dios, así este mal y pecado, añadido a nuestra sustancia y naciendo con ella, la figura y hace que nazca, aunque en forma de hombre, pero acondicionada como demonio y serpentina verdaderamente; y por el mismo caso culpada y enemiga de Dios, e hija de ira y del demonio y obligada al infierno. Y tiene aún demás de éstas, otras propiedades esta ponzoña y maldad, las cuales iré refiriendo ahora, porque nos servirán mucho para después.

Y lo primero, tiene que, entre aquestas dos cosas que digo, de las cuales la una es la sustancia del cuerpo y del alma, y la otra esta ponzoña y espíritu malo, hay esta diferencia cuanto a lo que toca a nuestro propósito; que la sustancia del cuerpo y del alma ella de sí es buena y obra de Dios; y si llegamos la cosa a su principio, la tenemos de solo Dios. Porque el alma Él solo la cría; y del cuerpo, cuando al principio lo hizo de un poco de barro, Él solo fue el hacedor; y ni más ni menos, cuando después lo produce de aquel cuerpo primero, y como van los tiempos lo saca a la luz en cada uno que nace, Él también es el principal de la obra. Mas el otro espíritu ponzoñoso y soberbio en ninguna manera es obra de Dios, ni se engendra en nosotros con su querer y voluntad, sino es obra toda del demonio y del primer hombre: del demonio, inspirando y persuadiendo; del hombre, voluntaria y culpablemente recibiéndolo en sí.

Y así, esto solo es lo que la Santa Escritura llama en nosotros viejo hombre y viejo Adán, porque es propia hechura de Adán; esto es, porque es, no lo que tuvo Adán de Dios, sino lo que él hizo en sí por su culpa y por virtud del demonio. Y llámase vestidura vieja porque, sobre la naturaleza que Dios puso en Adán, él se revistió después con esta figura, e hizo que naciésemos revestidos de ella nosotros. Y llámase imagen del hombre terreno, porque aquel hombre que Dios formó de la tierra se transformó en ella por su voluntad; y cual él se hizo entonces, tales nos engendra después y le parecemos en ella, o por decir verdad, en ella somos del todo sus hijos, porque en ella somos hijos solamente de Adán. Que en la naturaleza y en los demás bienes naturales con que nacemos somos hijos de Dios, o sola o principalmente, como arriba está dicho. Y sea esto lo primero.

Lo segundo, tiene otra propiedad este mal espíritu, que su ponzoña y daño de él nos toca de dos maneras; una en virtud, otra formal y declaradamente. Y porque nos toca virtualmente de la primera manera, por eso nos tocó formalmente después. En virtud nos toco, cuando nosotros aún no teníamos ser en nosotros, sino en el ser y en la virtud de aquel que fue padre de todos; en efecto y realidad, cuando de aquella preñez venimos a esta luz.

En el primer tiempo, este mal no se parecía claro sino en Adán solamente; pero entiéndase que lanzaba su ponzoña con disimulación en todos los que estábamos en él también, como disimulados; mas, en el segundo tiempo, descubierta y expresamente nace con cada uno. Porque si tomásemos ahora la pepita de un melocotón o de otro árbol cualquiera, en la cual están originalmente encerrados la raíz del árbol y el tronco y las hojas y flores y frutos de él, y si imprimiésemos en la dicha pepita por virtud de alguna infusión algún color y sabor extraño, en la pepita misma luego se ve y siente este color y sabor; pero en lo que está encerrado en su virtud de ella aún no se ve, así como ni ello mismo aún no es visto; pero entiéndese que está ya lanzado en ella aquel color y sabor, y que le está impreso en la misma manera que aquello todo está en la pepita encerrado, y verse ha abiertamente después en las hojas y flores y frutos que digo, cuando del seno de la pepita o grano, donde estaban cubiertos, se descubrieren y salieren a luz. Pues así y por la misma manera pasa en esto de que vamos hablando.

La tercera propiedad, y que se consigue a lo que ahora decíamos, es que esta fuerza o espíritu que decimos nace al principio en nosotros, no porque nosotros por nuestra propia voluntad y persona la hicimos o merecimos, sino por lo que hizo y mereció otro que nos tenía dentro de sí, como el grano tiene la espiga; y así su voluntad fue habida por nuestra voluntad; y queriendo él, como quiso, inficionarse en la forma que hemos dicho, fuimos vistos nosotros querer para nosotros lo mismo. Pero, dado que al principio esta maldad o espíritu de maldad nace en nosotros sin merecimiento nuestro propio, mas después, queriendo nosotros seguir sus ardores y dejándonos llevar de su fuerza, crece y se establece y confirma más en nosotros por nuestros desmerecimientos. Y así, naciendo malos y siguiendo el espíritu malo con que nacemos, merecemos ser peores, y de hecho lo somos.

Pues sea lo cuarto y postrero que esta mala ponzoña y simiente, que tantas veces ya digo que nace con la sustancia de nuestra naturaleza y se extiende por ella, cuanto es de su parte la destruye y trae a perdición, y la lleva por sus pasos contados a la suma miseria; y cuanto crece y se fortifica en ella tanto más la enflaquece y desmaya, y si debemos usar de esta palabra aquí, la anihila, Porque, aunque es verdad, como hemos ya dicho, que la naturaleza nuestra es de cera para hacer en ella lo que quisiéramos; pero como es hechura de Dios, y por el mismo caso buena hechura, la mala condición y mal ingenio y mal espíritu que le ponemos, aunque le recibe por su facilidad y capacidad, pero recibe daño con él, por ser, como obra de buen maestro, buena ella de suyo e inclinada a lo que es mejor. Y como la carcoma hace en el madero, que naciendo en él lo consume, así esta maldad o mal espíritu, aunque se haga a él y se envista de él nuestra naturaleza, la consume casi del todo. Porque asentado en ella y como royendo en ella continuamente, pone desorden y desconcierto en todas las partes del hombre; porque pone en alboroto todo nuestro reino, y lo divide entre sí y desata las ligaduras con que esta compostura nuestra de cuerpo y de alma se ata y se traba; y así hace que ni el cuerpo esté sujeto al alma, ni el alma a Dios, que es camino cierto y breve para traer así el cuerpo como el alma a la muerte. Porque como el cuerpo tiene del alma su vida toda, vive más cuanto le está más sujeto; y por el contrario, se va apartando de la vida como va saliéndose de su sujeción y obediencia; y así, este dañado furor, que tiene por oficio sacarle de ella, en sacándole, que es desde el primer punto que se junta a él y que nace con él, le hace pasible y sujeto a enfermedades y males; y así como va creciendo en él, le enflaquece más y debilita, hasta que al fin le desata y aparta del todo del alma, y le torna en polvo, para que quede para siempre hecho polvo cuanto es de su parte.

Y lo que hace en el cuerpo, eso mismo hace en el alma; que, como el cuerpo vive de ella, así ella vive de Dios, del cual este espíritu malo la aparta y va cada día apartándola más, cuanto más va creciendo. Y ya que no puede gastarla toda ni volverla en nada, porque es de metal que no se corrompe, gástala hasta no dejarle más vida de la que es menester para que se conozca por muerta, que es la muerte que la Escritura Santa llama segunda muerte, y la muerte mayor o la que es sola verdadera muerte; como se pudiera mostrar ahora aquí con razones que lo ponen delante los ojos; pero no se ha de decir todo en cada lugar.

Mas lo propio de este que tratamos ahora, y lo que decir nos conviene, es lo que dice Santiago, el cual, como en una palabra, esto todo que he dicho lo comprende, diciendo: «El pecado, cuando llega a su colmo, engendra muerte». Y es digno de considerar que cuando amenazó Dios al hombre con miedos para que no diese entrada en su corazón a este pecado, la pena que le denunció fue eso mismo que él hace, y el fruto que nace de él, según la fuerza y la eficacia de su cualidad, que es una perfecta y acabada muerte; como no queriendo Él por sí poner en el hombre las manos ni ordenar contra él extraordinarios castigos, sino dejarle al azote de su propio querer, para que fuese verdugo suyo eso mismo que había escogido.

Mas dejando esto aquí y tornando a lo que al principio propuse, que es decir aquello en que consiste este postrer nacimiento, digo que consiste, no en que nazca en nosotros otra sustancia de cuerpo y de alma, porque eso no fuera nacer otra vez, sino nacer otros, con lo cual, como está dicho, no se conseguía el fin pretendido; sino consiste en que nuestra sustancia nazca sin aquel mal espíritu y fuerza primera, y nazca con otro espíritu y fuerza contraria y diferente de ella. La cual fuerza y espíritu en que, según decimos, consiste el segundo nacer, es llamado hombre nuevo y Adán nuevo en la Santa Escritura, así como el otro su contrario y primero se llama hombre viejo, como hemos ya dicho.

Y así como aquél se extendía por todo el cuerpo y por toda el alma del hombre, así el bueno también se extiende por todo; y como lo desordenaba aquél, lo ordena éste y lo santifica y trae últimamente a vida gloriosa y sin fin, así como aquél lo condenaba a muerte miserable y eterna. Y es, por contraria manera del otro, luz en el ánimo y acuerdo de Dios en la memoria, y justicia en la voluntad, y templanza en los deseos, y en los sentidos guía, y en las manos y en las obras provechoso mérito y fruto, y, finalmente, vida y paz general de todo el hombre, e imagen verdadera de Dios, y que hace a los hombres sus hijos. Del cual espíritu, y de los buenos efectos que hace y de toda su eficacia y virtud, los sagrados escritores, tratando de él debajo de diversos nombres, dicen mucho en muchos lugares; pero baste por todos San Pablo, en lo que, escribiendo a los Gálatas, dice de esta manera: «El fruto del Espíritu Santo son caridad, gozo, paz, largueza de ánimo, bondad, fe, mansedumbre y templanza». Y el mismo, en el capítulo 3 a los Colosenses: «Despojándoos del hombre viejo, vestíos el nuevo, el renovado para conocimiento, según la imagen del que le crió». Aquesto, pues, es nacer los hombres segunda vez, conviene a saber, vestirse de este espíritu y nacer, no con otro ser y sustancia, sino calificarse y acondicionarse de otra manera, y nacer con otro aliento diferente. Y aunque prometí solamente decir qué nacimiento era éste, en lo que he dicho he declarado no solo lo que es el nacer, sino también cuál es lo que nace y las condiciones del espíritu que en nosotros nace, así la primera vez como la segunda.

Resta ahora que, pasando adelante, digamos qué hizo Dios y la forma que tuvo para que naciésemos de esta segunda manera; con lo cual, si lo llevamos a cabo, quedará casi acabado todo lo que a esta declaración pertenece.

Callóse Marcelo luego que dijo esto, y comenzábase a apercibir para tornar a decir; mas Juliano, que desde el principio le había oído atentísimo, y por algunas veces con significaciones y meneos había dado muestras de maravillarse, tomando la mano, dijo:

—Estas cosas, Marcelo, que ahora decís no las sacáis de vos, ni menos sois el primero que las traéis a luz; porque todas ellas están como sembradas y esparcidas, así en los libros divinos como en los doctores sagrados, unas en unos lugares y otras en otros; pero sois el primero de los que he visto y oído yo que, juntando cada una cosa con su igual cuya es, y como pareándolas entre sí y poniéndolas en sus lugares, y trabándolas todas y dándoles orden, habéis hecho como un cuerpo y como un tejido de todas ellas. Y aunque es verdad que cada una de estas cosas por sí, cuando en los libros donde están las leemos, nos alumbran y enseñan; pero no sé en qué manera, juntas y ordenadas, como vos ahora las habéis ordenado, hinchen el alma juntamente de luz y de admiración, y parece que le abren como una nueva puerta de conocimiento. No sé lo que sentirán los demás; de mí os afirmo que, mirando aqueste busto de cosas y este concierto tan trabado del consejo divino, que vais ahora diciendo y aun no habéis dicho del todo, pero esto solo que hasta aquí habéis platicado, mirándolo, me hace ya ver, a lo que me parece, en las Letras Sagradas muchas cosas, no digo que no las sabía, sino que no las advertía antes de ahora y que pasaba fácilmente por ellas.

Y aun se me figura también, no sé si me engaño, que este solo misterio, así todo junto bien entendido, él por sí solo basta a dar luz en muchos de los errores que hacen en este miserable tiempo guerra a la Iglesia, y basta desterrar sus tinieblas de ellos. Porque en esto solo que habéis dicho, y sin ahondar más en ello, ya se me ofrece a mí y como se me viene a los ojos ver cómo este nuevo espíritu, en que el segundo, y nuevo nacimiento nuestro consiste, es cosa metida en nuestra alma, que la transforma y renueva; así como su contrario de éste, que hace el nacimiento primero, vivía también en ella y la inficionaba. Y que no es cosa de imaginación ni de respeto exterior, como dicen los que desatinan ahora, porque si fuera así no hiciera nacimiento nuevo, pues en realidad de verdad no ponía cosa alguna nueva en nuestra sustancia, antes la dejaba en su primera vejez.

Y veo también que este espíritu y criatura nueva es cosa que recibe crecimiento, como todo lo demás que nace, Y veo que crece por la gracia de Dios, y por la industria y buenos méritos de nuestras obras que nacen de ella; como al revés su contrario, viviendo nosotros en él y conforme a él, se hace cada día mayor y cobra mayores fuerzas, cuanto son nuestros desmerecimientos mayores. Y veo también que, obrando, crece este espíritu; quiero decir, que las obras que hacemos movidos de él merecen su crecimiento de él y son como su cebo y propio alimento, así como nuestros pecados ceban y acrecientan a ese mismo espíritu malo y dañado, que a ellos nos mueve.

—Sin duda es así —respondió entonces Marcelo— que esta nueva generación, y el consejo de Dios acerca de ella, si se ordena todo junto y se declara y entiende bien, destruye las principales fuentes del error luterano y hace su falsedad manifiesta. Y entendido bien esto de una vez, quedan claras y entendidas muchas Escrituras, que parecen revueltas y oscuras. Y si tuviese yo lo que para esto es necesario de ingenio y de letras, y si me concediese el Señor el ocio y el favor que yo le suplico, por ventura emprendería servir en este argumento a la Iglesia, declarando este misterio y aplicándolo a lo que ahora entre nosotros y los herejes se altera, y con el rayo de esta luz sacando de cuestión la verdad; que a mi juicio sería obra muy provechosa; y así como puedo, no me despido de poner en ella mi estudio a su tiempo, —¿Cuándo no es tiempo para un negocio semejante? —respondió Juliano.

—Todo es buen tiempo —respondió Marcelo—; mas no está todo en mi poder, ni soy mío en todos los tiempos. Porque ya veis cuántas son mis ocupaciones y la flaqueza grande de mi salud.

—¡Como si en medio de estas ocupaciones y poca salud —dijo, ayudando a Juliano, Sabino— no supiésemos que tenéis tiempo para otras escrituras que no son menos trabajosas que ésa, y son de mucho menos utilidad!

—Esas son cosas —respondió Marcelo— que, dado que son muchas en número, pero son breves cada una por sí; mas ésta es larga escritura y muy trabada y de grandísima gravedad, y que, comenzada una vez, no se podía, hasta llegarla al fin, dejar de la mano. Lo que yo deseaba era el fin de estos pleitos y pretendencias de escuelas, con algún mediano y reposado asiento. Y si al Señor le agradare servirse en esto de mí, su piedad lo dará.

—Él lo dará —respondieron como a una Juliano y Sabino—; pero esto se debe anteponer a todo lo demás.

—Que se anteponga —dijo Marcelo— en buena hora, mas eso será después; ahora tornemos a proseguir lo que está comenzado.

Y callando con esto los dos, y mostrándose atentos, Marcelo tornó a comenzar así:

—Hemos dicho cómo los hombres nacemos segunda vez, y la razón y necesidad por qué nacemos así, y aquello en que este nacimiento consiste. Quédanos por decir la forma que tuvo y tiene Dios para hacerle, que es decir lo que ha hecho para que seamos los hombres engendrados segunda vez. Lo cual es breve y largo juntamente: breve, porque con decir solamente que hizo un otro hombre, que es Cristo hombre, para que nos engendrase segunda vez, así como el primer hombre nos engendró la primera, queda dicho todo lo que es ello en sí; mas es largo, porque para que esto mismo se entienda bien y se conozca, es menester declarar lo que puso Dios en Cristo, para que con verdad se diga ser nuevo Padre, y la forma como Él nos engendra. Y así lo uno como lo otro no se puede declarar brevemente.

Mas viniendo a ello, y comenzando de lo primero, digo que,. queriendo Dios y placiéndole por su bondad infinita dar nuevo nacimiento a los hombres, ya que el primero, por culpa de ellos, era nacimiento perdido, porque de su ingenio es traer a su fin todas las cosas con suavidad y dulzura, y por los medios que su razón de ellas pide y demanda, queriendo hacer nuevos hijos, hizo convenientemente un nuevo Padre de quien ellos naciesen; y hacerle fue poner en Él todo aquello que para ser Padre universal es necesario Y conviene.

Porque lo primero, porque había de ser Padre de hombres, ordenó que fuese hombre; y porque había de ser Padre de hombres ya nacidos, para que tornasen a renacer, ordenó que fuese del mismo linaje y metal de ellos. Pero, porque en esto se ofrecía una grande dificultad, que por una parte, para que renaciese de este nuevo Padre nuestra sustancia mejorada, convenía que fuese Él del mismo linaje y sustancia; y, por otra parte, estaba dañada e inficionada toda nuestra sustancia en el primer padre, y por la misma causa tomándola de él el segundo Padre, parecía que la había de tomar asimismo dañada, y si la tomaba así, no pudiéramos nacer de Él segunda vez puros y limpios, y en la manera que Dios pretendía que naciésemos; así que, ofreciéndose esta dificultad, el sumo saber de Dios, que en las mayores dificultades resplandece más, halló forma como este segundo Padre y fuese hombre del linaje de Adán, y no naciese con el mal y con el daño con que nacen los que nacemos de Adán.

Y así le formó de la misma masa y descendencia de Adán; pero no como se forman los demás hombres, con las manos y obra de Adán, que es todo lo que daña y estraga la obra, sino formóle con las suyas mismas y por sí solo y por la virtud de su Espíritu, en las entrañas purísimas de la soberana Virgen, descendiente de Adán. Y de su sangre y sustancia santísima, dándola ella sin ardor vicioso y con amor de caridad encendido, hizo el segundo Adán y Padre nuestro universal, de nuestra sustancia y ajeno del todo de nuestra culpa, y como panal virgen hecho con las manos del cielo de materia pura, o por mejor decir, de la flor de la pureza misma y de la virginidad. Y esto fue lo primero.

Y demás de esto, procediendo Dios en su obra, porque todas las cualidades que se descubren en la flor y en el fruto conviene que estén primero en la semilla, de donde la flor nace y el fruto; por eso en éste, que había de ser origen de esta nueva y sobrenatural descendencia, asentó y colocó abundantísima e infinitamente, por hablar más verdad, todo aquello bueno en que habíamos de renacer todos los que naciésemos de Él: la gracia, la justicia y el espíritu celestial, la caridad, el saber, con todos los demás dones del Espíritu Santo; y asentólos como en principio con virtud y eficacia para que naciesen de Él en otros y se derivasen en sus descendientes y fuesen bienes que pudiesen producir de sí otros bienes. Y porque en el principio no solamente están las cualidades de los que nacen de él, sino también esos mismos que nacen, antes que nazcan en sí, están en su principio como en virtud; por tanto, convino también que los que nacemos de este divino Padre estuviésemos primero puestos en Él como en nuestro principio y como en simiente, por secreta y divina virtud. Y Dios lo hizo así.

Porque se ha de entender que Dios, por una manera de unión espiritual e inefable, juntó con Cristo en cuanto hombre, y como encerró en Él a todos sus miembros; y los mismos que cada uno en su tiempo vienen a ser en sí mismos y a renacer y vivir en justicia, y los mismos que después de la resurrección de la carne, justos y gloriosos y por todas partes deificados, diferentes en personas, seremos unos en espíritu, así entre nosotros como con Jesucristo, o por hablar con más propiedad, seremos todos un Cristo, esos mismos, no en forma real, sino en virtud original, estuvimos en Él antes que renaciésemos por obra y por artificio de Dios, que le plugo ayuntarnos a sí secreta y espiritualmente, con quien había de ser nuestro principio, para que con verdad lo fuese, y para que procediésemos de Él, no naciendo según la sustancia de nuestra humana naturaleza, sino renaciendo según la buena vida de ella, con el espíritu de justicia y de gracia.

Lo cual, demás de que lo pide la razón de ser Padre, consíguese necesariamente a lo que antes de esto dijimos. Porque si puso Dios en Cristo espíritu y gracia principal, esto es, en sumo y eminente grado, para que de allí se engendrase el nuevo espíritu y la nueva vida de todos, por el mismo caso nos puso a todos en Él, según esta razón. Como en el fuego, que tiene en sumo grado el calor, y es por eso la fuente de todo lo que es en alguna manera caliente, está todo lo que puede ser, aun antes que lo sea, como en su fuente y principio.

Mas, por sacarlo de toda duda, será bien que lo probemos con el dicho y testimonio del Espíritu Santo. San Pablo, movido por Él, en la carta que escribe a los Efesios, dice lo que ya he alegado antes de ahora: «Que Dios en Cristo recapituló todas las cosas. Adonde la palabra del texto griego es palabra propia de los contadores, y significa lo que hacen cuando muchas y diferentes partidas las reducen a una, lo cual llamamos en castellano sumar. Adonde en la suma están las partidas todas, no como antes estaban ellas en sí divididas, sino como en suma y virtud. Pues de la misma manera dice San Pablo que Dios sumó todas las cosas en Cristo, o que Cristo es como una suma de todo; y, por consiguiente, está en Él puesto todo y ayuntado por Dios espiritual y secretamente, según aquella manera y según aquel ser en que todo puede ser por Él reformado, y como si dijésemos reengendrado otra vez, como el efecto está unido a su causa antes que salga de ella, y como el ramo en su raíz y principio.

Pues aquella consecuencia que hace el mismo San Pablo, diciendo: «Si Cristo murió por todos, luego todos morimos, notoria cosa es que estriba y que tiene fuerza en esta unión que decimos.

Porque muriendo Él, por eso morimos, porque estábamos en Él todos en la forma que he dicho. Y aun esto mismo se colige más claro de lo que a los Romanos escribe: «Sabemos —dice— que nuestro viejo hombre fue crucificado juntamente con Él». Si fue crucificado con Él, estaba sin duda en Él, no por lo que tocaba a su persona de Cristo, la cual fue siempre libre de todo pecado y vejez, sino porque tenía unidad y juntas consigo mismo nuestras personas por secreta virtud.

Y por razón de esta misma unión y ayuntamiento se escribe en otro lugar de Cristo: «Que nuestros pecados todos los subió en sí, y los enclavó en el madero. Y lo que a los Efesios escribe San Pablo: «Que Dios nos vivificó en Cristo y nos resucitó con Él juntamente, y nos hizo sentar con Él juntamente en los cielos, aun antes de la resurrección y glorificación general, se dice y escribe con grande verdad, por razón de esta unidad. Dice Esaías que «puso Dios en Cristo las maldades de todos nosotros, y que su cardenal nos dio salud». Y el mismo Cristo, estando padeciendo en la cruz, con alta y lastimera voz dice: «Dios mío, Dios mío, por qué me desamparaste? Lejos de mi salud las voces de mis pecados»; así como tanto antes de su pasión lo había profetizado y cantado David.

Pues ¿cómo será esto verdad, si no es verdad que Cristo padecía en persona de todos, y, por consiguiente, que estábamos en Él ayuntados todos por secreta fuerza, como están en el padre los hijos, y los miembros en la cabeza? ¿No dice el profeta «que trae este rey sobre sus hombros su imperio?». Mas ¿qué imperio?—pregunto—. El mismo rey lo declara cuando, en la parábola de la oveja perdida, dice que para reducirla la puso sobre sus hombros. De manera que su imperio son los suyos, sobre quienes Él tiene mando, los cuales trae sobre sí, porque para reengendrarlos y salvarlos los ayuntó primero consigo mismo. San Agustín sin duda dícelo así escribiendo sobre el salmo alegado, y dice de esta manera: «¿Y por qué dice eso, sino porque nosotros estábamos allí también en Él?». Mas excusados son los argumentos adonde la verdad ella misma se declara a sí misma.

Oigamos lo que Cristo dice en el sermón de la cena: «En aquel día conoceréis —y hablaba del día en que descendió sobre ellos el Espíritu Santo—; así que aquel día conoceréis que Yo estoy en mi Padre, y nosotros en Mí».

De manera que hizo Dios a Cristo Padre de este nuevo linaje de hombres; y para hacerle Padre puso en Él todo lo que al ser Padre se debe: la naturaleza conforme a los que de Él han de nacer y los bienes todos que han de tener los que en esta manera nacieren; y, sobre todo, a ellos mismos los que así nacerán, encerrados en Él y unidos con Él como en virtud y origen.

Mas, ya que he dicho cómo puso Dios en Cristo todas las partes y virtudes de Padre, pasemos a lo que nos queda por decir, y hemos prometido decirlo, que es la manera como este Padre nos engendró. Y declarando la forma de esta generación, quedará más averiguado y sabido el misterio secreto de la unión sobredicha; y declarando cómo nacemos de Cristo, quedará claro cómo es verdad que estábamos en Él primero.

Pero convendrá, para dar principio a esta declaración, que volvamos un poco atrás con la memoria, y que pongamos en ella y delante de los ojos del entendimiento lo que arriba dijimos del espíritu malo con que nacemos la primera vez, y de cómo se nos comunicaba primero en virtud, cuando nosotros también teníamos el ser en virtud y estábamos como encerrados en nuestro principio, y después en expresa realidad, cuando saliendo de él y viniendo a esta luz, comenzamos a ser en nosotros mismos. Porque se ha de entender que este segundo Padre, como vino a deshacer los males que hizo el primero por las pisadas que fue dañando el otro, por esas mismas procede Él haciéndonos bien. Pues digo así, que Cristo nos reengendró y calificó primero en sí mismo, como en virtud y según la manera como en Él estábamos juntos, y después nos engendra y renueva a cada uno por sí y según el efecto real.

Y digamos de lo primero.

Adán puso en nuestra naturaleza y en nosotros, según que en él estábamos, el espíritu del pecado y la desorden, desordenándose él a sí mismo y abriendo la puerta del corazón a la ponzoña de la serpiente, y aposentándola en sí y en nosotros. Y ya desde aquel tiempo, cuanto fue de su parte de él, comenzamos a ser en la forma que entonces éramos, inficionados y malos. Cristo, nuestro bienaventurado Padre, dio principio a nuestra vida y justicia, haciendo en sí primero lo que en nosotros había de nacer y perecer después; y como quien pone en el grano la calidad con que desea que la espiga nazca, así teniéndonos a todos juntos en sí, en la forma que hemos ya dicho, con lo que hizo en sí, cuanto fue de su parte, nos comenzó a hacer y a calificar en origen tales cuales nos había de engendrar después en realidad y en efecto.

Y porque este nacimiento y origen nuestro no era primer origen, sino nacimiento después de otro nacimiento, y de nacimiento perdido y dañado, fue necesario hacer no solo lo que convenía para darnos buen espíritu y buena vida, sino padecer también lo que era menester, para quitarnos el mal espíritu con que habíamos venido a la vida primera. Y como dicen del maestro, que toma para discípulo al que está ya mal enseñado, que tiene dos trabajos, uno en desarraigar lo malo y otro en plantar lo bueno, así Cristo, nuestro bien y Señor, hizo dos cosas en sí, para que hechas en sí, se hiciesen en nosotros los que estamos en Él: una, para destruir nuestro espíritu malo, y otra, para criar nuestro espíritu bueno.

Para matar el pecado y para destruir el mal y el desorden de nuestro origen primero, murió Él en persona de todos nosotros, y, cuanto es de su parte, en Él recibimos todos muerte; así como estábamos todos en Él, y quedamos muertos en nuestro Padre y cabeza, y muertos para nunca vivir más en aquella manera de ser y de vida. Porque, según aquella manera de vida pasible y que tenía imagen y representación de pecado, nunca tornó Cristo, nuestro Padre y cabeza, a vivir, como el Apóstol lo dice: «Si murió por el pecado, ya murió de una vez; si vive, vive ya a Dios».

Y de esta primera muerte del pecado y del viejo hombre, que se celebró en la muerte de Cristo como general y como original para los demás, nace la fuerza de aquello que dice y arguye San Pablo, cuando, escribiendo a los Romanos, les amonesta que no pequen, y les extraña mucho el pecar, porque dice: «Pues ¿qué diremos? ¿Convendrá perseverar en el pecar para que se acreciente la gracia? En ninguna manera. Porque, los que morimos al pecado, ¿como se compadece que vivamos en él todavía?». Y después de algunas palabras, declarándose más: «Porque habéis de saber esto: que nuestro hombre viejo fue juntamente crucificado para que sea destruido el cuerpo del pecado, y para que no sirvamos más al pecado». Que es como decirles que, cuando Cristo murió a la vida pasible y que tiene figura de pecadora, murieron ellos en Él para todo lo que es esa manera de vida; por lo cual, que pues murieron allí a ella por haber muerto Cristo, y Cristo no tornó después a semejante vivir, si ellos están en Él y si lo que pasó en Él eso mismo se hizo en ellos, no se compadece en ninguna manera que ellos quieran tornar a ser lo que, según que estuvieron en Cristo, dejaron de ser para siempre.

Y a esto mismo pertenece Y mira lo que dice en otro lugar: «Así que, hermanos, vosotros ya estáis muertos a la ley por medio del cuerpo de Cristo». Y poco después: «Lo que la ley no podía hacer, y en lo que se mostraba flaca por razón de la carne, Dios, enviando a su Hijo en semejanza de carne de pecado, del pecado condenó el pecado en la carne». Porque, como hemos ya dicho, y conviene que muchas veces se diga, para que repitiéndose se entienda mejor, procedió Cristo a esta muerte y sacrificio aceptísimo que se hizo de sí, no como una persona particular, sino como en persona de todo el linaje humano y de toda la vejez de él, y señaladamente de todos aquellos a quienes de hecho había de tocar el nacimiento segundo, los cuales por secreta unión del espíritu había puesto en sí y como sobre sus hombros; y así, lo que hizo entonces en sí, cuanto es de su parte, quedó hecho en todos nosotros.

Y que Cristo haya subido a la cruz como persona pública y en la manera que digo, aunque está ya probado, pruébase más con lo que Cristo hizo y nos quiso dar a entender en el

Sacramento de su Cuerpo, que debajo de las especies de pan y vino consagró, ya vecino a la muerte. Porque tomando el pan y dándolo a sus discípulos, les dijo de esta manera: «Este es mi cuerpo, el que será entregado por vosotros»; dando claramente a entender que su Cuerpo verdadero estaba debajo de aquellas especies, y que estaba en la forma que se había de ofrecer en la cruz, y que las mismas especies de pan y vino declaraban y eran como imagen de la forma en que se había de ofrecer. Y que así como el pan es un cuerpo compuesto de muchos cuerpos, esto es, de muchos granos que perdiendo su primera forma, por la virtud del agua y del fuego, hacen un pan, así nuestro pan de vida, habiendo ayuntado a sí por secreta fuerza de amor y de espíritu la naturaleza nuestra, y habiendo hecho como un cuerpo de sí y de todos nosotros —de sí en realidad de verdad, y de los demás en virtud—, no como una persona sola, sino como un principio que las contenía todas, se ponía en la cruz. Y que, como iba a la cruz abrazado con todos, así se encerraba en aquellas especies, para que ellas con su razón, aunque ponían velo a los ojos, alumbrasen nuestro corazón de continuo, y nos dijesen que contenían a Cristo debajo de sí; y que lo contenían, no de cualquier manera, sino de aquella como se puso en la cruz, llevándonos a nosotros en sí y hecho con nosotros, por espiritual unión, uno mismo, así como el pan, cuyas ellas fueron, era un compuesto hecho de muchos granos.

Así que aquellas unas y mismas palabras dicen juntamente dos cosas. Una: Este, que parece pan, es mi cuerpo, el que será entregado por vosotros; otra: Como el pan, que, al parecer, está aquí, así es mi cuerpo, que está aquí y que por vosotros será a la muerte entregado. Y esto mismo, como en figura, declaró el santo mozo Isaac, que caminaba al sacrificio, no vacío, sino puesta sobre sus hombros la leña que había de arder en él. Porque cosa sabida es que, en el lenguaje secreto de la Escritura, el leño seco es imagen del pecador. Y ni más ni menos, en los cabrones que el Levítico sacrifica por el pecado, que fueron figura clara del sacrificio de Cristo, todo el pueblo pone primero sobre las cabezas de ellos las manos, porque se entienda que en este otro sacrificio nos llevaba a todos en sí nuestro Padre y cabeza.

Mas ¿qué digo de los cabrones? Porque si buscamos imágenes de esta verdad, ninguna es más viva ni más cabal que el sumo pontífice de la Ley vieja, vestido de pontifical para hacer sacrificio.

Porque, como San Jerónimo dice, o por decir verdad, como el Espíritu Santo lo declara en el libro de la Sabiduría, aquel pontifical, así en la forma de él como en las partes de que se componía y en todos sus colores y cualidades, era como una representación de la universidad de las cosas; y el sumo sacerdote vestido de él era un mundo universo; y como iba a tratar con Dios para todos, así los llevaba todos sobre sus hombros. Pues de la misma manera Cristo, sumo y verdadero Sacerdote para cuya imagen servía todo el sumo sacerdocio pasado, cuando subió al altar de la cruz a sacrificar por nosotros fue vestido de nosotros en la forma que dicho es, y sacrificándose a sí y a nosotros en sí, dio fin de esta manera a nuestra vieja maldad.

Hemos dicho lo que hizo Cristo para desarraigar de nosotros nuestro primer espíritu malo.

Digamos ahora lo que hizo en sí para criar en nosotros el hombre nuevo y el espíritu bueno; esto es, para después de muertos a la vida mala, tornarnos a la vida buena, y para dar principio a nuestra segunda generación.

Por virtud de su divinidad, y porque según ley de justicia no tenía obligación a la muerte, por ser su naturaleza humana de su nacimiento inocente, no pudo Cristo quedar muerto muriendo; y como dice San Pedro, «no fue posible ser detenido de los dolores de la sepultura». Y así resucitó vivo el día tercero; y resucitó, no en carne pasible y que tuviese representación de pecado, y que estuviese sujeta a trabajos como si tuviera pesado, que aquello murió en Cristo para jamás no vivir, sino en cuerpo incorruptible y glorioso, y como engendrado por solas las manos de Dios.

Porque, así como en el primer nacimiento suyo en la carne, cuando nació de la virgen, por ser su padre Dios, son obra de hombre, nació sin pecado; mas por nacer de madre pasible y mortal, nació Él semejantemente hábil a padecer y morir, asemejándose a las fuentes de su nacimiento, a cada una en su cosa; así en la resurrección suya, que decimos ahora, la cual la Sagrada Escritura también llama nacimiento o generación, como en ella no hubo hombre que fuese para mi madre, sino Dios solo que la hizo por sí y sin ministerio de alguna otra causa segunda, salió todo como de mano de Dios, no solo puro de todo pecado, sino también de la imagen de él; esto es, libre de pasibilidad y de la muerte, y juntamente dotado de claridad y de gloria. Y como aquel cuerpo fue reengendrado solamente por Dios, salió con las cualidades y con los semblantes de Dios, cuanto le son a un cuerpo posibles. Y así se precia Dios de este hecho como de hecho solamente suyo. Y así dice en el salmo: «Yo soy el que hoy te engendré».

Pues decimos ahora que de la manera que dio fin a nuestro viejo hombre muriendo, porque murió Él por nosotros y en persona de nosotros, que por secreto misterio nos contenía en sí mismo, no como nuestro Padre y cabeza; por la misma razón, tornando Él a vivir, renació con Él nuestra vida.

Vida llamo aquí la de justicia y de espíritu, la cual comprende no solamente el principio de la justicia, cuando el pecador, que era, comienza a ser justo, sino el crecimiento de ella también, con todo su proceso y perfección, hasta llegar el hombre a la inmortalidad del cuerpo y a la entera libertad del pecado. Porque cuando Cristo resucitó, por el mismo caso que Él resucitó, se principió todo esto en los que estábamos en Él como en nuestro principio.

Y así lo uno como lo otro lo dice breve y significativamente San Pablo, diciendo: «Murió por nuestros delitos y resucitó por nuestra justificación». Como si más extendidamente dijera: Tomónos en sí; y murió como pecador para que muriésemos en Él los pecadores; y resucitó a la vida eternamente justa e inmortal y gloriosa, para que resucitásemos nosotros en Él a justicia y a gloria, y a inmortalidad. Mas ¿por ventura no resucitamos nosotros con Cristo? El mismo Apóstol lo diga: «Y nos dio vida —dice hablando de Dios— juntamente con Cristo, y nos resucitó con Él, y nos asentó sobre las cumbres del cielo». De manera que lo que hizo Cristo en sí y en nosotros, según que estábamos entonces en Él fue esto que he dicho.

Pero no por eso se ha de entender que por esto solo quedamos de hecho y en nosotros mismos ya nuevamente nacidos y otra vez engendrados, muertos al viejo pecado y vivos al espíritu del cielo y de la justicia, sino allí comenzamos a nacer, para nacer de hecho después. Y fue aquello como el fundamento de aqueste otro edificio. Y para hablar con más propiedad, del fruto noble de justicia y de inmortalidad que se descubre en nosotros, y se levanta y crece y traspasa los cielos, aquéllas fueron las simientes y las raíces primeras; porque así como, no embargante que cuando pecó Adán, todos pecamos en él y concebimos espíritu de ponzoña y de muerte, para que de hecho nos inficione el pecado y para que este mal espíritu se nos infunda, es menester que también nosotros nazcamos de Adán por orden natural de generación; así, por la misma manera, para que de hecho en nosotros muera el espíritu de la culpa y viva el de la gracia y el de la justicia, no basta aquel fundamento y aquella semilla y origen; ni con lo que fue hecho en nosotros en la persona de Cristo, con eso, sin más hacer ni entender en las nuestras, somos ya en ellas justos y salvos, como dicen los que desatinan ahora; sino es menester que de hecho nazcamos de Cristo, para que por este nacimiento actual se derive a nuestras personas y se asiente en ellas aquello mismo que ya se principió en nuestro origen, y aunque usemos de una misma semejanza más veces, como la espiga, aunque está cual ha de ser en el grano, para que tenga en sí aquello que es y sus calidades todas y sus figuras, le conviene que con la virtud del agua y del Sol salga del grano naciendo; asimismo también no comenzaremos a ser en nosotros cuales en Cristo somos, hasta que de hecho nazcamos de Cristo.

Mas preguntará por caso alguno: ¿En qué manera naceremos, o cuál será la forma de esta generación? ¿Habemos de tornar al vientre de nuestras madres de nuevo, como maravillado de esta nueva doctrina, preguntó Nicodemus, o, vueltos en tierra o consumidos en fuego, naceremos, como el ave fénix, de nuestras cenizas?

Si este nacimiento nuevo fuera nacer en carne y sangre, bien fuera necesaria alguna de estas maneras; mas, como es nacer en espíritu, hácese con espíritu y con secreta virtud. «Lo que nace de la carne —dice Cristo en este mismo propósito— carne es; y lo que nace del espíritu, espíritu es.» Y así lo que es espíritu ha de nacer por orden y fuerza de espíritu. El cual celebra esta generación en esta manera.

Cristo, por la virtud de su espíritu, pone en efecto actual en nosotros aquello mismo que comenzamos a ser en Él, y que Él hizo en sí para nosotros; esto es, pone muerte a muestra culpa, quitándola del alma. Y aquel fuego ponzoñoso que la sierpe inspiró en nuestra carne, y que nos solicita a la culpa, amortíguale y pónele freno ahora, para después en el último tiempo amatarle del todo; y pone también simiente de vida, y como si dijésemos, un grano de su espíritu y gracia que, encerrado en nuestra alma y siendo cultivado como es razón, vaya después creciendo por sus términos y tomando fuerzas y levantándose hasta llegar a la medida, como dice San Pablo, de varón perfecto. Y otros esto es nosotros nacer de Cristo en realidad y verdad.

Mas está en la mano la pregunta y la duda. ¿Pone por ventura Cristo en todos los hombres aquesto? ¿O pónelo en todas las sazones y tiempos? O ¿en quién y cuándo lo pone? sin duda no lo pone en todos ni en cualquiera forma y manera, sino solo en los que nacen de Él. Y nacen de Él los que se bautizan; y en aquel sacramento se celebra y pone en obra esta generación. Por manera que, tocando al cuerpo el agua visible, y obrando en lo secreto la virtud de Cristo invisible nace el nuevo Adán, quedando muerto y sepultado el antiguo. En lo cual, como en todas las cosas, guardó Dios el camino seguido y llano de su providencia.

Porque, así como para que el fuego ponga en un madero su fuego, esto es, para que el madero nazca fuego encendido, se avecina primero al fuego el madero, y con la vecindad se le hace semejante en las cualidades que recibe en sí de sequedad y calor, y crece en esta semejanza hasta llegarla a su punto, y luego el fuego se lanza en él y le da su forma; así, para que Cristo ponga e infunda en nosotros, de los tesoros de bienes y vida que atesoró muriendo y resucitando, la parte que nos conviene, y para que nazcamos Cristos, esto es, como sus hijos, ordenó que se hiciese en nosotros una representación de su muerte y de su nueva vida; y que de esta manera, hechos semejantes a Él, Él, como en sus semejantes, influyese de sí lo que responde a su muerte y lo que responde a su vida. A su muerte responde el borrar y el morir de la culpa; y a su resurrección, la vida de gracia. Porque el entrar en el agua y el sumirnos en ella, es, como ahogándonos allí. quedar sepultados, como murió Cristo y fue en la sepultura puesto, como lo dice San Pablo: «En el bautismo sois sepultados y muertos juntamente con Él». Y por consiguiente y por la misma manera, el salir después del agua es como salir del sepulcro viviendo.

Pues a esta representación responde la verdad juntamente; y asemejándonos a Cristo en esta manera, como en materia y sujeto dispuesto, se nos infunde luego el buen espíritu y nace Cristo en nosotros, y la culpa, que como en origen y en general destruyó con su muerte, destrúyela entonces en particular en cada uno de los que mueren en aquella agua sagrada. Y la vida de todos, que resucitó en general con su vida, pónela también en cada uno y en particular cuando, saliendo del agua, parece que resucitan. Y así, en aquel hecho juntamente hay representación y verdad: lo que parece por de fuera es representación de muerte y de vida; mas lo que pasa en secreto es verdadera vida de gracias y verdadera muerte de culpa.

Y si os place saber, pudiendo esta representación de muerte ser hecha por otras muchas maneras, por qué entre todas escogió Dios esta del agua, conténtame mucho lo que dice el glorioso mártir Cipriano, y es que la culpa que muere en esta imagen de muerte es culpa que tiene ingenio y condición de ponzoña, como la que nació de mordedura y de aliento de sierpe; y cosa sabida es que la ponzoña de las sierpes se pierde en el agua, y que las culebras, si entran en ella, dejan su ponzoña primero . Así que morimos en agua para que muera en ella la ponzoña de nuestra culpa, porque en el agua muere la ponzoña naturalmente.

Y esto es en cuanto a la muerte que allí se celebra. Pero en cuanto a la vida, es de advertir que, aunque la culpa muere del todo, pero la vida que se nos da allí no es del todo perfecta. Quiero decir que no vive luego en nosotros el hombre nuevo, cabal y perfecto, sino vive como la razón del segundo nacimiento lo pide, como niño flaco y tierno. Porque no pone luego Cristo en nosotros todo el ser de la nueva vida que resucitó con Él, sino pone, como dijimos, un grano de ella y una pequeña semilla de su espíritu y de su gracia; pequeña, pero eficacísima para que viva y se adelante, y lance del alma las reliquias del viejo hombre contrario suyo, y vaya pujando y extendiéndose hasta apoderarse de nosotros del todo, haciéndonos perfectamente dichosos y buenos.

Mas ¡cómo es maravillosa la sabiduría de Dios, y cómo es grande la orden que pone en las cosas que hace, trabándolas todas entre sí y templándolas por extraña manera! En la filosofía se suele decir que, como nace una cosa, por la misma manera crece y se adelanta. Pues lo mismo guarda Dios en este nuevo hombre y en este grano de espíritu y de gracia, que es semilla de nuestra segunda y nueva vida. Porque así como tuvo principio en nuestra alma, cuando por la representación del bautismo nos hicimos semejantes a Cristo, así crece siempre y se adelanta cuando nos asemejamos más a Él, aunque en diferente manera. Porque para recibir el principio de esta vida de gracia le fuimos semejantes por representación, porque por verdad no podíamos ser sus semejantes antes de recibir esta vida; mas para el acrecentamiento de ella conviene que le remedemos con verdad en las obras y hechos.

Y va, así en esto como en todo lo demás que arriba dijimos, este nuevo hombre y espíritu respondidamente contraponiéndose a aquel espíritu viejo y perverso. Porque así como aquél se diferenciaba de la naturaleza de nuestra sustancia en que, siendo ella hechura de Dios, él no tenía nada de Dios, sino era todo hechura del demonio y del hombre, así este buen espíritu todo es de Dios y de Cristo. Y así como allí hizo el primer padre, obedeciendo al demonio, aquello con lo que él y los que estábamos en él quedamos perdidos; de la misma manera aquí padeció Cristo, nuestro Padre segundo, obedeciendo a Dios, con lo que en Él, y por Él los que estamos en Él nos hemos cobrado, y así como aquél dio fin al vivir que tenía y principio al morir que mereció por su mala obra, así Este por su divina paciencia dio muerte a la muerte y tornó a vida la vida. Y así como lo que aquél traspasó no lo quisimos de hecho nosotros, pero por estar en él como en padre, fuimos vistos quererlo, así lo que padeció e hizo Cristo para bien de nosotros, si se hizo y padeció sin nuestro querer, pero no sin lo que en virtud era nuestro querer, por razón de la unión y virtud que está dicha. Y como aquella ponzoña, como arriba dijimos, nos tocó e inficionó por dos diferentes maneras, una en general y en virtud cuando estábamos en Adán todos generalmente encerrados, y otra en particular y en expresa verdad cuando comenzamos a vivir en nosotros mismos, siendo engendrados; así esta virtud y gracia de Cristo, como habemos declarado arriba también, nos calificó primero en general y en común, según fuimos vistos estar en Él por ser nuestro Padre; y después de hecho y en cada uno por sí, cuando comienza cada uno a vivir en Cristo, naciendo por el bautismo.

Y por la misma manera, así como al principio, cuando nacemos, incurrimos en aquel daño y gran mal, no por nuestro merecimiento propio, sino por lo que la cabeza, que nos contenía, hizo en sí mismo; y si salimos del vientre de nuestras madres culpados, no nos forjamos la culpa nosotros antes que saliésemos de él; así cuando primeramente nacemos en Cristo, aquel espíritu suyo que en nosotros comienza a vivir no es obra ni premio de nuestros merecimientos.

Y conforme a esto, y por la misma forma y manera, como aquella ponzoña, aunque nace al principio en nosotros sin nuestro propio querer, pero después, queriendo nosotros usar de ella y obrar conforme a ella y seguir sus malos siniestros e inclinaciones, la acrecentamos y hacemos peor por nuestras mismas mañas y obras; y aunque entró en la casa de nuestra alma, sin que por su propia voluntad ninguno de nosotros le abriese la puerta, después de entrada, por nuestra mano y guiándola nosotros mismos, se lanza por toda ella y la tiraniza y la convierte en sí misma en una cierta manera; así esta vida nuestra y aqueste espíritu que tenemos de Cristo, que se nos da al principio sin nuestro merecimiento, si después de recibido, oyendo su inspiración y no resistiendo a su movimiento, seguimos su fuerza, con eso mismo que obramos siguiéndole lo acrecentamos y hacemos mayor; y con lo que nace de nosotros y de él, merecemos que crezca él en nosotros.

Y como las obras que nacían del espíritu malo eran malas ellas en sí, y acrecentaban y engrosaban y fortalecían ese mismo espíritu de donde nacían, así lo que hacemos, guiados y alentados con esta vida que tenemos de Cristo, ello en sí es bueno y delante de los ojos de Dios agradable y hermoso, y merecedor de que por ello suba a mayor grado de bien y de pujanza el espíritu de do tuvo origen.

Aquel veneno asentado en el hombre, y perseverando y cundiendo por él poco a poco, así le contamina y le corrompe, que le trae a muerte perpetua. Esta salud, si dura en nosotros, haciéndose de cada día más poderosa y mayor, nos hace sanos del todo. De arte que, siguiendo nosotros el movimiento del espíritu con que nacemos, el cual, lanzado en nuestras almas, las despierta e incita a obrar conforme a quien él es y al origen de donde nace, que es Cristo; así que, obrando aquello a que este espíritu y gracia nos mueve, somos en realidad de verdad semejantes a Cristo, y cuanto más así obráremos, más semejantes. Y así, haciéndonos nosotros vecinos a Él, Él se avecina a nosotros y merecemos que se infunda más en nosotros y viva más, añadiendo al primer espíritu más espíritu, y a un grado otro mayor, acrecentando siempre en nuestras almas la semilla de vida que sembró, y haciéndola mayor y más esforzada, y descubriendo su virtud más en nosotros; que obrando conforme al movimiento de Dios y caminando con largos y bien guiados pasos por este camino, merecemos ser más hijos de Dios, y de hecho lo somos.

Y los que, cuando nacimos en el bautismo, fuimos hechos semejantes a Cristo en el ser de gracia antes que en el obrar; esos que, por ser ya justos, obramos como justos, esos mismos, haciéndonos semejantes a Él en lo que toca al obrar, creemos merecidamente en la semejanza del ser. Y el mismo espíritu que despierta y atiza a las obras, con el mérito de ellas crece y se esfuerza, y va subiendo y haciéndose señor de nosotros y dándonos más salud y más vida, y no para hasta que en el tiempo último nos la dé perfecta y gloriosa, habiéndonos levantado del polvo.

Y como hubo dicho esto Marcelo, callóse un poco y luego tornó a decir:

—Dicho he cómo nacemos de Cristo, y la necesidad que tenemos de nacer de Él y el provecho y misterio de este nacimiento; y de un abismo de secretos que acerca de esta generación y parentesco divino en las Sagradas Letras se encierra, he dicho lo poco que alcanza mi pequeñez, habiendo tenido respeto al tiempo y a la ocasión, y a la calidad de las cosas que son delicadas y oscuras.

Ahora, como saliendo de entre estas zarzas y espinas a campo más libre, digo que ya se conoce bien cuán justamente Esaías da nombre de Padre a Cristo y le dice que es Padre del siglo futuro, entendiendo por este siglo la generación nueva del hombre y los hombres engendrados así, y los largos y no finibles tiempos en que ha de perseverar esta generación. Porque el siglo presente, el cual, en comparación del que llama Esaías venidero, se llama primer siglo, que es el vivir de los que nacemos de Adán, comenzó con Adán y se ha de rematar y cerrar con la vida de sus descendientes postreros; y en particular no durará en ninguno más de lo que él durare en esta vida presente. Mas el siglo segundo, desde Abel, en quien comenzó, extendiéndose con el tiempo, y cuando el tiempo tuviere su fin, reforzándose él más, perseverará para siempre. Y llámase siglo futuro, dado que ya es en muchos presente, y cuando le nombró el profeta lo era también, porque comenzó primero el otro siglo mortal. Y llámase siglo también porque es otro mundo por sí, semejante y diferente de este otro mundo viejo y visible; porque, de la manera que cuando produjo Dios el hombre primero hizo cielos y tierra y los demás elementos, así en la creación del hombre segundo y nuevo, para que todo fuese nuevo como él, hizo en la Iglesia sus cielos y tierra, y vistió a la tierra con frutos y a los cielos con estrellas y luz.

Y lo que hizo en aquesto visible, eso mismo ha obrado en lo nuevo invisible, procediendo en ambos por unas mismas pisadas; como lo dibujó, cantando divinamente, David en un salmo, y es dulcísimo y elegantísimo salmo. Adonde por unas mismas palabras, y como con una voz, cuenta, alabando a Dios, la creación y gobernación de aquestos dos mundos;

y diciendo lo que se ve, significa lo que se esconde, como San Agustín lo descubre, lleno de ingenio y de espíritu. Dice «que extendió los cielos Dios como quien despliega tienda de campo; y que cubrió los sobrados de ellos con aguas, y que ordenó las nubes, y que en ellas, como en caballos, discurre volando sobre las alas del aire, y que le acompañan los truenos y los relámpagos y el torbellino.

Aquí ya vemos cielos y vemos nubes, que son aguas espesadas y asentadas sobre el aire tendido, que tiene nombre de cielo; oímos también el trueno a su tiempo, y sentimos el viento que vuela y que brama, y el resplandor del relámpago nos hiere los ojos. Allí, esto es, en el nuevo mundo e Iglesia, por la misma manera, los cielos son los apóstoles y los sagrados doctores y los demás santos, altos en virtud y que influyen virtud; y su doctrina en ellos son las nubes, que derivada en nosotros, se torna en lluvia. En ella anda Dios y discurre volando, y con ella viene el soplo de su espíritu y el relámpago de su luz y el tronido y el estampido con que el sentido de la carne se aturde.

«Aquí —como dice prosiguiendo el salmista— fundó Dios la tierra sobre cimientos firmes, adonde permanece y nunca se mueve; y como primero estuviese anegada en la mar, mandó Dios que se apartasen las aguas, las cuales, obedeciendo a esta voz, se apartaron a su lugar, adonde guardan continuamente su puesto, y luego que ellas huyeron, la tierra descubrió su figura, humilde en los valles y soberana en los montes.» Allí el cuerpo firme y macizo de la Iglesia, que ocupó la redondez de la tierra, recibió asiento por mano de Dios en el fundamento no mudable, que es Cristo, en quien permanecerá con eterna firmeza. En su principio la cubría y como anegaba la gentilidad, y aquel mar grande y tempestuoso de tiranos y de ídolos la tenían casi sumida; mas sacóla

Dios a luz con la palabra de su virtud, y arredró de ella la amargura y violencia de aquellas obras, y quebrólas todas en la flaqueza de una arena menuda, con lo cual descubrió su forma y su concierto la Iglesia, alta en los obispos y ministros espirituales, y en los fieles legos humildes, humilde. «Y, como dice David, subieron sus montes y aparecieron en lo hondo sus valles.» Allí, como aquí, conforme a lo que el mismo salmo prosigue, sacó Dios venas de agua de los cerros de los altos ingenios que, entre dos sierras, sin declinar al extremo, siguen lo igual de la verdad y lo medio derechamente; en ellas se bañan las aves espirituales, Y en los frutales de virtud que florecen de ellas y junto a ellas cantan dulcemente asentadas. Y no solo las aves se bañan aquí, mas también los otros fieles, que tienen más de tierra y menos de espíritu, si no se bañan en ellas, a lo menos beben de ellas y quebrantan su sed.

Él mismo, como en el mundo, así en la Iglesia, envía lluvias de espirituales bienes del cielo, y caen primero en los montes, y de allí, juntas en arroyos y descendiendo, bañan los campos. Con ellas crece para los más rudos, así como para las bestias, su heno; y a los que viven con más razón, de allí les nace su mantenimiento. El trigo que fortifica, y el óleo que alumbra, y el vino que alegra, y todos los dones del ánimo con esta lluvia florecen. Por ella los yermos desiertos se vistieron de religiosas hayas y cedros, y esos mismos cedros con ella se vistieron de verdor y de fruto, y dieron en sí reposo, y dulce y saludable nido a los que volaron a ellos huyendo del mundo. Y no solo proveyó Dios de nido a aquestos huidos, mas para cada un estado de los demás fieles hizo sus propias guaridas. Y como en la tierra los riscos son para las cabras monteses, y los conejos tienen sus viveras entre las peñas, así acontece en la Iglesia.

En ella luce la Luna y luce el Sol de justicia, y nace y se pone a veces, ahora en los unos y ahora en los otros; y tiene también sus noches de tiempos duros y ásperos, en que la violencia sangrienta de los enemigos fieros halla su sazón para salir y bramar y para ejecutar su fiereza; mas también a las noches sucede en ella después la aurora, y amanece después, y encuévase con la luz de la malicia, y la razón y la virtud resplandece.

¡Cuán grande son tus grandezas, Señor! Y como nos admiras con esta orden corporal y visible, mucho más nos pones en admiración con el espiritual e invisible. No falta allí también otro océano, ni es de más cortos brazos ni de más angostos senos que es éste, que ciñe por todas partes la tierra; cuyas aguas, aunque son fieles, son, no obstante eso, aguas amargas y carnales y movidas tempestuosamente de sus violentos deseos; cría peces sin número, y la ballena infernal se espacia por él. En él y por él van mil navíos, mil gentes aliviadas del mundo, y como cerradas en la nave de su secreto y santo propósito. Mas ¡dichosos aquellos que llegan salvos al puerto!

Todos, Señor, viven por tu liberalidad y largueza; mas, como en el mundo, así en la Iglesia, escondes y como encoges, cuando te parece, la mano; y el alma, en faltándole tu amor y tu espíritu, vuélvese en tierra. Mas, si nos dejas caer para que nos conozcamos, para que te alabemos y celebremos, después nos renuevas. Así vas criando y gobernando y perfeccionando tu Iglesia hasta llegarla a lo último, cuando consumida toda la liga del viejo metal, la saques toda junta, pura y luciente y verdaderamente nueva del todo.

Cuando viniere este tiempo —¡ay amable y bienaventurado tiempo, y no tiempo ya, sino eternidad sin mudanza!—, así que, cuando viniere, la arrogante soberbia de los montes, estremeciéndose, vendrá por el suelo; y desaparecerá hecha humo —obrándolo tu Majestad— toda la pujanza y deleite y sabiduría mortal, sepultarás en los abismos, juntamente con esto, a la tiranía; y el reino de la tierra nueva será de los tuyos. Ellos cantarán entonces de continuo tus alabanzas, y a Ti el ser alabado por esta manera te será cosa agradable. Ellos vivirán en Ti, y Tú vivirás en ellos dándoles riquísima y dulcísima vida. Ellos serán reyes, y Tú Rey de reyes. Serás Tú en ellos todas las cosas, y reinarás para siempre.

Y dicho esto, Marcelo calló. Y Sabino dijo luego:

—Este salmo en que, Marcelo, habéis acabado, vuestro amigo le puso también en verso; y por no romperos el hilo, no os lo quise acordar. Mas, pues me disteis este oficio, y vos le olvidasteis, decirle he yo si os parece.

Entonces Marcelo y Juliano juntos respondieron que les parecía muy bien, y que luego le dijese. Y Sabino, que era mancebo, así en el alma como en el cuerpo muy compuesto y de pronunciación agradable, alzando un poco los ojos al cielo y lleno el rostro de espíritu con templada voz dijo de esta manera: Alaba, ¡oh alma!, a Dios, Señor, tu alteza, ¿qué lengua hay que la cuente?

Vestido estás de gloria y de belleza y luz resplandeciente.

ni anegarán las tierras; Encima de los cielos desplegados al agua diste asiento; las nubes son tu carro, tus alados caballos son el viento.

Son fuego abrasador tus mensajeros, y trueno y torbellino; las tierras sobre asientos duraderos mantienes de contino.

Los mares las cubrían de primero por cima los collados; mas, visto de tu voz el trueno fiero, huyeron espantados.

Y luego los subidos montes crecen, humíllanse los valles; si ya entre sí hinchados se embravecen, no pasarán las calles.

Las calles que les diste y los linderos, de todos sin segundo.

descubres minas de agua en los oteros y corre entre las sierras.

El gamo y las salvajes alimañas allí la sed quebrantan.

las aves nadadoras allí bañas, y por las ramas cantan.

Con lluvia el monte riegas de tus cumbres y das hartura al llano.

Ansí das heno al buey, y mil legumbres para el servicio humano.

Ansí se espiga el trigo y la vid crece para nuestra alegría; la verde oliva ansí nos resplandece y el pan da valentía.

De allí se viste el bosque y la arboleda y el cedro soberano; adonde anida la ave, adonde enreda su cámara el milano.

Los riscos a los corzos dan guarda, al conejo la peña.

Por Ti nos mira el Sol, y su lucida hermana nos enseña Los tiempos. Tú nos das la noche oscura en que salen las fieras; el tigre, que ración con hambre dura te pide, y voces fieras.

Despiertas el aurora, y de consuno se van a sus moradas.

Da el hombre a su labor, sin miedo alguno las horas situadas.

¡Cuán nobles son tus hechos, cuán llenos de tu sabiduría!

Pues, ¿quién dirá el gran mar, sui anchos senos y cuantos peces cría; Las naves que en él corren, la espantable ballena que le azota?

Sustento esperan todos saludable de Ti, que el bien no agota.

Tomamos, si Tú das; tu larga mano nos deja satisfechos; si huyes, desfallece el ser liviano, quedamos polvo hechos.

Mas tornará tu soplo, y, renovado, repararás el mundo.

Será sin fin tu gloria, y Tú, alabado Tú, que los montes ardes, si los tocas, y al suelo das temblores; cien vidas que tuviera y cien mil bocas dedico a tus loores.

tú; alma, a Dios da gloria.

Mi voz te agradará, y a mí este oficio será mi gran contento.

No se verá en la tierra maleficio.

ni tirano sangriento.

Sepultará el olvido a su memoria Como acabó Sabino aquí, dijo Marcelo luego:

—No parece justo, después de un semejante fin añadir más. Y pues Sabino ha rematado tan bien nuestra plática, y hemos ya platicado asaz y largamente, y el Sol parece que por oírnos, levantado sobre nuestras cabezas, nos ofende ya, sirvamos a nuestra necesidad ahora reposando un poco, y a la tarde, caída la siesta de nuestro espacio, sin que la noche aunque sobrevenga lo estorbe, diremos lo que nos resta.

—Sea así —dijo Juliano.

Y Sabino añadió:

—Y yo sería de parecer que se acabase este sermón en aquel soto e isleta pequeña que el río hace en medio de sí y que de aquí se parece. Porque yo miro hoy al Sol con ojos que si no es aquél, no nos dejará lugar que de provecho sea.

—Bien habéis dicho —respondieron Marcelo y Juliano—; y hágase como decís.

Y con esto, puesto en pie Marcelo, y con él los demás, cesó la plática por entonces.

Libro segundo de los nombres de cristo

A don Pedro Portocarrero
Del Consejo de su majestad y del de la Santa y general inquisición [Descripción de la miseria humana y origen de su fragilidad.] En ninguna cosa se conoce más claramente la miseria humana, MUY ILUSTRE Señor, que en la facilidad con que pecan los hombres, y en la muchedumbre de los que pecan apeteciendo todos el bien naturalmente, y siendo los males del pecado tantos y tan manifiestos. Y si los que antiguamente filosofaron, argumentando por los efectos descubiertos las causas ocultas de ellos, hincaran los ojos en esta consideración, ella misma les descubriera que en nuestra naturaleza había alguna enfermedad y daño encubierto; y entendieran por ella que no estaba pura y como salió de las manos del que la hizo, sino dañada y corrompida, o por desastre o por voluntad, porque si miraran en ello, ¿cómo pudieran creer que la naturaleza, madre diligente y proveedora de todo lo que toca al bien de lo que produce, había de formar al hombre por una parte tan mal inclinado, y por otra tan flaco y desarmado para resistir y vencer a su perversa inclinación? O ¿cómo les pareciera que se compadecía, o que era posible que la naturaleza, que guía, como vemos, los animales brutos y las plantas y hasta las cosas más viles, tan derecha y eficazmente a sus fines que los alcanzan todas o casi todas, criase a la más principal de sus obras tan inclinada al pecado, que, por la mayor parte, no alcanzando su fin. viniese a extrema miseria?

Y si sería notorio desatino entregar las riendas de dos caballos desbocados y furiosos a un niño flaco y sin arte, para que los gobernase por lugares pedregosos y ásperos; y si cometerle a éste mismo en tempestad una nave para que contrastase los vientos, sería error conocido, por el mismo caso pudieran ver no caber en razón que la providencia sumamente sabia de Dios, en un cuerpo tan indomable y de tan malos siniestros, y en tanta tempestad de olas de viciosos deseos como en nosotros sentimos, pusiese para su gobierno una razón tan flaca y tan desnuda de toda buena doctrina, como es la nuestra cuando nacemos. Ni pudieran decir que, en esperanza de la doctrina venidera y de las fuerzas que con los años podía cobrar la razón, le encomendó Dios aqueste gobierno y la colocó en medio de sus enemigos, sola contra tantos, y desarmada contra tan poderosos y fieros. Porque sabida cosa es que primero que despierte la razón en nosotros, viven en nosotros y se encienden los deseos bestiales de la vida sensible, que se apoderan del ánima, y, haciéndola a sus mañas, la inclinan mal antes que comience a conocerse. Y cierto es que, en abriendo la razón los ojos, están como a la puerta y como aguardando para engañarla el vulgo ciego y las compañías malas y el estilo de la vida llena de errores perversos, y el deleite y la ambición y el oro y las riquezas que resplandecen. Lo cual, cada uno por sí es poderoso a oscurecer y a vestir de tinieblas a su centella recién nacida, cuanto más todo junto, y como conjurado y hecho a una para hacer mal. Y así, de hecho la engañan, y, quitándole las riendas de las manos, la sujetan a los deseos del cuerpo, y la inducen a que ame y procure lo mismo que la destruye.

Así que este desconcierto e inclinación para el mal que los hombres generalmente tenemos, él solo por sí, bien considerado, nos puede traer en conocimiento de la corrupción antigua de nuestra naturaleza. En la cual naturaleza, como en el libro pasado se dijo, habiendo sido hecho el hombre por Dios enteramente señor de sí mismo y del todo cabal y perfecto, en pena de que él por su grado sacó su ánima de la obediencia de Dios, los apetitos del cuerpo y sus sentidos se salieron del servicio de la razón, y rebelando contra ella, la sujetaron, oscureciendo su luz y enflaqueciendo su libertad, y encendiéndola en el deseo de sus bienes de ellos, y engendrando en ella apetito de lo que es ajeno y la daña, esto es, del desconcierto y pecado.

En lo cual es extrañamente maravilloso que, como en las otras cosas que son tenidas por malas, la experiencia de ellas haga escarmiento para huir de ellas después, y el que cayó en un mal paso, rodea otra vez el camino por no tornar a caer en él; en esta desventura, que llamamos pecado, el probarla es abrir la puerta para meterse en ella más; y con el pecado primero se hace escalón para venir al segundo; y cuanto el alma en este género de mal se destruye más, tanto parece que gusta más destruirse. Que es, de los daños que en ella el pecado hace, si no el mayor, sin duda uno de los mayores y más lamentables. Porque por esta causa, como por los ojos se ve, de pecados pequeños nacen, eslabonándose unos con otros.

pecados gravísimos, y se endurecen y crían callos, y hacen como incurables los corazones humanos en este mal del pecar, añadiendo siempre a un pecado otro pecado, y a un pecado menor sucediéndole otro mayor de contino, por haber empezado a pecar. Y vienen así continuamente pecando a tener por hacedero y dulce y gentil, lo que no solo en sí y en los ojos de los que bien juzgan, es aborrecible y feísimo, sino lo que esos mismos que lo hacen, cuando de principio entraron en el mal obrar, huyeran el pensamiento de ello, no solo el hecho, mas que la muerte; como se ve por infinitos ejemplos, de que así la vida común como la historia está llena.

Mas entre todos es claro y muy señalado ejemplo el del pueblo hebreo antiguo y presente; el cual, por haber desde su primero principio comenzado a apartarse de Dios, prosiguiendo después en esta su primera dureza, y casi por años volviéndose a Él, y tornándole luego a ofender, y amontonando a pecados, mereció ser autor de la mayor ofensa que se hizo jamás, que fue la muerte de Jesucristo. Y porque la culpa siempre ella misma se es pena, por haber llegado a esta ofensa, fue causa en sí mismo de un extremo de calamidad. Porque, dejando aparte el perdimiento del reino y la ruina del templo y el asolamiento de su ciudad y la gloria de la religión y verdadero culto de Dios traspasada a las gentes; y dejados aparte los robos y males y muertes innumerables que padecieron los judíos entonces, y el eterno cautiverio en que viven ahora en estado vilísimo entre sus enemigos, hechos como un ejemplo común de la ira de Dios; así que, dejando esto aparte, ¿puédese imaginar más desventurado suceso que, habiéndoles prometido Dios que nacería el Mesías de su sangre y linaje, y habiéndole ellos tan luengamente esperado, y esperando en Él y por Él la suma riqueza, y en durísimos males y trabajos que padecieron, habiéndose sustentado siempre con esta esperanza, cuando le tuvieron entre sí, no le querer conocer, y, cegándose, hacerse homicidas y destruidores de su gloria y de su esperanza, y de su sumo bien ellos mismos?

A mí, verdaderamente, cuando pienso, el corazón se me enternece en dolor. Y si contamos bien toda la suma de este exceso, tan grave, hallaremos que se vino a hacer de otros excesos, y que del abrir la puerta al pecar y el entrarse continuamente más adelante por ella, alejándose siempre de Dios, vinieron a quedar ciegos en mitad de la luz; porque tal se puede llamar la claridad que hizo Cristo de sí, así por la grandeza de sus obras maravillosas, como por el testimonio de las Letras Sagradas que le demuestran. Las cuales le demuestran así claramente, que no pudiéramos creer que ningunos hombres eran tan ciegos, si no supiéramos haber sido tan grandes pecadores primero. Y ciertamente, lo uno y lo otro, esto es, la ceguedad y maldad de ellos, y la severidad y rigor de la justicia de Dios contra ellos, son cosas maravillosamente espantables.

Yo siempre que las pienso me admiro; y trájomelas a la memoria ahora lo restante de la plática de Marcelo, que me queda por referir, y es ya tiempo que lo refiera.

INTRODUCCIÓN
[Descríbese el soto donde se reanuda el sabroso platicar de los Nombres de Cristo.]

Porque fue así, que los tres, después de haber comido y habiendo tomado algún pequeño reposo, ya que la fuerza del calor comenzaba a caer, saliendo de la granja, y llegados al río que cerca de ella corría, en un barco, conformándose con el parecer de Sabino, se pasaron al soto que se hacía en medio de él, en una como isleta pequeña, que apegada a la presa de unas aceñas se descubría.

Era el soto, aunque pequeño, espeso y muy apacible, y en aquella sazón estaba muy lleno de hoja; y entre las ramas que la tierra de suyo criaba tenía también algunos árboles puestos por industria, y dividíale como en dos partes un no pequeño arroyo que hacía el agua que por entre las piedras de la presa se hurtaba del río, y corría cuasi toda junta.

Pues entrados en él Marcelo y sus compañeros, y metidos en lo más espeso de él y más guardado de los rayos del Sol junto a un álamo alto que estaba casi en el medio, teniéndole a las espaldas, y delante los ojos la otra parte del soto, en la sombra y sobre la yerba verde, y cuasi juntando al agua los pies se sentaron. Adonde diciendo entre sí del Sol de aquel día, que aún se hacía sentir, y de la frescura de aquel lugar que era mucha, y alabando a Sabino su buen consejo, Sabino dijo así: —Mucho me huelgo de haber acertado tan bien, y principalmente por vuestra causa, Marcelo, que por satisfacer a mi deseo tomáis hoy tan grande trabajo, que, según lo mucho que esta mañana dijisteis, temiendo vuestra salud, no quisiera que ahora dijérades más, si no me asegurara en parte la cualidad y frescura de aqueste lugar. Aunque quien suele leer en medio de los caniculares tres lecciones en las escuelas muchos días arreo, bien podría platicar entre estas ramas la mañana y la tarde de un día, o, por mejor decir, no habrá maldad que no haga.

—Razón tiene Sabino —respondió Marcelo, mirando hacia Juliano—, que es género de maldad ocuparse uno tanto y en tal tiempo en la escuela. Y de aquí veréis cuán malvada es la vida que así nos obliga. Así que bien podéis proseguir, Sabino, sin miedo; que demás de que este lugar es mejor que la cátedra, lo que aquí tratamos ahora es sin comparación muy más dulce que lo que leemos allí, y así con ello mismo se alivia el trabajo.

Entonces Sabino, desplegando el papel y prosiguiendo su lectura, dijo de esta manera: BRAZO DE DIOS [De cómo se llama Cristo Brazo de Dios, y a cuánto se extiende su fuerza.] «Otro nombre de Cristo es BRAZO DE DIOS. Esaías, en el capítulo 53: "¿Quién dará crédito a lo que habemos oído? Y su Brazo, Dios, ¿a quién lo descubrirá?". Y en el capítulo 52: "Aparejó el Señor su Brazo santo ante los ojos de todas las gentes, y verán la salud de nuestro Dios todos los términos de la tierra". Y en el cántico de la Virgen: "Hizo poderío en su Brazo, y derramó los soberbios". Y abiertamente en el salmo 70, adonde en persona de la Iglesia dice David: "En la vejez mía, ni menos en mi senectud, no me desampares, Señor, hasta que publique tu Brazo a toda la generación que vendrá". Y en otros muchos lugares.» Cesó aquí Sabino, y disponíase ya Marcelo para comenzar a decir; mas Juliano, tomando la mano, dijo:

—No sé yo, Marcelo, si los hebreos nos darán que Esaías, en el lugar que el papel dice, hable de Cristo.

—No lo darán ellos —respondió Marcelo—, porque están ciegos, pero dánoslo la misma verdad. Y como hacen los malos enfermos, que huyen más de lo que les da más salud, así estos perdidos en este lugar, el cual solo bastaba para traerlos a luz, derraman con más estudio las tinieblas de su error para oscurecerle; pero primero perderá su claridad este Sol. Porque si no habla de Cristo Esaías allí, pregunto, ¿de quién habla?

—Ya sabéis lo que dicen —respondió Juliano.

—Ya sé —dijo Marcelo— que lo declaran de sí mismos, y de su pueblo en el estado de ahora. Pero, ¿paréceos a vos que hay necesidad de razones para convencer un desatino tan claro?

—Sin duda clarísimo —respondió Juliano—, y cuando no hubiera otra cosa, hace evidencia de que no es así lo que dicen, ver que la persona de quien Isaías habla allí, el mismo Esaías dice que es inocentísima y ajena de todo pecado, y limpieza y satisfacción de los pecados de todos; y el pueblo hebreo, que ahora vive, por ciego y arrogante que sea, no se osará atribuir a sí aquesta inocencia y limpieza.

Y cuando osase él, la palabra de Dios le condena en Oseas, cuando dice que en el fin y después de este largo cautiverio, en que ahora están los judíos, se «convertirán al Señor». Porque si se convertirán a Dios entonces, manifiesto es que ahora están apartados de Él, y fuera de su servicio. Mas, aunque este pleito esté fuera de duda, todavía, si no me engaño, os queda pleito con ellos en la declaración de este nombre. El cual ellos también confiesan que es nombre de Cristo, y confiesan, como es verdad, que ser Brazo es ser fortaleza de Dios y victoria de sus enemigos; mas dicen que los enemigos que por el Mesías como por su Brazo y fortaleza vence y vencerá Dios, son los enemigos de su pueblo, esto es, los enemigos visibles de los hebreos, y los que los han destruido y puesto en cautividad, como fueron los caldeos y los griegos y los romanos y las demás gentes, sus enemigos, de las cuales esperan verse vengados por mano del Mesías, que, engañados, aguardan; y le llaman Brazo de Dios por razón de aquesta victoria y venganza.

—Así lo sueñan —respondió Marcelo—; y pues habéis movido el pleito, comencemos por él. Y como en la cultura del campo, primero arranca el labrador las yerbas dañosas y después planta las buenas, así nosotros ahora desarraiguemos primero ese error, para dejar después su campo libre y desembarazado a la verdad.

Mas decidme, Juliano: ¿prometió Dios alguna vez a su pueblo que les enviaría su Brazo y fortaleza para darles victoria de algún enemigo suyo, y para ponerlos no solo en libertad, sino también en mando y señorío glorioso? Y ¿díjoles en alguna parte que había de ser su Mesías un fortísimo y belicosísimo capitán, que vencería por fuerza de armas sus enemigos, y extendería por todas las tierras sus esclarecidas victorias, y que sujetaría a su imperio las gentes?

—Sin duda así se lo dijo y prometió —respondió Juliano.

—¿Y prometióselo por ventura —siguió luego Marcelo— en un solo lugar, o una vez sola, y es acaso y hablando de otro propósito?

—No, sino en muchos lugares —respondió Juliano—, y de principal intento, y con palabras muy encarecidas y hermosas.

—¿Qué palabras —añadió Marcelo— o qué lugares son ésos? Referid algunos, si los tenéis en memoria.

—Largos son de contar —dijo Juliano—, y aunque preguntáis lo que sabéis, y no sé para qué fin, diré los que se me ofrecen.

David en el salmo 6, hablando propiamente con Cristo, le dice: «Ciñe tu espada sobre tu muslo, ¡poderosísimo!, tu hermosura y tu gentileza. Sube en el caballo, y reina prósperamente, por tu verdad y mansedumbre y por tu justicia. tu derecha te mostrará maravillas. Tus saetas agudas (los pueblos caerán a tus pies) en los corazones de los enemigos del Rey». Y en otro salmo dice el mismo: «El Señor reina, haga fiesta la tierra, alégrense las islas todas: nube y tiniebla en su derredor, justicia y juicio en el trono de su asiento. Fuego va delante de Él, que abrasará a todos sus enemigos». E Esaías en el capítulo 11: «y en aquel día extenderá el Señor segunda vez su mano para poseer lo que de su pueblo ha escapado de los asirios y de los egipcios y de las demás gentes. Y levantará su bandera entre las naciones, y allegará los fugitivos de Israel, y los esparcidos de Judá de las cuatro partes del mundo. Y los enemigos de Judá perecerán, y volará contra los filisteos por la mar; cautivará a los hijos de Oriente, Edón le servirá, y Moab le será sujeto, y los hijos de Amón sus obedientes». Y en el capítulo 41, por otra manera: «Pondrá ante sí en huida las gentes, perseguirá los reyes. Como polvo los hará su cuchillo; como astilla arrojada su arco. Perseguirlos ha, y pasará en paz; no entrará ni polvo en sus pies». Y poco después el mismo: «Yo —dice— te pondré como carro, y como nueva trilladera con dentales de hierro trillarás los montes, y desmenuzarlos has, y a los collados dejarás hechos polvo: ablentaráslos, y llevarlos ha el viento, y el torbellino los esparcirá». Y cuando el mismo profeta introduce al Mesías, teñida la vestidura con sangre, y a otros que se maravillan de ello, y le preguntan la causa, dice que Él les responde:

«Yo solo he pisado un lagar, en mi ayuda no se halló gente; pisélos en mi ira, y pateélos en mi indignación, y su sangre salpicó mis vestidos, y he ensuciado mis vestiduras todas». Y en el capítulo 42: «El Señor como valiente saldrá, y como hombre de guerra despertará su coraje; guerreará y levantará alarido, y esforzarse ha sobre sus enemigos». Mas es nunca acabar.

Lo mismo, aunque por diferentes maneras, dice en los capítulos 63 y 66; y Joel dice lo mismo en el capítulo último; y Amós profeta también en el mismo capítulo; y en los capítulos 4 y 5 y último lo repite Micheas. Y ¿qué profeta hay que no celebre cantando en diversos lugares este capitán y aquesta victoria?

—Así es verdad —dijo Marcelo—; mas también me decid: los asirios y los babilonios, ¿fueron hombres señalados en armas, y hubo reyes belicosos y victoriosos entre ellos, y sujetaron a su imperio a todo o a la mayor parte del mundo?

—Así fue —respondió Juliano.

—Y los medos y los persas, que vinieron después —añadió Marcelo—, ¿no menearon también las armas asaz valerosamente y enseñorearon la tierra, y floreció entre ellos el esclarecido Ciro y el poderosísimo Jerjes?

Concedió Juliano que era verdad.

—Pues no menos verdad es —dijo prosiguiendo Marcelo— que las victorias de los griegos sobraron a éstos, y que el no vencido Alejandro, con la espada en la mano y como un rayo, en brevísimo espacio corrió todo el mundo, dejándole no menos espantado de sí que vencido; y, muerto él, sabemos que el trono de sus sucesores tuvo el cetro por largos años de toda Asia, y de mucha parte de África y de Europa. Y por la misma manera, los romanos, que le sucedieron en el imperio y en la gloria de las armas, también vemos que, venciéndolo todo, crecieron hasta hacer que la tierra y su señorío tuviesen un mismo término. El cual señorío, aunque disminuido y compuesto de partes, unas flacas y otras muy fuertes, como lo vio Daniel en los pies de la estatua, hasta hoy día persevera por tantas vueltas de siglos. Y ya que callemos los príncipes guerreadores y victoriosos, que florecieron en él, en los tiempos más vecinos al nuestro notorios son los Escipiones, los Marcelos, los Marios, los Pompeyos, los Césares de los siglos antepasados, a cuyo valor y esfuerzo y felicidad fue muy pequeña la redondez de la tierra.

—Espero —dijo Juliano— dónde vais a parar.

—Presto lo veréis —dijo Marcelo—; pero decidme: esta grandeza de victorias e imperios que he dicho, ¿diósela Dios a los que he dicho, o ellos por sí y por sus fuerzas puras, sin orden ni ayuda de Él, la alcanzaron?

—Fuera está eso de toda duda —respondió Juliano—, acerca de los que conocen y confiesan la providencia de Dios. Y en la Sabiduría dice Él mismo de sí mismo: «Por mí reinan los príncipes».

—Decís la verdad —dijo Marcelo—: mas todavía os pregunto si conocían y adoraban a Dios aquellas gentes.

—No le conocían —dijo Juliano— ni le adoraban.

—Decidme más —prosiguió diciendo Marcelo—: antes que Dios les hiciese aquesa merced, ¿prometió de hacérsela, o vendióles muchas palabras acerca de ellos, o envióles muchos mensajeros, encareciéndoles la promesa por largos días y por diversas maneras?

—Ninguna de esas cosas hizo Dios con ellos —respondió Juliano—, y si de algunas de estas cosas, antes que fuesen, se hace mención en las Letras Sagradas, como a la verdad se hace de algunas, hácese de paso y como de camino, y a fin de otro propósito.

—Pues ¿en qué juicio de hombres cabe, o pudo caber —añadió Marcelo incontinente— pensar que lo que daba Dios, y cada día lo da a gentes ajenas de sí y que viven sin ley, bárbaras y fieras y llenas de infidelidad y de vicios feísimos; digo el mando terreno, y la victoria en la guerra, y la gloria y la nobleza del triunfo sobre todos, o cuasi todos los hombres; pues, ¿quién pudo persuadirse que lo que da Dios a éstos, que son como sus esclavos, y que se lo da sin prometérselo y sin vendérselo con encarecimientos y como si no les diese nada, o les diese cosas de breve y de poco momento, como a la verdad lo son todas ellas en sí, eso mismo o su semejante a su pueblo escogido, y al que solo, adorando ídolos todas las otras gentes, le conocía y servía, para dárselo, si se lo quería dar como los ciegos pensaron, se lo prometía tan encarecidamente y tan de atrás, enviándoles cuasi cada siglo nueva promesa de ellos por sus profetas, y se lo vendía tan caro y hacía tanto esperar, que el día de hoy, que es más de tres mil años después de la primera promesa, aún no está cumplido ni vendrá a cumplimiento jamás, porque no es eso lo que Dios prometía?

Gran donaire, o por mejor decir, ceguedad lastimera es creer que los encarecimientos y amores de Dios habían de parar en armas y en banderas, y en el estruendo de los atambores, y en castillos cercados, y en muros batidos por tierra, y en el cuchillo y en la sangre, y en el asalto y cautiverio de mil inocentes. Y creer que el Brazo de Dios entendido y cercado de fortaleza invencible, que Dios promete en sus Letras, y de quien Él tanto en ellas se precia, era un descendiente de David, capitán esforzado, que rodeado de hierro y esgrimiendo la espada y llevando consigo innumerables soldados, había de meter a cuchillo las gentes y desplegar por todas las tierras sus victoriosas banderas. Mesías fue de esa manera Ciro y

Nabucodonosor y Artajerjes; o ¿qué le faltó para serlo? Mesías fue, sin ser Mesías en eso, César el dictador, y el grande Pompeyo; y Alejandro en esa manera fue más que todos Mesías. ¿Tan grande valentía es dar muerte a los mortales y derrocar los alcázares, que ellos de suyo se caen, que le sea a Dios o conveniente o glorioso hacer para ello Brazo tan fuerte, que por este hecho le llame su fortaleza? ¡Oh, cómo es verdad aquello que en presencia de Dios les dijo Esaías: «Cuanto se encumbra el cielo sobre la tierra, tanto mis pensamientos se diferencian y se levantan sobre los vuestros»! Que son palabras que se me vienen luego a los ojos todas las veces que en este desatino pongo atención.

Otros vencimientos, gente ciega y miserable, y otros triunfos y libertad, y otros señoríos mayores y mejores son los que Dios os promete. Otro es su Brazo, y otra su fortaleza, muy diferente y muy más aventajada de lo que pensáis.

Vosotros esperáis tierra que se consume y perece; y la Escritura de Dios es promesa del cielo, vosotros amáis y pedís libertad del cuerpo, y en vida abundante y pacífica, con la cual libertad se compadece servir el ánima al pecado y al vicio; y de estos males, que son mortales, os prometía Dios libertad. Vosotros esperábades ser señores de otros; Dios no prometía sino haceros señores de vosotros mismos. Vosotros os tenéis por satisfechos con un sucesor de David, que os reduzca a vuestra primera tierra, y os mantenga en justicia y defienda y ampare de vuestros contrarios; mas Dios, que es sin comparación muy más liberal y más largo, os prometía, no hijo de David solo, sino hijo suyo, y de David hijo también, que, enriquecido de todo el bien que Dios tiene, os sacase del poder del demonio, y de las manos de la muerte sin fin, y que os sujetase debajo de vuestros pies todo lo que de veras os daña, y os llevase santos, inmortales, gloriosos, a la tierra de vida y de paz que nunca fallece. Estos son bienes dignos de Dios; y semejantes dádivas, y no otras, hinchen el encarecimiento y muchedumbre de aquellas promesas.

Y, a la verdad, Juliano, entre los demás inconvenientes que tiene este error, es uno grandísimo, que los que se persuaden de él, forzosamente juzgan de Dios muy baja y vilmente. No tiene Dios tan angosto corazón como los hombres tenemos; y estos bienes y gloria terrena, que nosotros estimamos en tanto, aunque es Él solo el que los distribuye y reparte, pero conoce que son bienes caducos, y que están fuera del hombre, y que no solamente no le hacen bueno, mas muchas veces le empeoran y dañan. Y así, ni hace alarde de estos bienes Dios, ni se precia del repartimiento de ellos, y las más veces los envía a quien no los merece, por los fines que Él se sabe; y a los que tiene por desechados de sí y que son delante de sus ojos como viles cautivos y esclavos, a ésos les da aqueste breve consuelo. Y al revés, con sus escogidos y con los que como a hijos ama, en esto comúnmente es escaso; porque sabe nuestra flaqueza y la facilidad con que nuestro corazón se derrama en el amor de estas prendas exteriores, teniéndolas; y sabe que casi siempre o cortan o enflaquecen los nervios de la virtud verdadera.

Mas dirán: «Esperamos lo que las Sagradas Letras nos dicen, y con lo que Dios nos promete nos contentamos, y eso tenemos por mucho. Leemos capitán, oímos guerras y caballos y saetas y espadas; vemos victorias y triunfos; prométennos libertad y venganza; dícennos que nuestra ciudad y nuestro templo será reparado, que las gentes nos servirán, y que seremos señores de todo. Lo que oímos, eso esperamos, y con la esperanza de ello vivimos contentos». Siempre fue flaca defensa asirse a la letra, cuando la razón evidente descubre el verdadero sentido; mas, aunque flaca, tuviera aquí y en este propósito algún color, si las mismas divinas Letras no descubrieran en otros lugares su verdadera intención. ¿Por qué, pues, Esaías cuando habla sin rodeo y sin figuras de Cristo, le pinta en persona de Dios de aquesta manera: «Veis —dice— a mi siervo, en quien descanso, aquel en quien se contenta y satisface mi ánima; pues sobre Él mi espíritu; Él hará justicia a las gentes; no voceará ni será aceptador de personas ni será oída en las plazas su voz; la caña quebrantada no quebrará, y la estopa que humea no la apagará; no será áspero ni bullicioso?» Manifiestamente se muestra que este Brazo y fortaleza de Dios, que es Jesucristo, no es fortaleza militar ni coraje de soldado, y que los hechos hazañosos de un Cordero tan humilde y tan manso, como es el que en este lugar Esaías pinta, no son hechos de esta guerra que vemos, adonde la soberbia se enseñorea, y la crueldad se despierta, y el bullicio y la cólera y la rabia y el furor menean las manos. No tendrá —dice— cólera para hacer mal ni a caña quebrada; ¡y antójasele al error vano de aquestos mezquinos, que tiene de trastornar el mundo con guerras! Y no es menos claro lo que el mismo profeta dice en otro capítulo: «Herirá la tierra con la vara de su boca, y con el aliento de sus labios quitará la vida al malvado». Porque si las armas con que hiere la tierra y con que quita la vida al malo, son vivas y ardientes palabras, claro es que su obra de aqueste Brazo no es pelear con armas carnales contra los cuerpos, sino contra los vicios con armas de espíritu. Y así, conforme a esto, le arma de punta en blanco con todas sus piezas en otro lugar diciendo: «Vistióse por loriga justicia, y salud por yelmo de su cabeza; vistióse por vestiduras venganza, y el celo le cubijó como capa». Por manera que las saetas, que antes decía, que enviadas con el vigor del brazo traspasan los cuerpos, son palabras agudas y enherboladas con gracia, que pasan el corazón de claro en claro: y su espada famosa no se destempló con acero en las fraguas de Vulcano para derramar la sangre cortando; ni es hierro visible, sino rayo de virtud invisible, que pone a cuchillo todo lo que en nuestras almas es enemigo de Dios; y sus lorigas y sus petos y sus arneses, por consiguiente, son virtudes heroicas del cielo, en quien todos los golpes enemigos se embotan. ¡Piden a Dios la palabra, y no despiertan la vista para conocer la palabra que Dios les dio!

¿Cómo piden cosas de esta vida mortal, y que cada día las vemos en otros, y que comprendemos lo que valen y son; pues dice Dios por su profeta, que el bien de su promesa, y la cualidad y grandeza de ella, «ni el ojo la vio, ni llegó jamás a los oídos, ni cayó nunca en el pensamiento del hombre?» Vencer unas gentes a otras bien sabemos qué es; el valor de las armas cada día lo vemos; no hay cosa que más entienda, ni más desee la carne que las riquezas y que el señorío. No promete Dios esto, pues lo que promete excede a todo nuestro deseo y sentido. Hacerse Dios hombre, eso no lo alcanza la carne; morir Dios en la humanidad que tomó, para dar vida a los suyos, eso vence el sentido; muriendo un hombre, al demonio que tiranizaba los hombres, hacerle sujeto y esclavo de ellos, ¿quién nunca lo oyó? Los que servían al infierno, convertirlos en ciudadanos del cielo y en hijos de Dios, y, finalmente, hermosear con justicia las almas, desarraigando de ellas mil malos siniestros, y hechas todas luz y justicia, a ellas y a los cuerpos vestirlos de gloria y de inmortalidad, ¿en qué deseo cupo jamás, por más que alargase la rienda el deseo?

Mas ¿en qué me detengo? El mismo profeta, ¿no pone abiertamente, y sin ningún rodeo ni velo, el oficio de Cristo y su valentía, y la cualidad de sus guerras, en el capítulo 61 de su profecía, adonde introduce a Cristo, que dice: «El espíritu del Señor está sobre mí; a dar buena nueva a los mansos me envió?» ¿No veis lo que dice? ¿Qué? Buena nueva a los mansos, no asalto a los muros. Más: «A curar los de corazón quebrantado». ¡Y dice el error que a pasar por los filos de su espada a las gentes! «A predicar a los cautivos perdón.» A predicar, que no a guerrear. No a dar rienda a la saña, sino a publicar su indulgencia, y predicar el año en que se aplaca el Señor y el día en que, como si se viese vengado, queda mansa su ira. «A consolar a los que lloran, y a dar fortaleza a los que se lamentan. A darles guirnaldas en lugar de la ceniza, y unción de gozo en lugar del duelo, y manto de loor en vez de la tristeza de espíritu.» Y para que no quedase duda ninguna concluye: «Y serán llamados fuertes en justicia». ¿Dónde están ahora los que, engañándose a sí mismos, se prometen fortaleza de armas, prometiendo declaradamente Dios fortaleza de virtud y de justicia?

Aquí Juliano, mirando alegremente a Marcelo:

—Paréceme —dijo—, Marcelo, que os he metido en calor, y bastaba el del día. Mas no me pesa de la ocasión que os he dado, porque me satisface mucho lo que habéis dicho. Y porque no quede nada por decir, quiéroos también preguntar: ¿Qué es la causa por donde Dios, ya que hacía promesa de este tan grande bien a su pueblo, se la encubrió debajo de palabras y bienes carnales y visibles, sabiendo que para ojos tan flacos como los de aquel pueblo, era velo que los podía cegar, y sabiendo que para corazones tan aficionados al bien de la carne, como son los de aquéllos, era cebo que los había de engañar y enredar?

—No era cebo ni velo —respondió al punto Marcelo—, pues juntamente con ello estaba luego la voz y la mano de Dios que alzaba el velo y avisaba del cebo, descubriendo por mil maneras lo cierto de su promesa. Ellos mismos se cegaron, y se enredaron de su voluntad.

—Por ventura yo no me he declarado —dijo entonces Juliano—, porque eso mismo es lo que pregunto. Que pues Dios sabía que se habían de cegar, tomando de aquel lenguaje ocasión, ¿por qué no cortó la ocasión del todo? Y pues les descubría su voluntad y determinación, y se la descubría para que la entendiesen, ¿por qué no se la descubrió, sin dejar escondrijo donde se pudiese encubrir el error? Porque no diréis que no quiso ser entendido; porque si eso quisiera, callara; ni menos que no pudo darse a entender.

—Los secretos de Dios —respondió Marcelo encogiéndose en sí— son abismos profundos. Por donde es ligero el dificultar, y penetrar muy dificultoso. Y el ánimo fiel y cristiano se ha de mostrar sabio en conocer que sería poco el saber de Dios, si lo comprendiese nuestro saber, que ingenioso en remontar dificultades sobre lo que Dios hace y ordena. Y como sea esto así en todos los hechos de Dios, en este particular que toca a la ceguedad de aquel pueblo, el mismo San Pablo se encoge y parece que se retira; y, aunque caminaba con el soplo del Espíritu Santo, coge las velas del entendimiento y las inclina, diciendo: «¡Oh, honduras de las riquezas y sabiduría y conocimiento de Dios! ¡Cuán no penetrables son tus juicios, y cuán dificultosos de rastrear sus caminos!» Mas por mucho que se esconda la verdad, como es luz, siempre echa algunos rayos de sí, que dan bastante lumbre al ánima humilde.

Y así digo ahora que, no porque algunos toman ocasión de pecar, conviene a la sabiduría de Dios mudar, o en el lenguaje con que nos habla, o en la orden con que nos gobierna, o en la disposición de las cosas que cría, lo que es en sí conveniente y bueno para la naturaleza en común. Bien sabéis que unos salen a hacer mal con la luz, y que a otros la noche con sus tinieblas les convida a pescar; porque ni el cosario correría a la presa si el Sol no amaneciese, ni, si no se pusiese, el adúltero macularía el lecho de su vecino. El mismo entendimiento y agudeza de ingenio de que Dios nos dotó si atendemos a los muchos que usan mal de él, no nos lo diera y dejara al hombre no hombre. ¿No dice San Pablo de la doctrina del Evangelio, que «a unos es olor de vida para que vivan, y a otros de muerte para que mueran?» ¿Qué fuera del mundo si, porque no se acrecentara la culpa de algunos, quedáramos todos en culpa?

Esta manera de hablar, Juliano, adonde con semejanzas y figuras de cosas que conocemos y vemos y amamos, nos da Dios noticia de sus bienes y nos lo promete, para la cualidad y gusto de nuestro ingenio y condición, es muy útil y conveniente. Lo uno, porque todo nuestro conocimiento, así como comienza de los sentidos, así no conoce bien lo espiritual, si no es por semejanza de lo sensible que conoce primero. Lo otro, porque la semejanza que hay de lo uno a lo otro, advertida y conocida, aviva el gusto de nuestro entendimiento naturalmente, que es inclinado a cotejar unas cosas con otras discurriendo por ellas; y así cuando descubre alguna gran consonancia de propiedades entre cosas que son en naturaleza diversas, alégrase mucho, y como saboréase en ello, e imprímele con más firmeza en las mientes y lo tercero, porque de las cosas que sentimos, sabemos por experiencia lo gustoso y lo agradable que tienen; mas de las cosas del cielo no sabemos cuál sea ni cuánto su sabor y dulzura.

Pues para que cobremos afición y concibamos deseo de lo que nunca habemos gustado, preséntanoslo Dios debajo de lo que gustamos y amamos, para que, entendiendo que es aquello más y mejor que lo conocido, amemos en lo conocido el deleite y contento que ya conocemos. Y como Dios se hizo hombre dulcísimo y amorosísimo, para que lo que no entendíamos de la dulzura y amor de su natural condición, que no veíamos, lo experimentásemos en el hombre que vemos y de quien se vistió, para comenzar allí a encender nuestra voluntad en su amor; así en el lenguaje de sus Escrituras nos habla como hombre a otros hombres, y nos dice sus bienes espirituales y altos con palabras y figuras de cosas corporales, que les son semejantes, y para que los amemos los enmiela con esta miel nuestra, digo, con lo que Él sabe que tenemos por miel.

Y si en todos es esto, en la gente de aquel pueblo de quien hablamos, tiene más fuerza y razón, por su natural y no creíble flaqueza, y como divinamente dijo San Pablo, por su infinita niñez. La cual demandaba que, como el ayo al muchacho pequeño le induce con golosinas a que aprenda el saber, así Dios a aquéllos los levantase a la creencia y al deseo del cielo, ofreciéndoles y prometiéndoles al parecer bienes de tierra. Porque si, en acabando de ver el infinito poder de Dios y la grandeza de su amor para con ellos en las plagas de Egipto, y en el mar Bermejo divide por medio; y si teniendo casi presente en los ojos el fuego y la nube del Siná, y la habla misma de Dios que les decía la Ley, sonando en sus oídos entonces; y si teniendo en la boca el maná que Dios les llovía; y si mirando ante sí la nube que los guiaba de día y les lucía de noche, venidos a la entrada de la tierra de Canaán, adonde Dios los llevaba, en oyendo que la moraban hombres valientes, temieron y desconfiaron y volvieron atrás llorando fea y vilmente, y no creyeron que quien pudo romper el mar en sus ojos, podría derrocar unos muros de tierra, y ni la riqueza y abundancia de la tierra que veían y amaban, ni la experiencia de la fortaleza de Dios los pudo mover adelante; si luego y de primera instancia, y por sus palabras sencillas y claras les prometiera Dios la Encarnación de su Hijo, y lo espiritual de sus bienes, y lo que ni sentían ni podían sentir, ni se les podía dar luego, sino en otra vida y después de haber dado luengas vueltas los siglos ¿cuándo, me decid, o cómo o en qué manera, aquéllos o lo creyeran o lo estimaran? Sin duda fuera cosa sin fruto.

Y así todo lo grande y apartado de nuestra vista que Dios les promete, se lo pone tratable y deseable, saboreándoselo de esta manera que he dicho. Y particularmente en este misterio y promesa de Cristo, para asentársela en la memoria y en la afición, se la ofrece en los libros divinos casi siempre vestida con una de dos figuras. Porque lo que toca a la gracia, que desciende de Cristo en las almas, a lo que en ellas fructifica esta gracia, dícesele debajo de semejanzas tomadas de la cultura del campo y de la naturaleza de él. Y, como vimos esta mañana, para figurar aqueste negocio, hace sus cielos y su tierra, y sus nubes y lluvia, y sus montes y valles, y nombra trigo y vides y olivos con grande propiedad y hermosura. Mas lo que pertenece a lo que antes de esto hizo Cristo, venciendo al demonio en la cruz, y despojando el infierno y triunfando de él y de la muerte, y subiéndose al cielo para juntar después a sí mismo todo su cuerpo, represéntaselo con nombres de guerras y victorias visibles, y alza luego la bandera, y suena la trompa, y relumbra la espada, y píntalo a las veces con tanta demostración, que casi se oye el ruido de las armas, y el alarido los que huyen; y la victoria alegre de los que vencen casi se ve.

Y demás de esto, si va a decir lo que siento, la dureza, Juliano, de aquella gente y la poca confianza que siempre tuvieron en Dios, y los pecados grandes contra Él que de ella nacieron en aquel pueblo luego en su primero principio, y se fueron después siempre con él continuando y creciendo —feos, ingratos, enormes pecados— dieron a Dios causa justísima para que tuviesen por bueno el hablarles así figurada y revueltamente.

Porque de la manera que en la luz de la profecía de Dios mayor o menor luz, según la disposición y capacidad y cualidad del profeta; y una misma verdad a unos se les descubre por sueños, y a otros despiertos, pero por imágenes corporales y oscuras que se les figuran en la fantasía, y a otros por palabras puras y sencillas, y como un mismo rostro en muchos espejos, más y menos claros y verdaderos, se muestra por diferente manera, así Dios esta verdad de su Hijo, y la historia y cualidad de sus hechos, conforme a los pecados y mala disposición de aquella gente, así se la dijo algo encubierta y oscura. Y quiso hablarles así porque entendió que, para los que entre ellos eran y habían de ser buenos y fieles, aquello bastaba, y que a los contumaces perdidos no se les debía más luz.

Por manera que vio que a los unos aquella medianamente encubierta verdad les serviría de honesto ejercicio buscándola, y de santo deleite hallándola; y que eso mismo sería estropiezo y lazo para los otros, pero merecido estropiezo por sus muchos y graves pecados. Por los cuales caminando sin rienda, y aventajándose siempre a sí mismos, como por grados que ellos perdidamente se edificaron, llegaron a merecer este mal, que fue el sumo de todos: que teniendo delante de los ojos su vida abrazasen la muerte y que aborreciesen a su único suspiro y deseo, cuando le tuvieron presente; o por mejor decir, que viéndole no le viesen, ni le oyesen oyéndole, y que palpasen en las tinieblas estando rodeados de luz. Y merecieron, pecando, pecar más y llegar a cegarse, hasta poner las manos en Cristo, y darle muerte y negarle, y blasfemar de Él, que fue llegar al fin del pecado. ¿Levántoselo ahora yo, o no se lo dijo por Esaías Dios mucho antes? «Cegaré el corazón de este pueblo, y ensordecerles he los oídos, para que viendo no vean, y oyendo no entiendan, y no se conviertan a Mí, ni los sane Yo.» Y que sirviese para esta ceguedad y sordez el hablarles Dios en figuras y en parábolas, manifiéstalo Cristo diciendo: «A vosotros es dado conocer el misterio del reino, pero a los demás en parábolas, para que viéndolo no lo vean, y oyéndolo no lo oigan». Mas pues éstos son ciegos y sordos y porfían en serlo, dejémoslos en su ceguedad, y pasemos a declarar la fuerza de este brazo invencible.

Y diciendo esto Marcelo, y mirando hacia Sabino, añadió:

—Si a Sabino no le parece que queda alguna otra cosa por declarar.

Y dijo esto Marcelo, porque Sabino, en cuanto él hablaba, ya por dos veces había hecho significación de quererle preguntar algo, inclinándose a él con el cuerpo y enderezando el rostro y los ojos en él. Mas Sabino le respondió: —Cosa era lo que se me ofrecía de poca importancia, y ya me parecía dejarla. Mas pues me convidáis a que la diga, decidme, Marcelo, si fue pena de sus pecados en los judíos el hablarles Dios por figuras, y se cegaron en el entendimiento de ellas por ser pecadores, y si por haberse cegado desconocieron y trajeron a Jesucristo a la muerte, ¿podréisme por aventura mostrar en ellos algún pecado primero tan malo y tan grande, que mereciese ser causa de este último y gravísimo pecado que hicieron después?

—Excusado es buscar uno —respondió Marcelo— adonde hubo tan enormes pecados y tantos. Mas, aunque esto es así, no carece de razón vuestra pregunta, Sabino. Porque si atendemos bien a lo que por Moisés está escrito, podremos decir que en el pecado de la adoración del becerro merecieron, como en culpa principal, que permitiéndolo Dios, desconociesen y negasen a Cristo después. Y podremos decir que de aquella fuente manó aquesta mala corriente, que creciendo con otras avenidas menores, vino a ser un abismo de mal.

Porque si alguno quisiere pesar con peso justo y fiel todas las cualidades de mal, que en aquel pecado juntas concurren, conocerá luego que fue justamente merecedor de un castigo tan señalado, como es la ceguedad en que están, no conociendo a Jesús por Mesías, y como son los males y miserias en que han incurrido por causa de ella. No quiero decir ahora que los había Dios sacado de la servidumbre de Egipto, y que los había abierto con nueva maravilla la mar, y que la memoria de estos beneficios la tenían reciente. Lo que digo, para verdadero conocimiento de su grave maldad, es aquesto: que en ese tiempo y punto volvieron las espaldas a Dios, cuando le tenían delante de los ojos presente encima de la cumbre del monte, cuando ellos estaban alojados a la falda del Siná, cuando veían la nube y el fuego, testigos manifiestos de su presencia; cuando sabían que Moisés estaba hablando con Él, cuando acababan de recibir la Ley, la cual ellos comenzaron a oír de su misma boca de Dios, y, movidos de un terror religioso, no se tuvieron por dignos para oírla del todo, y pidieron que Moisés por todos la oyese. Así que, viendo a Dios, se olvidaron de Dios, y, mirándole, le negaron, y teniéndole en los ojos, le borraron de la memoria.

Mas ¿por qué le borraron? No se puede decir más breve ni más encarecidamente que la Escritura lo dice: «Por un becerro que comía heno». Y aun no por becerro vivo que comía, sino por imagen de becerro que parecía comer, hecha por sus mismas manos en aquel punto. A aquél los desatinados dijeron: «Este, éste es tu Dios, Israel, el que te sacó de la servidumbre de Egipto». ¿Qué flaqueza, pregunto, o qué desamor habían hallado en Dios hasta entonces? ¿O qué mayor fortaleza esperaban de un poco de oro mal figurado? ¿O qué palabras encarecen debidamente tan grande ceguedad y maldad? Pues los que tan de balde y tan por su sola malicia y liviandad increíble se cegaron allí, justísimo fue, y Dios derechamente lo permitió, que se cegasen aquí en el conocimiento de su único bien.

Y, porque no parezca que lo adivinamos ahora nosotros, Moisés en su Cántico y en persona de Dios, y hablando de aqueste mismo becerro de que hablamos, tan mal adorado, se le profetiza y dice de aquesta manera: «Estos me provocaron a mí en lo que no era Dios; pues yo los provocaré a ellos —conviene a saber, a envidia y dolor— llamando a mi gracia, a la rica posesión de mis bienes, a una gente vil y que en su estima de ellos no es gente». Como diciéndoles que, por cuanto ellos le habían dejado por adorar un metal, Él los dejaría a ellos y abrazaría a la gentilidad, gente muy pecadora y muy despreciada. Porque sabida cosa es, así como lo enseña San Pablo, que el haber desconocido a Cristo aquel pueblo fue el medio por donde se hizo aqueste trueque y traspaso, en que él quedó desechado y despojado de la religión verdadera y se pasó la posesión de ella a las gentes. Mas traigamos a la memoria y pongamos delante de ella lo que entonces pasó y la que por orden de Dios hizo Moisés, que el mismo hecho será pintura viva y testimonio expreso de aquesto que digo. ¿No dice la Escritura en aquel lugar que, abajando Moisés del monte, habiendo visto y conocido el mal recaudo del pueblo, «quebró, dando en el suelo con ellas, las tablas de la Ley, que traía en las menos»; y que el Tabernáculo, adonde descendía Dios y hablaba con Moisés, le sacó Moisés luego del real y de entre las tiendas de los hebreos, y lo asentó en otro lugar muy apartado de aquél? Pues ¿qué fue esto sino decir y profetizar desfiguradamente lo que en castigo y pena de aquel exceso había de suceder a los judíos después? Que el Tabernáculo donde mora perpetuamente Dios, que es la naturaleza humana de Jesucristo, que había nacido de ellos y estaba residiendo entre ellos, se había de alejar por su desconocimiento de entre los mismos, y que la Ley que les había dado y que ellos con tanto cuidado guardaban ahora, les había de ser, como es, cosa perdida y sin fruto, y que habían de mirar, como ven ahora, sin menearse de sus lugares y errores, las espaldas de Moisés, esto es, la sombra y la corteza de su Escritura. La cual, siendo de ellos, no vive con ellos, antes los deja y se pasa a otra parte delante de sus ojos, y mirándolo con grave dolor. Así que por sus pecados todos, y entre todos por este del becerro, que digo, fueron merecedores de que ni Dios les hablase a la clara, ni ellos tuviesen vista para entender lo que se les hablaba.

Mas pues habemos dicho acerca de esto todo lo que convenía decir, digamos ya la cualidad de este Brazo y aquello a que se extiende su fuerza.

Y como se callase Marcelo aquí un poco, tornó luego a decir:

—De Lactancio Firnliano se escribe, como sabéis, que tuvo más vigor escribiendo contra los errores gentiles que eficacia confirmando nuestras verdades, y que convenció mejor el error ajeno que probó su propósito. Mas yo, aunque no le conviene a ninguno prometer nada de sí, confiado de la naturaleza de las mismas cosas, oso esperar que si acertare a decir con palabras sencillas las hazañas que hizo Dios por medio de Cristo y las obras de fortaleza, cuya causa se llama su Brazo, que por él acabó, ello mismo hará prueba de sí tan eficaz, que sin otro argumento se esforzará a sí mismo y se demostrará que es verdadero, y convencerá de falso a lo contrario. Y para que yo pueda ahora, refiriendo aquestas obras, mostrar la fuerza de ellas mejor, antes que las refiera, me conviene presuponer que a Dios, que es infinitamente fuerte y poderoso, y que para Él hacer le basta solo el querer, ninguna cosa que hiciese le sería contada a gran valentía, si la hiciese usando de su poder absoluto, y de la ventaja que hace a todas las demás cosas en fuerzas.

  Por donde lo grande y lo que más espanto nos pone y lo que más nos demuestra lo inmenso de su no comprensible poder y saber, es cuando hace sus cosas sin parecer que las hace; y cuando trae a debido fin lo que ordena, sin romper alguna ley ordenada y sin hacer violencia; y cuando sin poner Él en ello, a lo que parece, su particular cuidado o sus manos; ello de sí mismo se hace; ante con las manos mismas y con los hechos de los que lo desean impedir y se trabajan en impedirlo, no sabréis cómo ni de qué manera viene ello casi de suyo a hacerse. Y es propia manera esta de la fortaleza a quien la prudencia acompaña. Y en la prudencia; lo más fino de ella y en lo que más se señala, es el dar orden cómo se venga a fines extremados y altos y dificultosos por medios comunes y llanos, sin que en ellos se turbe en los demás el buen orden. Y Dios se precia de hacerlo así siempre, porque es en lo que más se descubre y resplandece su mucho saber.

  Y entre los hombres, los que gobernaron bien, siempre procuraron, cuanto pudieron, avecinar a esta imagen de gobierno sus ordenanzas. La cual imagen apenas la imitan ni conocen los que el día de hoy gobiernan y con otras muchas cosas divinas, de las cuales ahora tenemos solamente la sombra; también se ha perdido la fineza de aquesta virtud en los que nos rigen, que atentos muchas veces a un fin particular que pretenden, usan de medios y ponen leyes que estorban otros fines mayores, y hacen violencia a la buena gobernación en cien cosas, por salir con una cosa sola que les agrada.

Y aun están algunos tan ciegos en esto, que entonces presumen de sí, cuando con leyes, que cada una de ellas quebranta otras leyes mejores, estrechan el negocio de tal manera, que reducen a lance forzoso lo que pretenden. Y cuando suben, como dicen, el agua por una torre, entonces se tienen por la misma prudencia y por el dechado de toda la buena gobernación, como —si sirviera para nuestro propósito— lo que pudiera yo agora mostrar por muchos ejemplos.

Pues quedando esto así, para conocer claramente las grandezas que hizo Dios por este Brazo suyo, convendrá poner delante los ojos la dificultad y la muchedumbre de las cosas que convenía y era necesario que fuesen hechas por Dios para la salud de los hombres; porque, conocido lo mucho y dificultoso que se había de hacer, y la contrariedad que ella entre sí mismo tenía, y conocido cómo las unas partes de ello impedían la ejecución de las otras; y vista la forma y facilidad, y, si conviene decirlo así, la destreza con que Dios por Cristo proveyó a todo y lo hizo como de un golpe, quedará manifiesta la grandeza del poder de Dios, y la razón justísima que tiene para llamar a Cristo Brazo suyo y valentía suya.

Decíamos, pues, hoy, que Lucifer, enamorado vanamente de sí, apeteció para sí lo que Dios ordenaba para honra del hombre en Jesucristo. Y decíamos que, saliendo de la obediencia y de la gracia de Dios por esta soberbia, y cayendo de felicidad en miseria, concibió enojo contra Dios y mortal envidia contra los hombres. Y decíamos que, movido y aguzado de aquestas pasiones, procuró poner todas sus mañas e ingenio en que el hombre, quebrantando la ley de Dios, se apartase de Dios para que, apartado de él, ni el hombre viniese a la felicidad que se le aparejaba, ni Dios trajese a fin próspero su determinación y consejo; y que así persuadió al hombre que pasase el mandamiento de Dios, y que el hombre le traspasó; y que, hecho esto, el demonio se tuvo por vencedor, porque sabía que Dios no podía no cumplir su palabra, y que su palabra era que muriese el hombre el día que traspasase su Ley. Pues digo ahora, añadiendo sobre esto lo que para aquesto de que vamos hablando conviene, que, destruido el hombre y puesto por esta manera en desorden y en confusión el consejo de Dios, y quedando contento de sí y de su buen suceso el demonio, pertenecía al honor y a la grandeza de Dios que volviese por sí, y que pusiese en todo conveniente remedio; y ofrecíanse juntamente grande muchedumbre de cosas diferentes, y casi contrarias entre sí, que pedían remedio.

Porque lo primero, el hombre había de ser castigado y había de morir, porque de otra manera no cumplía Dios ni con su palabra ni con su justicia. Lo segundo, para que no careciese de efecto el consejo primero, había de vivir el hombre y había de ser remediado. Lo tercero, convenía también que Lucifer fuese tratado conforme a lo que merecía su hecho y osadía, en la cual había mucho que considerar, porque, lo uno fue soberbio contra Dios; lo otro, fue envidioso del hombre.

Y en lo que con el hombre hizo, no solo pretendió apartarle de Dios, sino sujetarle a su tiranía, haciéndose él señor y cabeza por razón del pecado. Y demás de esto procedió en ello con maña y engaño, y quiso como en cierta manera competir con Dios en sabiduría y consejo, y procuró como atarle con sus mismas palabras, y con sus mismas armas vencerle. Por lo cual, para que fuese conveniente el castigo de estos excesos, y para que se fuesen respondiendo bien la pena y la culpa, la pena justa de la soberbia que Lucifer tuvo, era que al que quiso ser uno con Dios, lo hiciese Dios siervo y esclavo del hombre. Y asimismo, porque el dolor de la envidia es la felicidad de aquello que envidia, la pena propia del demonio, envidioso del hombre, era hacer al hombre bienaventurado y glorioso. Y la osadía de haber cutido con Dios en el saber y en el aviso, no recibía su debido castigo sino haciendo Dios que su aviso y su astucia del demonio fuese su mismo lazo, y que perdiese a sí y a su hecho por aquello mismo por donde lo pensaba alcanzar, y que se destruyese pensando valerse.

Y, en consecuencia de esto, si se podía hacer, convenía mucho a Dios hacerlo, que el pecado y la muerte, que puso el demonio en el hombre para quitarle su bien, fuesen lo uno ocasión, y lo otro causa de su mayor bienandanza, y que viviese verdaderamente el hombre, por haber habido muerte, y por haber habido miseria y pena y dolor, viniese a ser verdaderamente dichoso; y que la muerte y la pena, por donde a los hombres les viniese este bien, la ordenase y la trajese a debida ejecución el demonio, poniendo en ella todas sus fuerzas, como en cosa que según su imaginación le importaba. Y sobre todo cumplía que en la ejecución y obra de todo aquesto que he dicho, no usase Dios de su absoluto poder, ni quebrantase la suave orden y trabazón de sus leyes, sino que, yéndose el mundo como se va y sin sacarle de madre, se viniese haciendo ello mismo.

Esto, pues, había en la maldad del demonio y en la miseria y caída del hombre, y en el respeto de la honra de Dios; y cada una de estas cosas, para ser debidamente o castigada o remediada, pedía la orden que he dicho, y no cumplía consigo misma y con su reputación y honor la potencia divina, si en algo de esto faltaba, o si usaba, en la ejecución de ello, de su poder absoluto.

Mas pregunto, ¿qué hizo? ¿Enfadóse por aventura de un negocio tan enredado, y apartó su cuidado de él enfadándose? En ninguna manera. ¿Dio por cosa salida y remedio a lo uno y dejó sin medicina a lo otro, impedido de la dificultad de las cosas? Antes puso recaudo en todas. ¿Usó de su absoluto poder? No, sino de suma igualdad y justicia.

¿Fueron por dicha grandes ejércitos de ángeles los que juntó para ello? ¿Movió guerra al demonio a la descubierta y en batalla campal y partida le venció y le quitó la presa? Con solo un hombre venció. ¿Qué digo un hombre? Con solo permitir que el demonio pusiese a un hombre en la cruz y le diese allí muerte, trujo a felicísimo efecto todas las cosas que arriba dije, juntas y enteras.

Porque verdaderamente fue así, que solo el morir Cristo en la cruz, adonde subió por su permisión, y por las manos del demonio y de sus ministros, por ser persona divina la que murió, y por ser la naturaleza humana en que murió inocente y de todo pecado libre, y santísima y perfectísima naturaleza, y por ser naturaleza de nuestro metal y linaje, y naturaleza dotada de virtud general y de fecundidad para engendrar nuevo ser y nacimiento en nosotros, y por estar nosotros en ella por esta causa como encerrados, así que aquella muerte por todas aquestas razones y títulos, conforme a todo rigor de justicia, bastó por toda la muerte a que estaba el linaje humano obligado por justa sentencia de Dios, y satisfizo cuanto es de su parte por todo el pecado, y puso al hombre no solo en libertad del demonio, sino también en la inmortalidad y gloria y posesión de los bienes de Dios.

Y porque puso el demonio las manos en el inocente, y en aquel que por ninguna razón de pecado le estaba sujeto, y pasó ciego la ley de su orden, perdió justísimamente el vasallaje que sobre los hombres por su culpa de ellos tenía, y le fueron quitados, como en entre las uñas, mil queridos despojos y él mereció quedar por esclavo sujeto de aquel que mató; y el que murió, por haber nacido sin deber nada a la muerte, no solo en su persona, sino también en las de sus miembros, acocea como a siervo rebelde y fugitivo al demonio. Y quedó de esta manera, por pura ley, aquel soberbio y aquel orgulloso y aquel enemigo y sangriento tirano abatido y vencido. Y el que mala y engañosamente al sencillo y flaco hombre, prometiéndole bien, había hecho su esclavo, es ahora pisado y hollado del hombre, que es ya su señor por el merecimiento de la muerte de Cristo. Y para que el malo reviente de envidia, aquellos mismos a quien envidió y quitó el paraíso en la tierra, en Cristo los ve hechos una misma cosa con Dios en el cielo. Y porque presumía mucho de su saber, ordenó Dios que él por sus mismas manos se hiciese a sí mismo aquesta gran mal; y con la muerte que él había introducido en el mundo, dándola a Cristo, dio muerte a sí y dio vida al mundo. Y cuando más el desventurado rabiase y se despechare, y ansioso se volviere a mil partes, no podrá formar queja si no es de sí solo, que, buscando la muerte a Cristo, a sí se derrocó a la miseria extrema; y al hombre que aborrecía, sacándole de esta miseria extrema, le levantó a gloria soberana; y esclareció y engrandeció por extremo el poder y saber de Dios, que es lo que más al enemigo le duele.

¡Oh grandeza de Dios nunca oída! ¡Oh sola verdadera muestra de su fuerza infinita y de su no medido saber!

¿Qué puede calumniar aquí ahora el judío? ¿O qué armas le quedan con que pueda defender más su error? ¿Puede negar que pecó el primer hombre? ¿No estaban todos los hombres sujetos a muerte y a miseria, y como cautivos de sus pecados?

¿Negará que los demonios tiranizaban el mundo? ¿O dirá por ventura que no le tocaba al honor y bondad de Dios poner remedio en este mal, y volver por su causa, y derrocar al demonio, y redimir al hombre y sacarle de una cárcel tan fiera? ¿O será menor hazaña y grandeza vencer este león, o menos digna de Dios, que poner en huida los escuadrones humanos y vencer los ejércitos de los hombres mortales? ¿O hallará, aunque más se desvele, manera más eficaz, más cabal, más sabia, más honrosa, o en quien más resplandezca toda la sabiduría de Dios que esta de que, como decimos. usó, y de que usó en realidad de verdad por medio del esfuerzo y de la sangre y de la obediencia de Cristo? O, si son famosos entre los hombres y de claro nombre, los capitanes que vencen a otros, ¿podrá negar a Cristo, infinito y esclarecidísimo nombre de virtud y valor, que acometió por sí solo una tan alta empresa, y al fin le dio cima?

Pues todo aquesto que habemos dicho obró y mereció Cristo muriendo. Y después de muerto, poniéndolo en ejecución, despojó luego el infierno bajando a él, y pisó la soberbia de Lucifer y encadenóle, y volviendo el tercero día a la vida para no morir más, rodeado de sus despojos, subió triunfando al cielo, de donde el soberbio cayera; y colocó nuestra sangre y nuestra carne en el lugar que el malvado apeteció a la diestra de Dios. Y hecho señor, en cuanto hombre, de todas las criaturas, y juez y salud de ellas, para poner en efecto en ellas y en nosotros mismos la eficacia de su remedio, y para llevar a sí y subir a su mismo asiento a sus miembros, y para al fuerte tirano, que encadenó y despojó en el infierno, quitarle la posesión malvada y de la adoración injusta que se usurpaba en la tierra, envió desde el cielo al suelo su Espíritu sobre sus humildes y pequeños discípulos; y, armándolos contra él, les mandó mover guerra contra los tiranos y adoradores de ídolos y contra los sabios vanos y presuntuosos, que tenía por ministros suyos el demonio en el mundo. Y como hacen los grandes maestros, que lo más dificultoso y más principal de las obras lo hacen ellos por sí y dejan a sus obreros lo de menos trabajo, así Cristo, vencido que hubo por sí y por su persona el espíritu de la maldad, dio a los suyos que moviesen guerra a sus miembros. Los cuales discípulos la movieron osadamente, y la vencieron más esforzadamente, y quitaron la posesión de la tierra al príncipe de las tinieblas, derrocando por el suelo su adoración y su silla.

Mas ¡cuántas proezas comprende en sí aquesta proeza! Y aquesta nueva maravilla, ¡cuántas maravillas encierra!

Pongamos delante de los ojos del entendimiento lo que ya vieron los ojos del cuerpo; y lo que pasó en hecho de verdad en el tiempo pasado, figurémoslo ahora. Pongamos de una parte doce hombres desnudos de todo lo que el mundo llama valor, bajos de suelo, humildes de condición, simples en las palabras, sin letras, sin amigos, y sin valedores; y luego, de la otra parte, pongamos toda la monarquía del mundo, y las religiones —o persuasiones de religión— que en él estaban fundadas por mil siglos pasados, y los sacerdotes de ellas y los templos, y los demonios que en ellos eran servidos, y las leyes de los príncipes y las ordenanzas de las repúblicas y comunidades, y los mismos príncipes y repúblicas; que es poner aquí doce hombres humildes, y allí todo el mundo, y todos los hombres y todos los demonios con todo su saber y poder.

Pues una maravilla es, y maravilla que si no se viera por vista de ojos jamás se creyera, que tan pocos osasen mover contra tantos; y, ya que movieron, otra maravilla es que, en viendo el fuego que contra ellos el enemigo encendía en los corazones contrarios, y en viendo el coraje y fiereza y amenazas de ellos, no desistiesen de su pretensión. Y maravilla es que tuviese ánimo un hombre pobrecillo y extraño de entrar en Roma, digamos ahora, que entonces tenía el cetro del mundo y era la casa y la morada donde se asentaba el imperio; así que, osase entrar en la majestad de Roma un pobre hombre, y decir a voces en sus plazas de ella que eran demonios sus ídolos y que la religión y manera de vida que recibieron de sus antepasados era vanidad y maldad. Y maravilla es que una tal osadía tuviese suceso; y que el suceso fuese tan feliz como fue, es maravilla que vence el sentido. Y si estuvieran las gentes obligadas por sus religiones a algunas leyes dificultosas y ásperas, y si los apóstoles los convidaran con deleite y soltura, aunque era dificultoso mudarse todos los hombres de aquello en que habían nacido, y aunque el respeto de los antepasados de quien lo heredaron, y la autoridad y dicho de muchos excelentes en elocuencia y en letras que lo aprobaron, y toda la costumbre antigua inmemorial, y sobre todo el común consentimiento de las naciones todas que convenían en ello, las hacía tenerlo por firme y verdadero; pero aunque romper con tantos respetos y obligaciones era extrañamente difícil, todavía se pudiera creer que el amor demasiado con que la naturaleza lleva a cada uno a su propia libertad y contento había sido causa de una semejante mudanza.

Mas fue todo al revés; que ellos vivían en vida y religión libre, y que alargaba la rienda a todo lo que pide el deseo; y los apóstoles, en lo que toca a la vida, los llamaban a una suma aspereza, a la continencia, al ayuno, a la pobreza, al desprecio de todo cuanto se ve; y en lo que toca a la creencia, les anunciaban lo que a la razón humana parece increíble, y decíanles que no tuviesen por dioses a los que les dieron por dioses sus padres, y que tuviesen por Dios y por Hijo de Dios a un hombre, a quien los judíos dieron muerte de cruz. Y el muerto en la cruz dio vigor no creíble a esta palabra.

Por manera que aqueste hecho, por dondequiera que le miremos, es hecho maravilloso; maravilloso en el poco aparato con que se principió; maravilloso en la presteza con que vino a crecimiento, y más maravilloso en el grandísimo crecimiento a que vino; y, sobre todo, maravilloso en la forma y manera como vino. Porque si sucediera así, que algunos, persuadidos al principio por los apóstoles, y por aquéllos persuadiéndose otros, y todos juntos y hechos un cuerpo, y con las armas en la mano se hicieran señores de una ciudad, y de allí peleando sujetaran a sí la comarca, y poco a poco cobrando más fuerzas ocuparan un reino, y como a Roma le aconteció, que, hecha señora de Italia, movió guerra a toda la tierra, así ellos, hechos poderosos y guerreando, vencieran al mundo y le mudaran sus leyes; si así fuera, menos fuera de maravillar. Así subió Roma a su imperio, así también la ciudad de Cartago vino a alcanzar grande poder; muchos poderosos reinos crecieron de semejantes principios; la secta de Mahoma, falsísima, por este camino ha cundido, y la potencia del turco, de quien ahora tiembla la tierra, principio tuvo de ocasiones más flacas; y, finalmente, de esta manera se esfuerzan y crecen y sobrepujan los hombres unos a otros.

Mas nuestro hecho, porque era hecho verdaderamente de Dios, fue por muy diferente camino. Nunca se juntaron los apóstoles, y los que creyeron a los apóstoles, no fue para acometer, sino para padecer y sufrir; sus armas no fueron hierro sino paciencia jamás oída; morían, y muriendo vencían. Cuando caían en el suelo degollados nuestros maestros, se levantaban nuevos discípulos, y la tierra, cobrando virtud de su sangre, producía nuevos frutos de fe. Y el temor y la muerte, que espanta naturalmente y aparta, atraía y acodiciaba a las gentes a la fe de la Iglesia. Y como Cristo, muriendo, venció, así, para mostrarse Brazo y valentía verdadera de Dios, ordenó que hiciese alarde el demonio de todos sus miembros, y que los encendiese en crueldad cuanto quisiese, armándolos con hierro y con fuego; y no les embotó las espadas como pudiera, ni se las quitó de las manos, ni hizo a los suyos con cuerpos no penetrables al hierro, como dicen de Aquiles sino antes se los puso como suelen decir en las uñas, y les permitió que ejecutasen en ellos toda su crueza y fiereza. Y lo que vence a toda razón, muriendo los fieles, y los infieles dándoles muerte diciendo los infieles: ¡Matemos!, y los fieles diciendo: «¡Muramos!», pereció totalmente la infidelidad, y creció la fe y se extendió cuanto es grande la tierra.

Y venciendo siempre, a lo que parecía, nuestros enemigos, quedaron no solo vencidos, sino consumidos del todo y deshechos, como lo dice por hermosa manera Zacarías, profeta: «Y será éste el azote con que herirá el Señor a todas las gentes que tomaren armas contra Jerusalén. La carne de cada uno, estando Él levantado y sobre sus pies, deshecha se consumirá, y también sus ojos dentro de sus cuencas sumidos serán hechos marchitos, y secáraseles la lengua dentro de la boca». Adonde, como veis, no se dice que había de poner otro alguno las manos en ellos para darles la muerte, sino que ellos de suyo se habían de consumir y secar y venir a menos, como acontece a los éticos, y que habían de venir a caerse de suyo, y esto al parecer no derrocados por otros, sino estando levantados y sobre sus pies. Porque siempre los enemigos de la Iglesia ejecutaron su crueldad contra ella, y quitaron a los fieles cuantas veces quisieron las vidas, y pisaron victoriosos sobre la sangre cristiana; mas también aconteció siempre que, cayendo los mártires, venían al suelo los ídolos, y se consumían los martirizadores gentiles, y multiplicándose con la muerte de los unos la fe de los otros, se levantaban y acrecentaban los fieles, hasta que vino a reinar en todos la fe.

Vengan ahora, pues, los que se ceban de solo aquello que el sentido aprehende, y los que, esclavos de la letra muerta esperan batallas y triunfos y señoríos de tierra, porque algunas palabras lo suenan así; y si no quieren creer la victoria secreta y espiritual, y la redención de las ánimas que servían a la maldad y al demonio, que obró Cristo en la cruz, porque no se ve con los ojos, y porque ni ellos para verlo tienen los ojos de fe que son menester, esto a lo menos que pasó y pasa públicamente, y que lo vio todo el mundo, la caída de los ídolos y la sujeción de todas las gentes a Cristo y la manera como las sujetó y las venció; pues vengan y dígannos si les parece aqueste hecho pequeño o usado o visto otra vez, o siquiera imaginado como posible el poder de este hecho, antes que por el hecho se viese Dígannos si responde mejor con las promesas divinas, y si las hinche más este vencimiento, y si es más digno de Dios que las armas que fantasea su desatino. ¿Qué victoria, aunque junten en uno todo lo próspero en armas, y lo victorioso y valeroso que ha habido, traída con esta victoria a comparación, tiene ser? ¿Qué triunfo o qué carro vio el Sol que iguale con éste? ¿Qué color les queda ya a los miserables, o qué apariencia para perseverar en su error?

Yo persuadido estoy para mí, y téngolo por cosa evidente que sola esta conversión del mundo, considerada como se debe pone la verdad de nuestra religión fuera de toda duda y cuestión, y hace argumento por ella tan necesario que no deja respuesta a ninguna infidelidad, por aguda y maliciosa que sea; sino que, por más que se aguce y esfuerce, la doma y la ata y la convence; y es argumento breve y clarísimo, y que se compone todo él de lo que toca el sentido.

Porque ruégoos, Juliano y Sabino, que me digáis, y si mi ingenio por su flaqueza no pasa adelante, tended vosotros la vista aguda de los vuestros, que quizá veréis más; así que decidme, hablando ahora de Cristo y de las cosas y obras suyas que a todas las gentes así fieles como infieles fueron notorias, así las que hizo Él por sí en su vida, como las que hicieron sus discípulos de Él después de su muerte; decidme:

¿no es evidente a todo entendimiento, por más ciego que sea, que aquello se hizo o por virtud de Dios o por virtud del demonio, y que ninguna fuerza de hombre, no siendo favorecido de alguna otra mayor, no era poderosa para hacer lo que, viéndolo todos, hicieron Cristo y los suyos? Evidente es esto, sin duda; porque aquellas obras maravillosas que las historias de los mismos infieles publican, y la conversión de toda la gentilidad que es notoria a todos ellos y fue la más milagrosa obra de todas; así que estas maravillas y milagros tan grandes, necesaria cosa es decir que fueron o falsos o verdaderos milagros; y si falsos, que los hizo el demonio, y, si verdaderos, que los obró Dios.

Pues siendo esto así como es, si fuere evidente que no los hizo el poder del demonio, quedará convencido que Dios los obró. Y es evidente que no los hizo el demonio, porque por ellos, como todas las gentes lo vieron, fue destruido el demonio y su poder y el señorío que tenía en el mundo, derrocándole los hombres sus templos, y negándole el culto y servicio que le daban antes y blasfemando de él. Y lo que pasó entonces en toda la redondez del orbe romano, pasó en la edad de nuestros padres, y pasa ahora en la nuestra, y por vista de ojos lo vemos en el mundo nuevamente hallado; en el cual, desplegando por él su victoriosa bandera la palabra del Evangelio, destierra por dondequiera que pasa la adoración de los ídolos.

Por manera que Cristo o es Brazo de Dios, o es poder del demonio. Y no es poder del demonio, como es evidente, porque deshace y arruina el poder del demonio. Luego evidentemente es Brazo de Dios.

¡Oh, cómo es luz la verdad, y cómo ella misma se dice y defiende y sube en alto y resplandece y se pone en lugar seguro y libre de contradicción! ¿No veis con cuán simples y breves palabras la pura verdad se concluye? Que torno a decirlo otra y tercera vez. Si Cristo no fue error del demonio, de necesidad se concluye que fue Luz y Verdad de Dios, porque entre ello no hay medio. Y si Cristo destruyó el ser y saber y poder del demonio, como de hecho le destruyó, evidente es que no fue ministro ni fautor del demonio.

Humíllese, pues, a la verdad la infidelidad, y convencida, confiese que Cristo, nuestro bien, no es invención del demonio, sino verdad de Dios y fuerza suya y su justicia y su valentía, y su nombrado y poderoso Brazo, el cual, si tan valeroso nos parece en esto que ha hecho, en lo que le resta por hacer y nos tiene prometido de hacerlo, ¿qué nos parecerá cuando lo hiciere y cuando, como escribe San Pablo, «dejare vacías —esto es, depusiese de su ser y valor— a todas las potestades y principados», sujetando a sí su poder enteramente todas las cosas, para que reine Dios en todas ellas; cuando diere fin al pecado, y acabare la muerte, y sepultare en el infierno para nunca salir de allí la cabeza y el cuerpo del mal?

Mucho más es lo que se pudiera decir acerca de este propósito; mas para dar lugar a lo que nos resta, basta lo dicho y aun sobra, a lo que parece, según es grande la prisa que se da el Sol en llevarnos el día.

Aquí Juliano, levantando los ojos, miró hacia el Sol que ya se iba a poner, y dijo:

—Huyen las horas, y casi no las habemos sentido pasar, detenidos, Marcelo, con vuestras razones; mas para decir lo demás que os placiere, no será menos conveniente la noche templada, que ha sido el día caluroso.

—Y más —dijo incontinente Sabino— que, como el Sol se fuere a su oficio, vendrá luego en su lugar la Luna, y el coro resplandeciente de las estrellas con ella, que, Marcelo, os harán mayor auditorio, y callando con la noche todo y hablando solo vos os escucharán atentísimas. Vos mirad no os halle desapercibido un auditorio tan grande.

Y diciendo esto y desplegando el papel, sin atender más respuesta, leyó: REY DE DIOS [Es Cristo llamado Rey, y de las cualidades que Dios puso en Él para este oficio.] «Nómbrase Cristo también REY DE DIOS. En el salmo 2 dice Él de sí, según nuestra letra: "Yo soy Rey constituido por Él, esto es, por Dios, sobre Sión, su monte santo". Y según la letra original, dice Dios de Él: "Yo constituí a mi Rey sobre el monte de Sión, monte santo mío". Y según la misma letra en el capítulo 14 de Zacarías: "Y vendrán todas las gentes, y adorarán al Rey del Señor Dios".»

Y, leído esto, añadió el mismo Sabino, diciendo:

—Mas es poco todo lo demás que en este papel se contiene; y así, por no desplegarle más veces, quiérolo leer de una vez, y dijo: «Nómbrase también PRÍNCIPE DE PAZ, y nómbrase ESPOSO. Lo primero se ve en el capítulo 9 de Esaías, donde hablando de Él el profeta, dice: "Y será llamado PRÍNCIPE DE PAZ". De lo segundo Él mismo, en el Evangelio de San Juan, en el capítulo 3, dice: "El que tiene esposa, Esposo es, y su amigo oye la voz del Esposo y gózase". Y en otra parte: "Vendrán días, cuando les será quitado el Esposo, y entonces ayunarán"». Y con esto calló. Y Marcelo comenzó por esta manera: —En confusión me pusiera, Sabino, lo que habéis dicho si ya no estuviera usado a hablar en los oídos de las estrellas, con las cuales comunico mis cuidados y mis ansias las más de las noches; y tengo para mí que son sordas; y, si no lo son y me oyen, estas razones de que ahora tratamos, no me pesará que las oigan, pues son suyas; y de ellas las aprendimos nosotros, según lo que en el salmo se dice: «Que el cielo pregona la gloria de Dios, y sus obras las anuncia el cielo estrellado». Y la gloria de Dios y las obras, de que Él señaladamente se precia, son los hechos de Cristo, de que platicamos ahora. Así que oiga en buena hora el cielo lo que nos vino del cielo y lo que el mismo cielo nos enseñó. Mas sospecho, Sabino, que según es baja mi voz, el ruido que en esta presa hace el agua cayendo, que crecerá con la noche, les hurtará de mis palabras las más.

Y, como quiera que sea, viniendo a nuestro propósito, pues Dios en lo que habéis ahora leído llama a Cristo Rey suyo, siendo así que todos los que reinan son reyes por mano de Dios, claramente nos da a entender y nos dice que Cristo no es Rey como los demás reyes, sino Rey por excelente y no usada manera. Y según lo que yo alcanzo, a solas tres cosas se puede reducir todo lo que engrandece las excelencias y alabanzas de un rey; y la una consiste en las cualidades que en su misma persona tiene convenientes para el fin del reinar; y la otra está en la condición de los súbditos sobre quien reina.

Y la manera como los rige y lo que hace con ellos el rey es la tercera y postrera. Las cuales cosas en Cristo concurren y se hallan como en ningún otro, y por esta causa es Él solo llamado por excelencia Rey hecho por Dios. Y digamos de cada una de ellas por sí.

Y lo primero que toca a las cualidades que puso Dios en la naturaleza humana de Cristo para hacerle Rey, comenzándolas a declarar y a contar, una de ellas es humildad y mansedumbre de corazón, como Él mismo de sí lo testifica diciendo: «Aprended de mí, que soy manso y humilde de corazón». Y como decíamos poco ha, Esaías canta de Él: «No será bullicioso, ni apagará una estopa que humee, ni una caña quebrantada la quebrará». Y el profeta Zacarías también: «No quieras temer —dice— hija de Sión, que tu REY viene a ti justo y salvador y pobre; o como dice otra letra, manso y asentado sobre un pollino». Y parecerá al juicio del mundo que esta condición de ánimo no es nada decente al que ha de reinar; mas Dios que, no sin justísima causa llama entre todos los demás reyes a Cristo su Rey, y que quiso hacer en él un Rey de su mano que respondiese perfectamente a la idea de su corazón, halló, como es verdad, que la primera piedra de esta su obra era un ánimo manso y humilde, y vio que un semejante edificio tan soberano y tan alto no se podía sustentar sino sobre cimientos tan hondos. Y como en la música no suenan todas las voces agudo, ni todas grueso, sino grueso y agudo debidamente, y lo alto se templa y reduce a consonancia en lo bajo, así conoció que la humildad y mansedumbre entrañable que tiene Cristo en su alma, convenía mucho para hacer armonía con la alteza y universalidad de saber y poder con que sobrepuja a todas las cosas criadas. Porque si tan no medida grandeza cayera en un corazón humano, que de suyo fuera airado y altivo, aunque la virtud de la persona divina era poderosa para corregir este mal, pero ello de sí no podía prometer ningún bien.

Demás de que, cuando de sí no fuere necesario que un tan soberano poder se templara en llaneza, ni a Cristo, por lo que a Él y a su ánima toca, le fuera necesaria o provechosa esta mezcla, a los súbditos y vasallos suyos nos convenía que este Rey nuestro fuese de excelente humildad. Porque toda la eficacia de su gobierno, y toda la muchedumbre de no estimables bienes que de su gobierno nos vienen, se nos comunican a todos por medio de la fe y del amor que tenemos con Él, y nos junta con Él; y cosa sabida es que la majestad y grandeza, y toda la excelencia que sale fuera de competencia, en los corazones más bajos no engendra afición, sino admiración y espanto, y más arredra que allega o atrae. Por lo cual no era posible qué un pecho flaco y mortal, que considerase la excelencia sin medida de Cristo, se le aplicase con fiel afición, y con aquel amor familiar y tierno con que quiere ser de nosotros amado para que se nos comunique su bien, si no le considera también no menos humilde que grande, y si como su majestad nos encoge, su inestimable llaneza y la nobleza de su perfecta humildad no despertara osadía y esperanza en nuestra alma.

Y a la verdad, si queremos ser jueces justos y fieles, ningún afecto ni arreo es más digno de los reyes ni más necesario que lo manso y lo humilde; sino que con las cosas habemos ya perdido los hombres el juicio de ellas y su verdadero conocimiento; y como siempre vemos altivez y severidad y soberbia en los príncipes, juzgamos que la humildad y llaneza es virtud de los pobres. Y no miramos siquiera que la misma naturaleza divina, que es emperatriz sobre todo y de cuyo ejemplo han de sacar los que reinan la manera como han de reinar, con ser infinitamente alta, es llana infinitamente, y, si este nombre de humilde puede caber en ella, y en la manera que puede caber humildísima, pues, como vemos, desciende a poner su cuidado y sus manos ella por sí misma, no solo en la obra de un vil gusano, sino también en que se conserve y que viva; y matiza con mil graciosos colores sus plumas al pájaro, y viste de verde hoja los árboles, y eso mismo que nosotros despreciando hollamos, los prados y el campo, aquella majestad no se desdeña de irlo pintando con yerbas y flores. Por donde con voces llenas de alabanza y de admiración le dice David: «¿Quién es como nuestro Dios, que mora en las alturas y mira con cuidado hasta las más humildes bajezas, y Él mismo juntamente está en el cielo y en la tierra?» Así que si no conocemos ya esta condición en los príncipes, ni se la pedimos, porque el mal uso recibido y fundado daña las obras y pone tinieblas en la razón, y porque a la verdad ninguna cosa son menos que los que se nombran señores y príncipes, Dios en su Hijo, a quien hizo Príncipe de todos los príncipes y solo verdadero Rey entre todos, como cualidad necesaria y preciada la puso. Mas ¿en qué manera la puso? ¿O qué tanta es y fue su dulce humildad?

Mas pasemos a otra condición que se sigue; que, diciendo de ella, diremos en mejor lugar la grandeza de aquesta que habemos llamado mansedumbre y llaneza, porque son entre sí muy vecinas, y lo que diré es como fruto de aquesto que he dicho. Pues fue Cristo, demás de ser manso y humilde más ejercitado que ninguno otro en la experiencia de los trabajos y dolores humanos. A la cual experiencia sujetó el Padre a su Hijo, porque le había de hacer Rey verdadero, y para que en el hecho de la verdad fuese perfectísimo Rey, como San Pablo lo escribe: «Fue decente que Aquel de quien y por quien y para quien son todas las cosas, queriendo hacer muchos hijos para los llevar a la gloria, al Príncipe de la salud de ellos le perfeccionase con pasión y trabajos; porque el que santifica y los santificados han de ser todos de un mismo metal». Y entreponiendo ciertas palabras, luego, poco más abajo, torna y prosigue: «Por donde convino que fuese hecho semejante a sus hermanos en todo para que fuese cabal y fiel y misericordioso pontífice para con Dios, para aplacarle en los pecados del pueblo. Que por cuanto padeció Él, siendo tentado es poderoso para favorecer a los que fueron tentados». En lo cual no sé cuál es más digno de admiración, el amor entrañable con que Dios nos amó, dándonos un Rey para siempre, no solo de nuestro linaje, sino tan hecho a la medida de nuestras necesidades, tan humano, tan llano, tan compasivo y tan ejercitado en toda pena y dolor, o la infinita humildad y obediencia y paciencia de este nuestro perpetuo Rey, que no solo para animarnos a los trabajos, sino también para saber

Él condolerse más de nosotros, cuando estamos puestos en ellos, tuvo por bueno hacer prueba Él en sí primero de todos.

Y como unos hombres padezcan en una cosa y otros en otra, Cristo, porque así como su imperio se extendía por todos los siglos, así la piedad de su ánimo abrazase a todos los hombres, probó en sí casi todas las miserias de pena.

Porque, ¿qué quedó de probar? Padecen algunos pobreza: Cristo la padeció más que otro ninguno. Otros nacen de padres bajos y oscuros, por donde son tenidos por menos: el padre de Cristo, a la opinión de los hombres, fue un oficial de carpintero. El destierro y el huir a tierra ajena fuera de su natural, es trabajo: y la niñez de aqueste Señor huye su natural y se esconde en Egipto. Apenas ha nacido la luz, y ya el mal la persigue. Y si es pena el ser ocasión de dolor a los suyos, el Infante pobre, huyendo, lleva en pos de sí por casas ajenas a la doncella pobre y bellísima, y al ayo santo y pobre también.

Y aun por no dejar de padecer la angustia que el sentido de los niños más siente, que es perder a sus padres, Cristo quiso ser y fue niño perdido.

Mas vengamos a la edad de varón. ¿Qué lengua podrá decir los trabajos y dolores que Cristo puso sobre sus hombros, el no oído sufrimiento y fortaleza con que los llevó, las invenciones y los ingenios de nuevos males, que Él mismo ordenó como saboreándose en ellos, cuán dulce le fue el padecer, cuánto se preció de señalarse sobre todos en esto, cómo quiso que con su grandeza compitiese en Él su humildad y paciencia? Sufrió hambre, padeció frío, vivió en extremada pobreza, cansóse y desvelóse, y anduvo muchos caminos, solo a fin de hacer bienes de incomparable bien a los hombres. Y para que su trabajo fuese trabajo puro, o por mejor decir, para que llegase creciendo a su grado mayor, de todo aqueste afán, el fruto fueron sus mayores afanes. Y de sus tan grandes sudores, no cogió sino dolores y persecuciones y afrentas; y sacó del amor desamor, del bien hacer mal padecer, del negociarnos la vida, muerte extremadamente afrentosa, que es todo lo amargo y lo duro a que en este género de calamidad se puede subir. Porque, si es dolor pasar uno pobreza y desnudez y mucho desvelamiento y cuidado, ¿qué será cuando por quien se sepa no lo agradece? ¿Qué, cuando no lo conoce? ¿Qué, cuando lo desconoce, lo desagradece, lo maltrata y persigue? Dice David en el salmo 45: «Si quien me debía enemistad me persiguiera, fuera cosa que la pudiera llevar, mas, mi amigo y mi conocido, y el que era un alma conmigo, el que comía a mi mesa, y con quien comunicaba mi corazón». Como si dijese que el sentimiento de un semejante caso vencía a cualquiera otro dolor.

Y, con ser así, pasa un grado más adelante el de Cristo; porque no solo le persiguieron los suyos, sino los que por infinitos beneficios que recibían de Él estaban obligados a serlo; y lo que es más, tomando ocasión de enojo y de odio, de aquello mismo que con ningún agradecimiento podían pagar, como se querella en su misma persona de Él el profeta Esaías diciendo «y dije: Trabajado he por demás, consumido he en vano mi fortaleza, por donde mi pleito es con el Señor, mi obra con el que es Dios mío». Sería negocio infinito si quisiésemos por menudo decir en cada una obra de las que hizo Cristo lo que sufrió y padeció.

Vengamos al remate de todas ellas, que fue su muerte, y veremos cuánto se preció de beber puro este cáliz, y de señalarse sobre todas las criaturas en gustar el sentido de la miseria por extremada manera, llegando hasta lo último de él.

Mas ¿quién podrá decir ni una pequeña parte de aquesto? No es posible decirlo todo; mas diré brevemente lo que basta para que se conozcan los muchos quilates de dolor con que calificó Cristo aqueste dolor de su muerte, y los innumerables males que en un solo mal encerró.

Siéntese más la miseria cuando sucede a la prosperidad; y es género de mayor infelicidad en los trabajos el haber sido en algún tiempo feliz. Poco antes que le prendiesen y pusiesen en cruz, quiso ser recibido, y lo fue de hecho, con triunfo glorioso. Y sabiendo cuán mal tratado había de ser dende a poco, para que el sentimiento de aquel tratamiento malo fuese más vivo, ordenó que estuviese reciente y como presente la memoria de aquella divina honra, que aquellos mismos que ahora le despreciaban, ocho días antes le hicieron. Y tuvo por bien que casi se encontrasen en sus oídos las voces de «¡Hosanna, hijo de David!», y de «¡Bendito el que viene en el nombre de Dios!», con las de «¡Crucifícale! ¡Crucifícale!», y con las de «Veis, el que destruía y reedificaba el templo de Dios en tres días, no puede salvarse a sí», y pudo salvar a los otros para que lo desigual de ellas, y la contrariedad que entre sí tenían con las unas las otras, causase mayor pena en su corazón.

Suele ser descanso a los que de esta vida se parten, no ver las lágrimas y los sollozos y la tristeza afligida de los que bien quieren; Cristo, la noche a quien sucedió el día último de su vida mortal, los juntó a todos, y cenó con ellos juntos y les manifestó su partida, y vio su congoja, y tuvo por bien verla y sentirla, para que con ella fuese más amarga la suya.

¡Qué palabras les dijo en lo que platicó con ellos aquella noche! ¡Qué enternecimientos de amor! Que si a los que ahora los vemos escritos, el oírlos nos enternece, ¿qué sería lo que obraron entonces en quien los decía? Pero vamos adonde ya Él mismo, levantado de la mesa y caminando para el huerto, nos lleva. ¿Qué fue cada uno de los pasos de aquel camino sino un clavo nuevo que le hería, llevándole al pensamiento y a la imaginación la prisión y la muerte, a que ellos mismos le acercaban buscándola? Mas ¿qué fue lo que hizo en el huerto, que no fuese acrecentamiento de pena? Escogió tres de sus discípulos para su compañía y conhorte, y consintió que se venciesen del sueño, para que con ver su descuido de ellos, su cuidado y su pena de Él creciese más.

Derrocóse en oraciones delante del Padre, pidiéndole que pasase de Él aquel cáliz, y no quiso ser oído en aquesta oración. Dejó desear a su sentido lo que no quería que se le concediese, para sentir en sí la pena que nace del desear, y no alcanzar lo que pide el deseo. Y como si no le bastara el mal y el tormento de una muerte que ya le estaba vecina, quiso hacer, como si dijésemos, vigilia de ella, y morir antes que muriese, o por mejor decir, morir dos veces, la una en el hecho, y la otra en la imaginación de él. Porque desnudó por una parte a su sentido inferior de las consolaciones y esfuerzos del cielo, y por otra parte le puso en los ojos una representación de los males de su muerte y de las ocasiones de ella, tan viva, tan natural, tan expresa y tan figurada, y con una fuerza tan eficaz, que lo que la misma muerte en el hecho no pudo hacer sin ayudarse de las espinas y el hierro, en la imaginación y figura por sí misma y sin armas ningunas lo hizo; que le abrió las venas y, sacándole la sangre de ellas, bañó con ella el sagrado cuerpo y el suelo. ¡Qué tormento tan desigual fue este con que se quiso atormentar de antemano! ¡Qué hambre, o digamos, qué codicia de padecer! No se contentó con sentir el morir, sino quiso probar también la imaginación y el temor del morir lo que puede doler. Y porque la muerte súbita y que viene no pensada y cuasi de improviso, con un breve sentido se pasa, quiso entregarse a ella antes que fuese. Y antes que sus enemigos se la acarreasen, quiso traerla Él a su alma, y mirar su figura triste, y tender el cuello a su espada, y sentir por menudo y de espacio sus heridas todas, y avivar más sus sentidos para sentir más el dolor de sus golpes, y, como dije, probar hasta el cabo cuánto duele la muerte, esto es, el morir y el temor del morir.

Y aunque digo el temor del morir, si tengo de decir, Juliano, lo que siempre entendí acerca de esta agonía de Cristo, no entiendo que fue el temor el que le abrió las venas y le hizo sudar gotas de sangre; porque, aunque de hecho temió, porque Él quiso temer, y temiendo probar los accidentes ásperos que trae consigo el temor; pero el temor no abre el cuerpo, ni llama afuera a la sangre, antes la recoge adentro, y la pone a la redonda del corazón, y deja frío lo exterior de la carne, y por la misma razón aprieta los poros de ella, y así no fue el temor el que sacó afuera la sangre de Cristo, sino si lo habemos de decir con una palabra, el esfuerzo y el valor de su ánima con que salió al encuentro y con que al temor resistió, ése, con el tesón que puso, le abrió todo el cuerpo. Porque se ha de entender que Cristo, como voy diciendo, porque quiso hacer prueba en sí de todos nuestros dolores y vencerlos en sí, para que después fuesen por nosotros más fácilmente vencidos, armó contra sí, en aquella noche, todo lo que vale y puede la congoja y el temor, y consintió que todo ello de tropel y como en un escuadrón moviese guerra a su alma. Porque, figurándolo todo con no creíble viveza, puso en ella como vivo y presente lo que otro día había de padecer, así en el cuerpo con dolores, como en esta misma alma con tristeza y congojas. Y juntamente con esto hizo también que considerase su alma las causas por las cuales se sujetaba a la muerte, que eran las culpas pasadas y por venir de todos los hombres, con la fealdad y graveza de ellas, y con la indignación grandísima y la encendida ira que Dios contra ellas concibe; y ni más ni menos, consideró el poco fruto que tan ricos y tan trabajados trabajos habían de hacer en los más de los hombres.

Y todas estas cosas juntas y distintas, y vivísimamente consideradas, le acometieron a una, ordenándolo Él para ahogarle y vencerle. De lo cual Cristo no huyó, ni rindió a estos temores y fatigas apocadamente su alma; ni para vencerla les embotó, como pudiera, las fuerzas; antes, como he dicho, cuanto fue posible se las acrecentó; ni menos armó a sí mismo y a su santa alma, o con insensibilidad para no sentir, antes despertó en ella más sus sentidos, o con la defensa de su divinidad, bañándola en gozo, con el cual no tuviera sentido el dolor, o a lo menos, con el pensamiento de la gloria y bienaventuranza divina, a la cual por aquellos males caminaba su cuerpo, apartando su vista de ellos, y volviéndola a aquesta otra consideración, o templando siquiera la una consideración con la otra, sino desnudo de todo esto y con solo el valor de su alma y persona, y con la fuerza que ponía en su razón el respeto de su Padre y el deseo de obedecerle, les hizo a todos cara, y luchó, como dicen, a brazo partido con todos, y al fin lo rindió todo y lo sujetó debajo sus pies.

Mas la fuerza que puso en ello y el estribar la razón contra el sentido, y —como dije— el tesón generoso con que aspiro a la victoria, llamó afuera los espíritus y la sangre, y la derramó. Por manera que lo que vamos diciendo, que gustó Cristo de sujetarse a nuestros dolores haciendo en sí pruebas de ellos, según esta manera de decir, aún se cumple mejor.

Porque no solo sintió el mal del temor y la pena de la congoja, y el trabajo que es sentir uno en sí diversos deseos, y el desear algo que no se cumple; pero la fatiga increíble del pelear contra su apetito propio y contra su misma imaginación, y el resistir a las formas horribles de tormentos y males y afrentas, que se le venían espantosamente a los ojos para ahogarla, y el hacerles cara, y el, peleando uno contra tantos, valerosamente vencerlos con no oído trabajo y sudor, también lo experimentó.

Mas ¿de qué no hizo experiencia? También sintió la pena que es ser vendido y traído a muerte por sus mismos amigos, como Él lo fue en aquella noche de Judas; el ser desamparado en su trabajo de los que le debían tanto amor y cuidado; el dolor de trocarse los amigos con la fortuna, el verse no solamente negado de quien tanto le amaba, mas entregado del todo en las manos de quien le desamaba tan mortalmente; la calumnia de los acusadores, la falsedad de los testigos, la injusticia misma, y la sed de la sangre inocente asentada en el soberano tribunal por juez; males que solo quien los ha probado los siente; la forma de juicio, y el hecho de cruel tiranía; el color de religión, adonde era todo impiedad y blasfemia; el aborrecimiento de Dios, disimulado por defuera con apariencias falsas de su amor y su honra. Con todas estas amarguras templó Cristo su cáliz, y añadió a todas ellas las injurias de las palabras, las afrentas de los golpes, los escarnios, las befas, los rostros y los pechos de sus enemigos bañados en gozo, el ser traído por mil tribunales, el ser estimado por loco, la corona de espinas, los azotes crueles; y lo que entre estas cosas se encubre, y es dolorosísimo para el sentido, que fue el llegar tantas veces en aquel día de su prisión la causa de Cristo, mejorándose, a dar buenas esperanzas de sí, y habiendo llegado a este punto, el tornar súbitamente a empeorarse después.

Porque cuando Pilato despreció la calumnia de los fariseos y se enteró de su envidia, mostró prometer buen suceso el negocio. Cuando temió, por haber oído que era Hijo de Dios, y se recogió a tratar de ello con Cristo, resplandeció como una luz y cierta esperanza de libertad y salud. Cuando remitió el conocimiento del pleito Pilato a Herodes que, por oídas, juzgaba divinamente de Cristo, ¿quién no esperó breve y feliz conclusión? Cuando la libertad de Cristo la puso Pilato en la elección del pueblo, a quien con tantas buenas obras Cristo tenía obligado; cuando les dio poder que librasen al homicida, o al que restituía los muertos a vida, cuando avisó su mujer al juez de lo que había visto en visión, y le amonestó que no condenase a aquel justo, ¿qué fue sino un llegar casi a los umbrales el bien? Pues este subir a esperanzas alegres, y caer de ellas al mismo momento; este abrirse el día del bien, y tornar a oscurecerse de súbito; el despintarse improvisamente la salud que ya se tocaba; digo, pues, que este variar entre esperanza y temor, y esta tempestad de olas diversas, que ya se encumbraban prometiéndole vida, y ya se derrocaban amenazando con muerte; esta desventura y desdicha, que es propia de los muy desgraciados, de florecer para secarse luego, y de revivir para luego morir, y devenirles el bien, y desaparecerse, deshaciéndoseles entre las manos cuando les llega, probó también en sí mismo el Cordero. Y la buena suerte y la buena dicha única de todas las cosas quiso gustar de lo que es ser uno infeliz.

Infinito es lo que acerca de esto se ofrece; mas cánsase la lengua en decir lo que Cristo no se cansó en padecer.

Dejo la sentencia injusta, la voz del pregón, los hombros flacos, la cruz pesada í, el verdadero y propio cetro de aqueste nuestro gran Rey, los gritos del pueblo, alegres en unos, y en otros llorosos, que todo ello traía consigo su propio y particular sentimiento.

Vengo al monte Calvario. Si la pública desnudez en una persona grave es áspera y vergonzosa, Cristo quedó delante de todos desnudo. Si el ser atravesado con hierro por las partes más sensibles del cuerpo es tormento grandísimo, con clavos fueron allí atravesados los pies y las manos de Cristo. Y porque fuese el sentimiento mayor, el que es piadoso aun con las más viles criaturas del mundo, no lo fue consigo mismo; antes, en una cierta manera, se mostró contra sí mismo cruel. Porque lo que la piedad natural y el afecto humano y común, que aun en los ejecutores de la justicia se muestra, tenía ordenado para menos tormento de los que morían en cruz, ofreciéndoselo a Cristo, lo desechó. Porque daban a beber a los crucificados en aquel tiempo, antes que los enclavasen, cierto vino confeccionado con mirra e incienso, que tiene virtud de ensordecer el sentido y como embotarle al dolor para que no sienta, y Cristo, aunque se lo ofrecieron con la sed que tenía que padecer, no lo quiso beber.

Así que, desafiando al dolor y desechando de sí todo aquello con que se pudiera defender en aquel desafío, el cuerpo desnudo y el corazón armado con fortaleza, y con solas las armas de su no vencida paciencia, subió este nuestro Rey en la cruz. Y levantada en alto la salud del mundo, y llevando al mundo sobre sus hombros, y padeciendo Él solo la pena que merecía padecer el mundo por sus delitos, padeció lo que decir no se puede. Porque ¿en qué parte Cristo, o en qué sentido suyo no llegó el dolor a lo sumo? Los ojos vieron lo que, visto, traspasó el corazón: la Madre viva y muerta, presente. Los oídos estuvieron llenos de voces blasfemas y enemigas. El gusto, cuando tuvo sed, gustó hiel y vinagre. El sentido todo del tacto, rasgado y herido por infinitas partes del cuerpo, no tocó cosa que no le fuese enemiga y amarga. Al fin dio licencia a su sangre que, como deseosa de lavar nuestras culpas, salía corriendo abundante y presurosa. Y comenzó a sentir nuestra vida, despojada de su calor, lo que solo le quedaba ya por sentir: los fríos tristísimos de la muerte, y, al fin, sintió y probó la muerte también.

Pero ¿para qué me detengo yo en esto? Lo que ahora Cristo, que reina glorioso y Señor de todo en el cielo, nos sufre, muestra bien claramente cuán agradable le fue siempre el sujetarse a trabajos. ¿Cuántos hombres, o por decir verdad, cuántos pueblos y cuántas naciones enteras, sintiendo mal de la pureza de su doctrina, blasfeman hoy de su nombre? Y con ser así, que Él en sí está exento de todo mal y miseria, quiere y tiene por bien de, en la opinión de los hombres, padecer esta afrenta, en cuanto su cuerpo místico, que vive en este destierro, padece, para compadecerse así de Él y para conformarse siempre con Él.

—Nuevo camino para ser uno Rey —dijo aquí Sabino vuelto a Juliano— es este que nos ha descubierto Marcelo. Y no sé yo si acertaron con él algunos de los que antiguamente escribieron acerca de la crianza e institución de los príncipes, aunque bien sé que los que ahora viven no le siguen. Porque en el no saber padecer tienen puesto lo principal del ser rey.

—Algunos —dijo al punto Juliano— de los antiguos quisieron que el que se criaba para ser rey, se criase en trabajos pero en trabajos de cuerpo, con que saliese sano y valiente; mas en trabajos de ánimo que le enseñasen a ser compasivo, ninguno, que yo sepa, lo escribió ni enseñó. Mas, si fuera aquesta enseñanza de hombres, no fuera aqueste Rey de Marcelo, Rey propiamente hecho a la traza y al ingenio de Dios, el cual camina siempre por caminos verdaderos, y por el mismo caso contrarios a los del mundo, que sigue el engaño.

Así que no es maravilla, Sabino, que los reyes de ahora no se precien para ser reyes de lo que se preció Jesucristo, porque no siguen en el ser reyes un mismo fin. Porque Cristo ordenó su reinado a nuestro provecho, y conforme a esto se cualificó a sí mismo, y se dotó de todo aquello que parecía ser necesario para hacer bien a sus súbditos; mas estos que ahora nos mandan, reinan para sí y por la misma causa no se disponen ellos para nuestro provecho, sino buscan su descanso en nuestro daño. Mas, aunque ello, cuanto a lo que les toca, desechen de sí este amaestramiento de Dios, la experiencia de cada día nos enseña que no son los que deben, por carecer de él. Porque ¿de dónde pensáis que nace, Sabino, el poner sobre sus súbditos tan sin piedad tan pesadísimos yugos, el hacer leyes rigorosas, el ponerlas en ejecución con mayor crueldad y vigor, sino de nunca haber hecho experiencia en sí de lo que duele la aflicción y pobreza?

—Así es —dijo Sabino—; pero ¿qué ayo osaría ejercitar en dolor y necesidad a su príncipe? O si osase alguno, ¿cómo sería recibido y sufrido de los demás?

—Esa es —respondió Juliano— nuestra mayor ceguedad, que aprobamos lo que nos daña y que tendríamos por bajeza que nuestro príncipe supiese de todo, siendo para nosotros tan provechoso, como habéis oído, que lo supiese. Mas, si no se atreven a esto los ayos, es porque ellos y los demás que crían a los príncipes los quieren imponer en el ánimo a que no se precien de bajar los ojos de su grandeza con blandura a sus súbditos, y en el cuerpo, a que ensanche el estómago cada día con cuatro comidas y a que aun la seda les sea áspera y la luz enojosa.

Pero aquesto, Sabino, es de otro lugar, y quitamos en ello a Marcelo el suyo, o por mejor decir, a nosotros mismos el de oír enteramente las cualidades de aqueste verdadero Rey nuestro.

—A mí —dijo Marcelo— no me habéis, Juliano, quitado ningún lugar, sino antes me habéis dado espacio para que con más aliento prosiga mejor mi camino. Y a vos, Sabino —dijo volviéndose a él—, no os pase por la imaginación querer concertar, o pensar que es posible que se concierten las condiciones que puso Dios en su Rey, con las que tienen estos reyes que vemos; que, si no fueran tan diferentes del todo, no le llamara Dios señaladamente su Rey; ni su reino de ellos se acabara con ellos, y el de nuestro Rey fuera sempiterno, como es.

Así que pongan ellos su estado en la altivez y no se tengan por reyes, si padecen alguna pena, que Dios, procediendo por camino diferente, para hacer en Jesucristo un Rey que mereciese ser suyo, le hizo humildísimo para que no se desvaneciese en soberbia con la honra, y le sujetó a miseria y a dolor para que se compadeciese con lástima de sus trabajados y doloridos súbditos. Y, demás de esto, y para el mismo fin de buen Rey, le dio un verdadero y perfecto conocimiento de todas las cosas y de todas las obras de ellos, así las que fueron como las que son y serán; porque el rey, cuyo oficio es juzgar, dando a cada uno su merecido y repartiendo la pena y el premio, si no conoce él por sí la verdad, traspasará la justicia; que el conocimiento que tienen de sus reinos los príncipes por relaciones y pesquisas ajenas, más los ciega que los alumbra Porque, demás de que los hombres, por cuyos ojos y oídos ven y oyen los reyes, muchas veces se engañan, procuran ordinariamente engañarlos por sus particulares intereses e intentos. Y así por maravilla entra en el secreto real la verdad.

Mas nuestro Rey, porque su entendimiento como clarísimo espejo le representa siempre cuanto se hace y se piensa, no juzga, como dice Esaías, ni reprende, ni premia por lo que al oído le dicen, ni según lo que a la vista parece, porque el un sentido y el otro sentido puede ser engañado, ni tiene de sus vasallos la opinión que otros vasallos suyos, aficionados o engañados, le ponen, sino la que pide la verdad, que Él claramente conoce.

Y como puso Dios en Cristo el verdadero conocer a los suyos, asimismo le dio todo el poder para hacerles mercedes. Y no solamente le concedió que pudiese, mas también Él mismo, como en tesoro, encerró todos los bienes y riquezas que pueden hacer ricos y dichosos a los de su reino, de arte que no trabajaran, remitidos de unos a otros ministros, con largas. Mas, lo que es principal, hizo para perfeccionar este Rey, que sus súbditos todos fuesen sus deudos, o por mejor decir, que naciesen de Él todos y que fuesen hechura suya y figurados a su semejanza. Aunque esto sale ya de lo primero que toca a las cualidades del rey, y entra en lo segundo que propusimos, de las condiciones de los que en este reino son súbditos. Y digamos ya de ellas.

Y, a la verdad, casi todas ellas se reducen a ésta, que es ser generosos y nobles todos y de un mismo linaje. Porque aunque el mando de Cristo universalmente comprende a todos los hombres y a todas las criaturas, así las buenas como las malas, sin que ninguna de ellas pueda eximirse de su sujeción, o se contente de ello o le pese; pero el reino suyo, de que ahora vamos hablando, y el reino en quien muestra Cristo sus nobles condiciones de Rey, y el que ha de durar perpetuamente con Él, descubierto y glorioso —porque a los malos tendrálos encerrados y aprisionados y sumidos en eterno olvido y tinieblas—; así que este reino son los buenos y justos solos, y de éstos decimos ahora que son generosos todos, y de linaje alto y todos de uno mismo. Porque, dado que sean diferentes en nacimientos, mas, como esta mañana se dijo, el nacimiento en que se diferencian fue nacimiento perdido y de quien caso no se hace para lo que toca a ser vasallos en este reino, el cual se compone todo de lo que San Pablo llama nueva criatura, cuando a los de Galacia escribe, diciendo: «Acerca de Cristo Jesús, ni es de estima la circuncisión ni el sepulcro, sino la criatura nueva». Y así todos son hechura y nacimiento del cielo y hermanos entre sí, e hijos todos de Cristo en la manera ya dicha.

Vio David esta particular excelencia de este reino de su nieto divino, y dejóla escrita breve y elegantemente en el salmo 109, según una lección que así dice: «Tu pueblo, príncipes en el día de tu poderío». Adonde lo que decimos príncipes, la palabra original que es nedaboth, significa al pie de la letra liberales, dadivosos o generosos de corazón. Y así dice que en el día de su poderío, que llama así el reino descubierto de Cristo, cuando vencido todo lo contrario y como deshecha con los rayos de su luz toda la niebla enemiga, que ahora se le opone, viniere en el último tiempo y en la regeneración de las cosas, como puro Sol, a resplandecer solo, claro y poderoso en el mundo; pues en este su día, cuando Él y lo apurado y escogido de sus vasallos resplandecerá solamente, quedando los demás sepultados en oscuridad y tinieblas, en este tiempo y en este día, su pueblo serán príncipes. Esto es, todos sus vasallos serán reyes, y Él, como con verdad la Escritura le nombra, «Rey de reyes será y Señor de señores».

Aquí Sabino, volviéndose a Juliano:

—Nobleza es —dijo— grande de reino aquesta, Juliano, que nos va diciendo Marcelo, adonde ningún vasallo es ni vil en linaje, ni afrentado por condición, ni menos bien nacido el uno que el otro. Y paréceme a mí que esto es ser Rey propia y honradamente, no tener vasallos viles y afrentados.

—En esta vida, Sabino —respondió Juliano—, los reyes de ella, para el castigo de la culpa, están como forzados a poner nota y afrenta en aquellos a quien gobiernan. Como en la orden de la salud y en el cuerpo conviene a las veces maltratar una parte para que las demás no se pierdan. Y así, cuanto a esto, no son dignos de represión nuestros príncipes.

—No los reprendo yo ahora —dijo Sabino—, sino duélome de su condición, que por esa necesidad que, Juliano, decís, vienen a ser forzosamente señores de vasallos ruines y viles. Y débeseles tanto más lástima cuanto fuere más precisa la necesidad. Pero si algunos príncipes que lo procuran y que les parece que son señores, cuando hallan mejor orden no solo para afrentar a los suyos, sino también para que vaya cundiendo por muchas generaciones su afrenta, y que nunca se acabe, de éstos, Juliano, ¿qué me diréis?

—¿Qué? —respondió Juliano—. Que ninguna cosa son menos que reyes. Lo uno, porque el fin adonde se endereza su oficio es hacer a sus vasallos bienaventurados, con lo cual se encuentra por maravillosa manera el hacerlos apocados y viles. Y lo otro, porque, cuando no quieren mirar por ellos, a sí mismos se hacen daño y se apocan. Porque, si son cabezas, ¿qué honra es ser cabeza de un cuerpo disforme y vil? Y, si son pastores, ¿qué les vale un ganado roñoso? Bien dijo el poeta trágico: «Mandar entre lo ilustre es bella cosa». Y no solo dañan a su honra propia, cuando buscan invenciones para mancharla de los que son gobernados por ellos, mas darían mucho sus intereses, y ponen en manifiesto peligro la paz y la conservación de sus reinos. Porque, así como dos cosas que son contrarias, aunque se junten, no se pueden mezclar, así no es posible que se anude con paz el reino, cuyas partes están tan opuestas entre sí y tan diferenciadas, unas con mucha honra y otras con señalada afrenta. Y como el cuerpo que en sus partes está maltratado y cuyos humores se conciertan mal entre sí; está muy ocasionado y muy vecino a la enfermedad y a la muerte, así, por la misma manera, el reino adonde muchas órdenes y suertes de hombres, y muchas casas particulares están como sentidas y heridas, y adonde la diferencia que por estas causas pone la fortuna y las leyes, no permite que se mezclen y se concierten bien unas con otras, está sujeto a enfermar y a venir a las armas con cualquiera razón que se ofrece. Que la propia lástima e injuria de cada uno encerrada en su pecho, y que vive en él, los despierta y los hace velar siempre a la ocasión y a la venganza.

Mas dejemos lo que en nuestros reyes y reinos, o pone la necesidad o hace el mal consejo y error, y acábenos Marcelo de decir por qué razón estos vasallos todos de nuestro único Rey son llamados liberales y generosos y príncipes.

—Son —dijo Marcelo, respondiendo incontinente— así por parte de que los crió y la forma que tuvo en criarlos, como por parte de las cualidades buenas que puso en ellos, cuando así fueron criados.

Por parte del que los hizo, porque son efectos y frutos de una suma liberalidad; porque en solo el ánimo generoso de Dios y en la largueza de Cristo no medida pudo caber el hacer justos y amigos suyos, y tan privados amigos, a los que de sí no merecían bien, y merecían mal por tantos y tan diferentes títulos. Porque, aunque es verdad que el ya justo puede merecer mucho con Dios, mas esto que es venir a ser justo el que era aborrecido enemigo, solamente nace de las entrañas liberales de Dios, y así dice Santiago «que nos engendró voluntariamente». Adonde lo que dijo en la palabra griega bouleqeij que significa de su voluntad, quiso decir lo que en su lengua materna, si en ella lo escribiera, se dice nadib, que es palabra vecina y nacida de la palabra nedaboth, que, como dijimos, significa a estos que llamamos liberales y príncipes. Así que dice que nos engendró liberal y principalmente, esto es, que nos engendró no solo porque quiso engendrarnos y porque le movió a ello su voluntad, sino porque le plugo mostrar en nuestra creación para la gracia y justicia los tesoros de su liberalidad y misericordia.

Porque, a la verdad, dado que todo lo que Dios cría nace de Él, porque Él quiere que nazca y es obra de su libre gusto, a la cual nadie le fuerza, el sacar a luz a las criaturas; pero esto que es hacer justos y poner su ser divino en los hombres, es no solo voluntad, sino una extraña liberalidad suya, porque en ello hace bien, y bien el mayor de los bienes, no solamente a quien no se lo merece, sino señaladamente a quien del todo se lo desmerece. Y por no ir alargándome por cada uno de los particulares, a quien Dios hace estos bienes, miremos lo que pasó en la cabeza de todos, y cómo se hubo con ella Dios cuando sacándola del pecado, crió en ella aqueste bien de justicia, y en uno, como en ejemplo, conoceremos cuán ilustre prueba hace Dios de su liberalidad cuando cría los justos.

Peca Adán, y condénase a sí y a todos nosotros, y perdónale después Dios, y hácele justo. ¿Quién podrá decir las riquezas de liberalidad que descubrió Dios y que derramó en aqueste perdón? Lo primero, perdona al que por dar fe a la serpiente, de cuya fe y amor para consigo no tenía experiencia, le dejó a Él, Criador suyo, cuyo amor y beneficios experimentaba en sí siempre. Lo segundo, perdona al que estimó más una promesa vana de un pequeño bien que una experiencia cierta, y una posesión grande de mil verdaderas riquezas. Lo tercero, perdona al que no pecó, ni apretado de la necesidad ni ciego de la pasión, sino movido de una liviandad y desagradecimiento infinito. Lo otro, perdona al que no buscó ser perdonado, sino antes huyó y se escondió de su perdonador, y perdónale, no mucho después que pecó y laceró miserablemente por su pecado, sino casi luego como hubo pecado.

Y lo que no cabe en sentido, para perdonarle a él, hízose a sí mismo deudor. Y cuando la gravísima maldad del hombre despertaba en el pecho de Dios ira justísima para deshacerle reinó en Él y sobrepujó la liberalidad de su misericordia, que, por rehacer al perdido, «determinó de disminuirse a sí mismo» como San Pablo lo dice, y de pagar él lo que el hombre pecaba, y para que el hombre viviese, de morir Él hecho hombre. Liberalidad era grande perdonar al que había pecado tan de balde y tan sin causa; y mayor liberalidad perdonarle tan luego después del pecado; y mayor que ambas a dos, buscarle para darle perdón antes que Él le buscase. Pero lo que vence a todo encarecimiento de liberalidad, fue, cuando le reprendía la culpa, prometerse a sí mismo y a su vida para su satisfacción y remedio. Y porque el hombre se apartó de Él por seguir al demonio, hacerse hombre Él para sacarle de su poder. Y lo que pasó entonces, digámoslo así, generalmente con todos, porque Adán nos encerraba a todos en sí, pasa en particular con cada uno contina y secretamente.

Porque ¿quién podrá decir ni entender, si no es el mismo que en sí lo experimenta y lo siente, las formas piadosas de que Dios usa con uno para que no se pierda, aun cuando él mismo se procura perder? Sus inspiraciones continuas, su nunca cansarse ni darse por vencido de nuestra ingratitud tan continua, el rodearnos por todas partes, y como en castillo torreado y cercado el tentar la entrada por diferentes maneras, el tener siempre la mano en la aldaba de nuestra puerta, el rogarnos blanda y amorosamente que le abramos, como si a Él le importara alguna cosa y no fuera nuestra salud y bienandanza toda el abrirle, el decirnos por horas y por momentos con el Esposo: «Ábreme, hermana mía. Esposa mía, paloma mía, y mi amada y perfecta; que traigo llena de rocío mi cabeza, y con las gotas de las noches las mis guedejas». Pues sea esto lo primero, que los justos son dichos ser generosos y liberales, porque son demostraciones y pruebas del corazón liberal y generoso de Dios.

Son, lo segundo, llamados así por las cualidades que pone Dios en ellos haciéndoles justos. Porque, a la verdad, no hay cosa más alta, ni más generosa, ni más real, que el ánimo perfectamente cristiano. Y la virtud más heroica, que la filosofía de los estoicos antiguamente imaginó o soñó, por hablar con verdad, comparada con la que Cristo asienta con su gracia en el alma, es una poquedad y bajeza. Porque, si miramos el linaje de donde desciende el justo y cristiano, es su nacimiento de Dios, y la gracia que le da vida es una semejanza viva de Cristo. Si atendemos a su estilo y condición, y al ingenio y disposición de ánimo y pensamientos y costumbres que de este nacimiento le vienen, todo lo que es menos que Dios es pequeña cosa para la que cabe en su ánimo. No estima lo que con amor ciego adora únicamente la tierra, el oro y los deleites; huella sobre la ambición de las honras, hecho verdadero Señor y Rey de sí mismo; pisa el vano gozo, desprecia el temor, no le mueve el deleite, ni el ardor de la ira le enoja, y, riquísimo dentro de sí, todo su cuidado es hacer bien a los otros.

Y no se extiende su ánimo liberal a sus vecinos solos, ni se contenta con ser bueno con los de su pueblo o de su reino; mas generalmente a todos los que sustenta y comprende la tierra, Él también los comprende y abraza. Aun para con sus enemigos sangrientos, que le buscan la afrenta y la muerte, es Él generoso y amigo; y sabe y puede poner la vida, y de hecho la pone alegremente, por esos mismos que aborrecen su vida.

Y estimando por vil y por indigno de sí a todo lo que está fuera de Él, y que se viene y se va con el tiempo, no apetece menos que a Dios, ni tiene por dignos de su deseo menores bienes que el cielo. Lo sempiterno, lo soberano, el trato con Dios, familiar y amigable, el enlazarse amando, y el hacerse cuasi uno con Él, es lo que solamente satisface a su pecho; como lo podemos ver a los ojos en uno de estos grandes justos. Y sea aqueste uno San Pablo. Dice en persona suya y de todos los buenos, escribiendo a los Corintios, así: «Tenemos nuestro tesoro en vasos de tierra, porque la grandeza y alteza nazca de Dios y no de nosotros. En todas las cosas padecemos tribulación, pero en ninguna somos afligidos. Somos metidos en congoja, mas no somos desamparados. Padecemos persecución, mas no nos falta el favor. Humíllannos, pero no nos avergüenzan. Somos derribados, mas no perecemos». Y a los Romanos, lleno de ánimo generoso, en el capítulo 8: «¿Quién —dice— nos apartará de la caridad y amor de Dios? ¿La tribulación, por aventura, o la angustia, o el hambre, o la desnudez, o el peligro, o la persecución, o el cuchillo?» Dicho he en parte lo que puso Dios en Cristo para hacerle Rey, y lo que hizo en nosotros para hacernos sus súbditos; que de tres cosas, a las cuales se reducen todas las que pertenecen a un reino, son las primeras dos. Resta ahora que digamos algo de la tercera y postrera, que es de la manera como este Rey gobierna a los suyos; que no es menos singular manera ni menos fuera del común uso de los que gobiernan, que el rey y los súbditos en sus condiciones y cualidades, las que habemos dicho, son singulares. Porque cosa clara es que el medio con que se gobierna el reino es la ley, y que por el cumplimiento de ella consigue el rey, o hacerse rico a sí mismo, si es tirano y las leyes son de tirano, o hacer buenos y prosperados a los suyos, si es rey verdadero. Pues acontece muchas veces de esta manera, que por razón de la flaqueza del hombre y de su encendida inclinación a lo malo, las leyes por la mayor parte traen consigo un inconveniente muy grande: que, siendo la intención de los que las establecen, enseñando por ellas lo que se debe hacer y mandando con rigor que se haga, retraer al hombre de lo malo e inducirle a lo bueno, resulta lo contrario a las veces, y el ser vedada una cosa despierta el apetito de ella.

Y así el hacer y dar leyes es muchas veces ocasión de que se quebranten las leyes, y de que, como dice San Pablo, «se peque más gravemente» y de que se empeoren los hombres con la ley que se ordenó e inventó para mejorarlos.

Por lo cual Cristo, nuestro Redentor y Señor, en la gobernación de su reino halló una nueva manera de ley, extrañamente libre y ajena de aquestos inconvenientes, de la cual usa con los suyos, no solamente enseñándoles a ser buenos, como lo enseñaron otros legisladores, mas de hecho haciéndolos buenos, lo que ninguno otro rey ni legislador pudo jamás hacer. Y esto es lo principal de su Ley evangélica y lo propio de ella; digo, aquello en que notablemente se diferencia de las otras sectas y leyes.

Para entendimiento de lo cual conviene saber que, por cuanto el oficio y ministerio de la ley es llevar los hombres a lo bueno y apartarlos de lo que es malo, así como esto se puede hacer por dos diferentes maneras, o enseñando el entendimiento o aficionando a la voluntad, así hay dos diferencias de leyes. La primera es de aquellas leyes que hablan con el entendimiento, y le dan luz en lo que conforme a razón se debe o hacer o no hacer; y le enseñan lo que ha de seguir en las obras y lo que ha de excusar en ellas mismas. La segunda es de la ley, no que alumbra el entendimiento sino que aficiona la voluntad, imprimiendo en ella inclinación y apetito de aquello que merece ser apetecido por bueno, y, por el contrario, engendrándole aborrecimiento de las cosas torpes y malas. La primera ley consiste en mandamientos y reglas.

La segunda en una salud y cualidad celestial, que sana la voluntad y repara en ella el gusto bueno perdido, y no solo la sujeta, sino la amista y reconcilia con la razón; y como dicen de los buenos amigos, que tienen un no querer y querer, así hace que lo que la verdad dice en el entendimiento que es bueno, la voluntad aficionadamente lo ame por tal.

Porque a la verdad en la una y en la otra parte quedamos miserablemente lisiados por el pecado primero, el cual oscureció el entendimiento, para que las menos veces conociese lo que convenía seguir, y estragó perdidamente el gusto y el movimiento de la voluntad, para que casi siempre se aficionase a lo que daña más. Y así, para remedio y salud de estas dos partes enfermas, fueron necesarias estas dos leyes, una de luz y de reglas para el entendimiento ciego, y otra de espíritu y buena inclinación para la voluntad estragada. Mas, como arriba decíamos, diferénciase aquestas dos maneras de leyes en esto: que la ley que se emplea en dar mando corrige el gusto corrupto de la voluntad, en parte le es ocasión de más daño; y vedando y declarando, despierta en ella nueva golosina de lo malo que le es prohibido. Y así las más veces son contrarios en esta ley el suceso y el intento. Porque el intento es encaminar el hombre a lo bueno; y el suceso, a las veces, es dejarle más perdido y estragado. Pretende afear lo que es malo, y sucédele, por nuestra mala ocasión, hacerlo más deseable y más gustoso. Mas la segunda ley corta la planta del mal de raíz, y arranca, como dicen, de cuajo lo que más nos puede dañar; porque inclina e induce y hace apetitosa y como golosa a nuestra voluntad de todo aquello que es bueno; y junta en uno lo honesto y lo deleitable, y hace que nos sea dulce lo que nos sana, y lo que nos daña, aborrecible y amargo.

La primera se llama ley de mandamientos, porque toda ella es mandar y vedar. La segunda es dicha ley de gracia y de amor, porque no nos dice que hagamos esto o aquello, sino hácenos que amemos aquello mismo que debemos hacer.

Aquélla es pesada y áspera, porque condena por malo lo que la voluntad corrompida apetece por bueno; y así hace que se encuentren el entendimiento y la voluntad entre sí, de donde se enciende en nosotros mismos una guerra mortal de contradicción. Mas ésta es dulcísima por extremo, porque nos hace amar lo que nos manda, o por mejor decir, porque el plantar y engerir en nosotros el deseo y la afición a lo bueno, es el mismo mandarlo. Y porque, aficionándonos y, como si dijésemos, haciéndonos enamorados de lo que manda, por esa manera y no de otra nos manda. Aquélla es imperfecta, porque a causa de la contradicción que despierta ella por sí, no puede ser perfectamente cumplida, y así no hace perfecto a ninguno. Esta es perfectísima, porque trae consigo y contiene en sí misma la perfección de sí misma. Aquélla hace temerosos; aquésta amadores. Por ocasión de aquélla, tomándola a solas, se hacen en la verdad secreta del ánimo peores los hombres; mas por causa de ésta son hechos enteramente santos y justos. Y como prosigue San Agustín largamente en los libros De la letra y del espíritu, poniendo siempre sus pisadas en lo que dejó hollado San Pablo, aquélla es perecedera, aquésta es eterna; aquélla hace esclavos, aquésta es propia de hijos; aquélla es ayo triste y azotador, aquésta es espíritu de regalo y consuelo; aquélla pone en servidumbre, aquésta en honra y libertad verdadera.

Pues, como sea esto, así, como de hecho lo es, sin que ninguno de ello pueda dudar, digo, que así Moisés como los demás que antes o después de él dijeron leyes y ordenaron repúblicas, no supieron ni pudieron usar sino de la primera manera de leyes, que consiste más en poner mandamientos que en inducir buenas inclinaciones en aquellos que son gobernados. Y así su obra de todos ellos fue imperfecta, y su trabajo careció de suceso, y lo que pretendían, que era hacer a la virtud a los suyos, no salieron con ella por la razón que está dicha.

Mas Cristo, nuestro verdadero Redentor y Legislador, aunque es verdad que en la doctrina de su Evangelio puso algunos mandatos y renovó y mejoró otros algunos, que el mal uso los tenía mal entendidos, pero lo principal de su Ley, y aquello en que se diferenció de todos los que pusieron leyes en los tiempos pasados, fue que, mereciendo por sus obras y por el sacrificio que hizo de sí el espíritu y la virtud del cielo para los suyos, y criándola Él mismo en ellos, como Dios y Señor poderoso, trató no solo con nuestro entendimiento, sino también con nuestra voluntad, y derramando en ella este espíritu y virtud divina que digo, y sanándola así, esculpió en ella una ley eficaz y poderosa de amor, haciendo que todo lo justo que las leyes mandan lo apeteciese, y, por el contrario, aborreciese todo lo que prohíben y vedan.

Y añadiendo continuamente de este su espíritu y salud y dulce ley en el alma de los suyos, que procuran siempre ayuntarse con Él, crece en la voluntad mayor amor para el bien, y disminúyese de cada día más la contradicción que el sentido le hace; y de lo uno y de lo otro se esfuerza de contino más aquesta santa y singular ley que decimos, y echa raíces en el alma más honda, y apodérase de ella hasta hacer que le sea cuasi natural lo justo y el bien. Y así trae para sí Cristo y gobierna a los suyos, como decía un profeta, «con cuerdas de amor y no con temblores de espanto», ni con ruido temeroso, como la ley de Moisés. Por lo cual dijo breve y significantemente San Juan: «La ley fue dada por Moisés, mas la gracia por Jesucristo». Moisés dio solamente ley de preceptos, que no podía dar justicia, porque hablaban con el entendimiento, pero no sanaban el alma; de que es como imagen la zarza del Éxodo, «que ardía y no quemaba», porque era cualidad de la Ley vieja, que alumbraba el entendimiento, mas no ponía calor a la voluntad.

Mas Cristo dio Ley de gracia que, lanzada en la voluntad, cura su dañado gusto, y la sana y la aficiona a lo bueno, como Jeremías lo profetizó divinamente, diciendo: «Días vendrán, dice el Señor, y traeré a perfección sobre la casa de Israel y sobre la casa de Judá un nuevo Testamento, no en la manera del que hice con sus padres en el día que los así de la mano para sacarlos de la tierra de Egipto, porque ellos no perseveraron en él y yo los desprecié a ellos, dice el Señor. Este, pues, es el Testamento que yo asentaré con la casa de Israel después de aquellos días, dice el Señor. Asentaré mis leyes en su alma de ellos, y escribirélas en sus corazones. Y yo les seré Dios, y ellos me serán pueblo y sujeto; y no enseñará alguno de allí adelante a su prójimo ni a su hermano, diciéndole: Conoce al Señor; porque todos tendrán conocimiento de mí, desde el menor hasta el mayor de ellos, porque tendré piedad de sus pecados, y de sus maldades no tendré más memorias de allí en adelante». Pues éstas son las nuevas leyes de Cristo y su manera de gobernación particular y nueva. Y no será menester que loe ahora yo lo que ello se loa; ni me será necesario que refiera los bienes y las ventajas grandes de aquesta gobernación, adonde guía el amor y no fuerza el temor; adonde lo que se manda se ama, y lo que se hace se desea hacer; adonde no se obra sino lo que da gusto, ni se gusta sino de lo que es bueno; adonde el querer el bien y el entender son conformes; adonde para que la voluntad ame lo justo, en cierta manera no tiene necesidad que el entendimiento se lo oiga y declare.

Y así de esto, como de todo lo demás que se ha dicho hasta aquí, se concluye que este Rey es sempiterno, y que la razón porque Dios le llama propiamente Rey suyo es porque los otros reyes y reinos, como llenos de faltas, al fin han de perecer, y de hecho perecen; mas éste, como reino que es libre de todo aquello que trae a perdición a los reinos, es eterno y perpetuo. Porque los reinos se acaban, o por tiranía de los reyes, porque ninguna cosa violenta es perpetua, o por mala cualidad de los súbditos, que no les consiente que entre sí se concierten, o por la dureza de las leyes y manera áspera de la gobernación; de todo lo cual, como por lo dicho se ve, este Rey y este Reino carecen.

Que ¿cómo será tirano el que para ser compasivo de los trabajos y males que pueden suceder a los suyos, hizo primero experiencia en sí de todo lo que es dolor y trabajo? O ¿cómo aspirará a la tiranía quien tiene en sí todo el bien que puede caber en sus súbditos, y que así, no es Rey para ser rico por ellos, sino todos son ricos y bienaventurados por Él?

Pues los súbditos entre sí, ¿no estarán por aventura añudados con nudo perpetuo de paz, siendo todos nobles y nacidos de un padre, y dotados de un mismo espíritu de paz y nobleza? Y la gobernación y las leyes, ¿quién las desechará como duras siendo leyes de amor, quiero decir, tan blandas leyes que el mandar no es otra cosa sino hacer amar lo que se manda?

Con razón, pues, dijo el ángel de aqueste Rey a la Virgen: «Y reinará en casa de Jacob, y su reino no tendrá fin». Y David, tanto antes, de este su glorioso descendiente, cantó en el salmo 72 lo que Sabino, pues ha tomado este oficio, querrá decir en el verso en que lo puso su amigo.

Y Sabino dijo luego:

—Debe ser la parte, según sospecho, adonde dice de aquesta manera: Serás temido Tú, mientras luciere el Sol y Luna, y cuanto la rueda de los siglos se volviere.

Y de lo que toca a la blandura de su gobierno y a la felicidad de los suyos, dice: Influirá amoroso cual la menuda lluvia, y cual rocío en prado deleitoso.

Florecerá en su tiempo el poderío del bien, y una pujanza de paz, que durará no un siglo solo.

Y prosiguiendo luego Marcelo añadió:

—Pues obra que dura siempre y que ni el tiempo la gasta, ni la edad la envejece, cosa clara es que es obra propia y digna de Dios, el cual, como es sempiterno, así se precia de aquellas cosas que hace, que son de mayor duración. Y pues los demás reyes y reinos son por sus defectos sujetos a fenecer, y a la fin miserablemente fenecen, y aqueste Rey nuestro florece y se aviva más con la edad, sean todos los reyes de Dios, pero éste solo sea propiamente su Rey, que reina sobre todos los demás y que, pasados todos ellos y consumidos, tiene de permanecer para siempre.

Aquí Juliano, pareciéndole que Marcelo concluía ya su razón, dijo:

—Y aun podéis, Marcelo, ayudar esta verdad que decís confirmándola con la diferencia que la Sagrada Escritura pone cuando significa los reinos de la tierra, o cuando habla de aqueste Reino de Cristo, porque dice con ella muy bien.

—Eso mismo quería añadir —dijo entonces Marcelo— para con ello no decir más de este nombre. Y así decís muy bien, Juliano, que la manera diferente como la Escritura nombra estos reinos, ella misma nos dice la condición y perpetuidad del uno y la mudanza y fin de los otros. Porque estos reinos que se levantan en la tierra, y se extienden por ella y la enseñorean y mandan, los profetas, cuando quieren hablar de ellos, signifícanlos por nombres de vientos o de bestias brutas y fieras; mas a Cristo y a su reino llámanle Monte.

Daniel, hablando de las cuatro monarquías que ha habido en el mundo, los caldeos, los persas, los romanos, los griegos dice que vio los cuatro vientos, que peleaban entre sí, y luego pone por su orden cuatro bestias, unas de otras diferentes cada una en su significación. Y Zacarías, ni más ni menos, en el capítulo 6, después de haber profetizado e introducido para el mismo fin de significación cuatro cuadrigas de caballos diferentes en colores y pelo, dice: «Aquéstos son los cuatro vientos», con lo demás que después de aquesto se sigue. Porque, a la verdad, todo este poder temporal y terreno que manda en el mundo, tiene más de estruendo que de sustancia, y pásase como el aire volando, y nace de pequeños y ocultos principios. Y como las bestias carecen de razón y se gobiernan por fiereza y por crueldad, así lo que ha levantado y levanta estos imperios de tierra, es lo bestial que hay en los hombres: la ambición fiera, y la codicia desordenada del mando, y la venganza sangrienta, y el coraje y la braveza y la cólera y lo demás que, como esto, es fiero y bruto en nosotros, y así finalmente perecen.

Mas a Cristo y a su reino, el mismo Daniel una vez le significa por nombre de Monte, como en el capítulo 2; y otras le llama Hombre, como en el capítulo 7 de que ahora decíamos, donde se escribe que «vino uno como Hijo de hombre, y se presentó delante del Anciano de días, al cual el Anciano dio pleno y sempiterno poder sobre las gentes todas»; para, en lo primero del Monte, mostrar la firmeza y no mudable duración de este reino; y, en lo segundo del Hombre, declarar que esta santa Monarquía no nace ni se gobierna, ni por afectos bestiales ni por inclinaciones del sentido desordenadas, sino que todo ello es obra de juicio y de razón; y para mostrar que es Monarquía adonde reina, no la crueldad fiera, sino la clemencia humana en todas las maneras que he dicho.

Y habiendo dicho esto Marcelo, calló como disponiéndose para comenzar otra plática. Mas Sabino, antes que comenzase, le dijo:

—Si me dais licencia, Marcelo, y no tenéis más que decir acerca de este nombre, os preguntaré dos cosas que se me ofrecen; y de la una ha gran rato que dudo, y de la otra me puso ahora duda aquesto que acabáis de decir.

—Vuestra es la licencia —respondió entonces Marcelo—, y gustaré mucho de saber qué dudáis.

—Comenzaré por lo postrero —respondió Sabino—, y la duda que se me ofrece es que Daniel y Zacarías, en los lugares que habéis alegado, ponen solamente cuatro imperios o monarquías terrenas, y en el hecho de la verdad parece que hay cinco; porque el imperio de los turcos y de los moros, que ahora florece, es diferente de los cuatro pasados, y no menos poderoso que muchos de ellos, y si Cristo con su venida, y levantando su reino, había de quitar de la tierra cualquiera otra monarquía, como parece haberlo profetizado Daniel en la piedra que hirió en los pies de la estatua, ¿cómo se compadece que, después de venido Cristo, y después de haberse derramado su doctrina y su nombre por la mayor parte del mundo, se levante un imperio ajeno de Cristo en él, y tan grande como es aqueste que digo? Y la segunda duda es acerca de la manera blanda y amorosa con que habéis dicho que gobierna su reino Cristo, porque en el salmo 2, y en otras partes, se dice de él que «regirá con vara de hierro, y que desmenuzará a sus súbditos, como si fuesen vasos de tierra».

—No son pequeñas dificultades, Sabino, las que habéis movido —dijo Marcelo entonces—; y señaladamente la primera es cosa revuelta y de duda, y adonde quisiera yo más oír el parecer ajeno que no dar el mío. Y aun es cosa que, para haberse de tratar de raíz, pide mayor espacio del que al presente tenemos. Pero, por satisfacer a vuestra voluntad, diré con brevedad lo que al presente se ofrece, y lo que podrá bastar para el negocio presente.

Y luego, volviéndose a Sabino y mirándole, dijo:

—Algunos, Sabino, que vos bien conocéis y a quien todos amamos y preciamos mucho por la excelencia de sus virtudes y letras, han querido decir que este imperio de los moros y de los turcos, que ahora se esfuerza tanto en el mundo, no es un imperio diferente del romano, sino parte que procede de él y le constituye y compone. Y lo que dice Zacarías de la cuadriga cuarta, cuyos caballos dice que eran manchados y fuertes, lo declaran así, que sea aquesta cuadriga este postrero imperio de los romanos, el cual, por la parte de él, que son los moros y turcos, se llama fuerte, y por la parte de él occidental, que está en Alemania, adonde los emperadores no se suceden, sino se eligen de diferentes familias, se nombra vario o manchado.

Y, a lo que yo puedo juzgar, Daniel, en dos lugares, parece que favorece algo a aquesta sentencia. Porque en el capítulo 2, hablando de la estatua, en que se significó el proceso y cualidades de todos los imperios terrenos, dice que «las canillas de ella eran de hierro, y los pies de hierro y de barro mezclados»; y las canillas y los pies, como todos confiesan, no son imágenes de dos diferentes imperios, sino del imperio romano solo, el cual en sus primeros tiempos fue todo de hierro, por razón de la grandeza y fortaleza suya, que puso a toda la redondez debajo de sí; mas ahora, en lo último, lo occidental de él es flaco y como de barro, y lo oriental, que tiene en Constantinopla su silla, es muy fuerte y muy duro. Y que este hierro duro de los pies que, según aqueste parecer, representa a los turcos, nazca y proceda del hierro de las canillas, que son los antiguos romanos, y que así éstas como aquéllos pertenezcan a un mismo reino, parece que lo testificó Daniel en el mismo lugar, cuando, según el texto latino, dice que del tronco, o como si dijésemos, de la raíz del hierro de las canillas, nacía el hierro que se mezclaba con el barro en los pies. Y ni más ni menos, el mismo profeta, en el capítulo 7, en la cuarta bestia terrible, que sin duda son los romanos, parece que afirma lo mismo. Porque dice que tenía diez cuernos, y que después le nació un otro cuerno pequeño, que creció mucho y quebrantó tres de los otros. El cual cuerno parece que es el reino del turco, que comenzó de pequeños y bajos principios, y con su gran crecimiento tiene ya quebrantadas y sujetadas a sí dos sillas poderosas del imperio romano, la de Constantinopla y la de los soldanes de Egipto, y anda cerca de hacer lo mismo en alguna de las otras que quedan. Y si este cuerno es el reino del turco, cierto es que este reino es parte del reino de los romanos, y parte que se encierra en él; pues es cuerno, como dice Daniel, que nace en la cuarta bestia, en la cual se representa el imperio romano, como dicho es. Así que algunos hay a quien esto parece, según los cuales se responde fácilmente, Sabino, a vuestra cuestión.

Pues si tengo de decir lo que siento, yo hallé siempre en ello grandísima dificultad. Porque ¿qué hay en los turcos por donde se puedan llamar romanos, o su imperio pueda ser habido por parte del imperio romano? ¿Linaje?

—Por la historia sabemos que no lo hay.
—¿Leyes?
—Son muy diferentes.
—¿Forma de gobierno y de república?
—No hay cosa en que menos convengan.

—¿Lengua, hábito, estilo de vivir o de religión? —No se podrán hallar dos naciones que más se diferencien en esto.

—Porque decir que pertenece al imperio romano su imperio, porque vencieron a los emperadores romanos que tenían en Constantinopla su silla, y derrocándolos de ella les sucedieron, si juzgamos bien, es decir que todos los cuatro imperios no son cuatro diferentes imperios, sino solo un imperio. Porque a los caldeos vencieron los persas, y les sucedieron en Babilonia, que era su silla, en la cual los persas estuvieron asentados por muchos años, hasta que, sucediendo los griegos y siendo su capitán Alejandro, se la dejaron a su pesar; y a los griegos, después los romanos los depusieron. Y así, si el suceder en el imperio y asiento mismo hace que sea uno mismo el imperio de los que suceden, y de aquellos a quien se sucede, no ha habido más de un imperio jamás. Lo cual, Sabino, como vos veis, ni se puede entender bien ni decir.

Por donde algunas veces me inclino a pensar que los profetas del viejo Testamento hicieron mención de cuatro reinos solos, como, Sabino, decís, y que no encerraron en ellos el mando y poder de los turcos, ni por caso tuvieron luz de él; porque su fin acerca de este artículo era profetizar el orden y sucesión de los reinos que había de haber en la tierra, hasta que comenzase en ella a descubrirse el reino de Cristo, que era el blanco de su profecía, y aquello de cuyo feliz principio y suceso querían dar noticia a las gentes. Mas si, después del nacimiento de Cristo y de su venida y del comienzo de su reinar, y en el mismo tiempo en que va ahora reinando con la espada en la mano, y venciendo a sus enemigos, y escogiendo de entre ellos a su Iglesia querida, para reinar Él solo en ella gloriosa y descubiertamente por tiempo perpetuo; así que si en este tiempo que digo, desde que Cristo nació hasta que se cierren los siglos, se había de levantar en el mundo algún otro imperio terreno, fuerte y poderoso y no menor que los cuatro pasados, de eso, como de cosa que no pertenecía a su intento, no dijeron nada los que profetizaron antes de Cristo, sino díjolo eso la providencia de Dios para descubrirlo a los profetas del Testamento Nuevo, y para que ellos lo dejasen escrito en las Escrituras que de ellos la Iglesia tiene.

Y así San Juan, en el Apocalipsis, si yo no me engaño mucho, hace clara mención —clara digo cuanto le es dado al profeta— de este imperio del turco; y no como de imperio que pertenece a ninguno de los cuatro, de quien en el Testamento viejo se dice, sino como imperio diferente de ellos, y quinto imperio. Porque dice en el capítulo 13 que «vio una bestia que subía de la mar, con siete cabezas y diez cuernos, y otras tantas coronas, y que ella era semejante a un pardo en el cuerpo; y que los pies eran como de oso, y la boca semejante a la del león»; y no podemos negar sino que esta bestia es imagen de algún grande reino e imperio, así por el nombre de bestia, como por las coronas y cabezas y cuernos que tiene, y señaladamente porque, declarándose el mismo San Juan, dice poco después que «le fue concedido a esta bestia que moviese guerra a los santos, y que los venciese, y que le fue dado poderío sobre todos los tribus y pueblos y lenguas y gentes». Y así como es averiguado esto, así también es cosa evidente y notoria que esta bestia no es ninguna de las cuatro que vio Daniel, sino muy diferente de todas ellas; así como la pintura que de ella hace San Juan es muy diferente. Luego si esta bestia es imagen de reino, y es bestia desemejante de las cuatro pasadas, bien se concluye que debía de haber en la tierra un imperio quinto después del nacimiento de Cristo demás de los cuatro que vieron Zacarías y Daniel, que es este que vemos.

Y a lo que, Sabino, decís que si Cristo, naciendo y comenzando a reinar por la predicación de su dichoso Evangelio, había de reducir a polvo y a nada los reinos y principados del suelo, como lo figuró Daniel en la piedra que hirió y deshizo la estatua, ¿cómo se compadecía que, después de nacido Él, no solo durase el imperio romano, sino naciese y se levantase otro tan poderoso y tan grande?

A esto se ha de decir, y es cosa muy digna de que se advierta y entienda, que este golpe que dio en la estatua de piedra, y este herir Cristo y desmenuzar los reinos del mundo, no es golpe que se dio en un breve tiempo y se pasó luego, o golpe que hizo todo su efecto junto en un mismo instante, sino golpe que se comenzó a dar cuando se comenzó a predicar el Evangelio de Cristo, y se dio después en el discurso de su predicación y se va dando ahora, y que durará golpeando siempre y venciendo, hasta que todo lo que le ha sido adverso, y en lo venidero le fuere, quede deshecho y vencido. De manera que el reino del cielo, comenzando y saliendo a luz, poco a poco va hiriendo la estatua, y persevera hiriéndola por todo el tiempo que tardare él de llegar a su perfecto crecimiento y de salir a su luz gloriosa y perfecta.

Y todo aquesto es un golpe, con el cual ha ido deshaciendo y continuamente deshace el poder que Satanás tenía usurpado en el mundo; derrocando ahora en una gente; ahora en otra sus ídolos y deshaciendo su adoración. Y como va venciendo aquesta dañada cabeza, va también juntamente venciendo sus miembros; y no tanto deshaciendo el reino terreno que es necesario en el mundo, cuanto derrocando todas las condiciones de reinos y de gentes que le son rebeldes, destruyendo a los contumaces, y ganando para sí y para mejor y más bienaventurada manera de reino a los que se le sujetan y rinden. Y de aquesta manera, y de las caídas y ruinas del mundo, saca Él y allega su Iglesia, para, en teniéndola entera, como decíamos, todo lo demás como a paja inútil, enviarlo al eterno fuego; y Él solo con ella sola, abierta y descubiertamente, reinar glorioso y sin fin. Y con aquesto mismo, Sabino, se responde a lo que últimamente preguntasteis.

Porque habéis de entender que este reino de Cristo tiene dos estados, así respecto de cada un particular en quien reina secretamente, como respecto de todos en común, y de lo manifiesto de él y de lo público. El un estado es de contradicción y de guerra; el otro será de triunfo y de paz. En el uno tiene Cristo vasallos obedientes, y tiene también rebeldes; en el otro todo le obedecerá y servirá con amor. En éste quebranta con vara de hierro a lo rebelde, y gobierna con amor a lo súbdito; en aquél todo le será súbdito de voluntad. Y para declarar esto más, y tratando del reino que tiene Cristo en cada un ánima justa, decimos que de una manera reina Cristo en cada uno de los justos aquí, y de otra manera reinará en el mismo después; no de manera que sean dos reinos, sino un reino que, comenzando aquí, dura siempre y que tiene, según la diferencia del tiempo, diversos estados. Porque aquí, lo superior del alma está sujeto de voluntad a la gracia, que es como una imagen de Cristo y lugarteniente suyo, hecho por Él y puesto en ella por Él, para que la presida y la dé vida y la rija y gobierne.

Mas rebélase contra ella y pretende hacerle contradicción, siguiendo la vereda de su apetito, la carne y sus malos deseos y afectos. Mas pelea la gracia, o por mejor decir, Cristo en la gracia, contra estos rebeldes, y como el hombre consienta ser ayudado de ella y no resista a su movimiento, poco a poco los doma y los sujeta, y va extendiendo el vigor de su fuerza insensiblemente por todas las partes y virtudes del alma; y ganando sus fuerzas, derrueca sus malos apetitos de ella, y a sus deseos, que eran como sus ídolos, se los quita y deshace, y, finalmente, conquista poco a poco todo aqueste reino nuestro interior, y reduce a su sola obediencia todas las partes de él, y queda ella hecha señora única y reina resplandeciendo en el trono del alma. Y no solo tiene debajo de sus pies a los que le eran rebeldes, mas desterrándolos del alma y desarraigándolos de ella, hace que no sean, dándoles perfecta muerte; lo cual se pondrá por obra enteramente en la resurrección postrera, adonde también se acabará el primer estado de aqueste reino, que habemos llamado estado de guerra y de pelea, y comenzará el segundo estado de triunfo y de paz.

Del cual tiempo dice San Macario: «Porque entonces —dice— se descubrirá por defuera en el cuerpo lo que ahora tiene atesorado el alma dentro de sí; así como los árboles, en pasando el invierno y habiendo tomado calor la fuerza que en ellos se encierra, con el Sol y con la blandura del aire arrojan afuera hojas y flores y frutos. Y, ni más ni menos, como las yerbas en la misma sazón sacan afuera sus flores, que tenían encerradas en el seno del suelo, con que la tierra y las yerbas mismas se adornan. Que todas estas cosas son imágenes de lo que será en aquel día en los buenos cristianos.

Porque todas las almas amigas de Dios, esto es, todos los cristianos de veras, tienen su mes de abril, que es el día cuando resucitaren a vida; adonde con la fuerza del Sol de justicia saldrá afuera la gloria del Espíritu Santo, que cobijará a los justos sus cuerpos, la cual gloria tienen ahora encubierta en el alma; que lo que agora tienen, eso sacarán entonces a la clara en el cuerpo. Pues digo que éste es el mes primero del año; éste es el mes con que todo se alegra; éste viste los desnudos árboles desatando la tierra; éste en todos los animales produce deleite; y éste es el que regocija todas las cosas. Pues éste por la misma manera es en la resurrección su verdadero abril a los buenos, que les vestirá de gloria los cuerpos, de la luz que agora contienen en sí mismas sus almas; esto es, de la fuerza y poder del espíritu, el cual entonces les será vestidura rica y mantenimiento y bebida y regocijo y alegría y paz y vida eterna». Esto dice Macario.

Porque, de allí en adelante, toda el alma y todo el cuerpo quedarán sujetos perdurablemente a la gracia, la cual así como será señora entera del alma, asimismo hará que el alma se enseñoree del todo del cuerpo. Y como ella, infundida hasta lo más íntimo de la voluntad y razón, y embebida por todo su ser y virtud, le dará ser de Dios y la transformará cuasi en Dios, así también hará que, lanzándose el alma por todo el cuerpo y actuándole perfectísimamente, le dé condiciones de espíritu y cuasi le transforme en espíritu. Y así el alma, vestida de Dios, verá a Dios y tratará con Él conforme al estilo del cielo; y el cuerpo, cuasi hecho otra alma, quedará dotado de sus cualidades de ella, esto es, de inmortalidad, y de luz, y de ligereza, y de un ser impasible; y ambos juntos, el cuerpo y el alma, no tendrán ni otro ser ni otro querer, ni otro movimiento alguno más de lo que la gracia de Cristo pusiere en ellos, que ya reinará en ellos para siempre gloriosa y pacífica.

Pues lo que toca a lo público y universal de este reino, va también por la misma manera. Porque ahora, y cuanto durare la sucesión de estos siglos, reina en el mundo Cristo con contradicción, porque unos le obedecen y otros se le rebelan; y con los sujetos es dulce, y con los rebeldes y contradicientes tiene guerra perpetua, por medio de la cual, y según las secretas y no comprensibles formas de su infinita providencia y poder, los ha sido y va deshaciendo.

Primero, como decía. derrocando las cabezas, que son los demonios, que, en contradicción de Dios y de Cristo, se habían levantado con el señorío de todos los hombres, sujetándolos a sus vicios e ídolos. Así que, primero, derrueca a éstos, que son como los caudillos de toda la infidelidad y maldad, como lo vimos en los siglos pasados, y ahora en el Nuevo Mundo lo vemos. Porque sola la predicación del Evangelio, que es decir la virtud y la palabra de solo Cristo, es lo que siempre ha deshecho la adoración de los ídolos.

Pues derrocados éstos, lo segundo, a los hombres que son miembros de ellos, digo a los hombres que siguen su voz y opinión, y que son en las costumbres y condiciones como otros demonios, los vence también, o reduciéndolos a la verdad, o, si perseveran en la mentira duros, quebrantándolos y quitándolos del mundo y de la memoria. Así ha ido siempre desde su principio el Evangelio. Y como el Sol que, moviéndose siempre y enviando siempre su luz, cuando amanece a los unos, a los otros se pone, así el Evangelio y la predicación de la doctrina de Cristo, andando siempre y corriendo de unas gentes a otras, y pasando por todas, y amaneciendo a las unas, y dejando a las que alumbraba antes en oscuridad, va levantando fieles y derrocando imperios, ganando escogidos y asolando los que no son ya de provecho ni fruto.

Y, si permite que algunos reinos infieles crezcan en señorío y poder, hácelo para por su medio de ellos traer a perfección las piedras que edifican su Iglesia. Y así, aun cuando éstos vencen, Él vence y vencerá siempre, e irá por esta manera de continuo añadiendo nuevas victorias, hasta que, cumpliéndose el número determinado de los que tiene señalados para su reino, todo lo demás, como a desaprovechado e inútil, vencido ya y convencido por sí, lo encadene en el abismo, donde no parezca sin fin, que será cuando tuviere fin este siglo. Y entonces tendrá principio el segundo estado de este gran reino, en el cual desechadas y olvidadas las armas, solo se tratará de descanso y de triunfo, y los buenos serán puestos en la posesión de la tierra y del cielo, y reinará Dios en ellos solo y sin término que será estado mucho más feliz y glorioso de lo que ni hablar ni pensar se puede. Y del uno y del otro estado escribió San Pablo maravillosamente, aunque con breves palabras. Dice a los de Corinto: «Conviene que reine Él, hasta que ponga a todos sus enemigos debajo de sus pies. Y, a la postre de todos, será destruida la muerte enemiga; porque todo lo sujetó a sus pies». Mas cuando dice que todo le está sujeto, sin duda se entiende todo, excepto Aquel que se lo sujetó. «Pues cuando todo le estuviere sujeto, entonces el mismo Hijo estará sujeto a Aquel que le sujetó a Él todas las cosas, para que Dios sea en todos todas las cosas.» Dice que conviene que reine Cristo hasta que ponga debajo de sus pies a sus enemigos, y hasta que deje en vacío a todos los demás señoríos, y quiere decir que conviene que el reino de Cristo, en el estado que decimos de guerra y de contradicción, dure hasta que, habiéndolo sujetado todo, alcance entera victoria de todo. Y dice que, cuando hubiere vencido a lo demás, lo postrero de todo vencerá a la muerte, último enemigo, porque, cerrados los siglos y deshechos todos los rebeldes, dará fin a la corrupción y a la mudanza, y resucitará a los suyos gloriosos para más no morir. Y con esto se acabará el primer estado de su reino de guerra, y nacerá la vida y la gloria; y lleno de despojos y de vencimientos, presentará su Iglesia a su Padre, que reinará en ella juntamente con su Hijo en felicidad sempiterna.

Y dice que entonces, esto es, en aquel estado segundo, será Dios en todas las cosas, por dos razones: una, porque todos los hombres y todas las partes y sentidos e inclinaciones que en cada uno de ellos hay, le estarán obedientes y sujetos, y reinará en ellos la ley de Dios sin contienda; que, como vemos en la oración que el Señor nos enseña, estas dos cosas andan juntas, o casi son una misma, el reinar Dios y el cumplir nosotros su voluntad y su ley enteramente, así como se cumple en el cielo. Y la otra razón es porque será Dios entonces Él solo y por sí para su reino, todo aquello que a su reino fuere necesario y provechoso. Porque Él les será el príncipe y el corregidor, y el secretario y el consejero; y todo lo que ahora se gobierna por diferentes ministros, Él por sí solo lo administrará con los suyos; y Él mismo les será la riqueza y el dador de ella, el descanso, el deleite, la vida. Y como Platón dice del oficio del rey, que ha de ser de pastor, así como llama Homero a los reyes, porque ha de ser para sus súbditos todo, como el pastor para sus ovejas lo es porque él las apacienta y las guía, y las cura y las lava y las trasquila y las recrea, así Dios será entonces con su dichoso ganado muy más perfecto pastor; o será alma en el cuerpo de su Iglesia querida, porque junto entonces y enlazado con ella y metido por toda ella por manera maravillosa hasta lo íntimo, así como ahora por nuestra alma sentimos, así en cierta manera entonces veremos y sentiremos y entenderemos y nos moveremos por Dios, y Dios echará rayos de sí por todos nuestros sentidos y nos resplandecerá por los rostros. Y como en el hierro encendido no se ve sino fuego, así lo que es hombre casi no será sino Dios, que con su Cristo reinará enseñoreado perfectamente de todo. De cuyo reino, o de la felicidad de este su estado postrero, ¿qué podemos mejor decir que lo que dice el Profeta?: «Di alabanzas, hija de Sión; gózate con júbilo, Israel; alégrate y regocíjate de todo tu corazón, hija de Jerusalén, que el Señor dio fin a tu castigo, apartó de ti su azote, retiró tus enemigos el REY de Israel. El Señor en medio de ti, no temerás mal de aquí adelante».

O como otro profeta lo dijo: «No sonará ya de allí adelante en tu tierra maldad, ni injusticia, ni asolamiento, ni destrucción en tus términos; la salud se enseñoreará por tus muros, y en las puertas tuyas sonará voz de loor. No te servirás de allí adelante del Sol, para que te alumbre en el día, ni el resplandor de la Luna será tu lumbrera, mas el Señor mismo te valdrá por Sol sempiterno, y será tu gloria y tu hermosura tu Dios. No se pondrá tu Sol jamás, ni tu Luna se menguará, porque el Señor será tu luz perpetua, que ya se fenecieron de tu lloro los días. Tu pueblo todo serán justos todos; heredarán la tierra sin fin, que son fruto de mis posturas, obra de mis manos para honra gloriosa. El menor valdrá por mil, y el pequeñito más que una gente fortísima; que Yo soy el Señor, y en su tiempo Yo lo haré en un momento». Y en otro lugar: «Serán allí en olvido puestas las congojas primeras, y ellas se les esconderán de los ojos. Porque yo criaré nuevos cielos y nueva tierra, y los pasados no serán remembrados, ni subirán a las mientes. Porque Yo criaré a Jerusalén regocijo, y alegría su pueblo, y me regocijaré Yo en Jerusalén, y en mi pueblo me gozaré. Voz de lloro, ni voz lamentable de llanto no será ya allí más oída, ni habrá más en ella niño en días, ni anciano que no cumpla sus años, porque el de cien años mozo perecerá, y el que de cien años pecador fuere será maldito. Edificarán, y morarán; plantarán viñas, y comerán de sus frutos. No edificarán, y morarán otros: no plantarán, y será de otro comido. Porque, conforme a los días del árbol de vida, será el tiempo del vivir de mi pueblo. Las obras de sus manos se envejecerán por mil siglos. Mis escogidos no trabajarán en vano, ni engendrarán para turbación y tristeza. Porque ellos son generaciones de los benditos de Dios, y es lo que de ellos nace, cual ellos. Y será que antes que levanten la voz, admitiré su pedido, y en el menear de la lengua yo los oiré. El lobo y el cordero serán apacentados como uno; el león comerá heno así como el buey, y polvo será su pan de la sierpe. No maleficiarán, no contaminarán, dice el Señor, en toda la santidad de mi monte». Calló Marcelo un poco luego que dijo esto, y luego tornó a decir:

—Bastará, si os parece, para lo que toca al nombre de Rey, lo que habemos ahora dicho, dado que mucho más se pudiera decir, mas es bien que repartamos el tiempo con lo que resta. Y tornó luego a callar. Y, descansando y como recogiéndose todo en sí mismo por un espacio pequeño, alzó después los ojos al cielo, que ya estaba sembrado de estrellas, y teniéndolos en ellas como enclavados, comenzó a decir así: PRÍNCIPE DE LA PAZ [Explícase qué cosa es paz, cómo Cristo es su autor y, por tanto, llamado Príncipe de Paz.] —Cuando la razón no lo demostrara, ni por otro camino se pudiera entender cuán amable cosa sea la paz, esta vista hermosa del cielo que se nos descubre ahora, y el concierto que tienen entre sí aquestos resplandores que lucen en él, nos dan de ello suficiente testimonio. Porque ¿qué otra cosa es sino paz, o ciertamente una imagen perfecta de paz, esto que ahora vemos en el cielo, y que con tanto deleite se nos viene a los ojos? Que si la paz es, como San Agustín breve y verdaderamente concluye, una orden sosegada, o un tener sosiego y firmeza en lo que pide el buen orden, eso mismo es lo que nos descubre ahora esta imagen. Adonde el ejército de las estrellas, puesto como en ordenanza y como concertado por sus hileras luce hermosísimo, y adonde cada una de ellas inviolablemente guarda su puesto; adonde no usurpa ninguna el lugar de su vecina, ni la turba en su oficio, ni menos, olvidada del suyo, rompe jamás la ley eterna y santa que le puso la Providencia; antes, como hermanadas todas y como mirándose entre sí, y comunicándose sus luces las mayores con las menores, se hacen muestra de amor, y como en cierta manera se reverencian unas a otras, y todas juntas templan a veces sus rayos y sus virtudes, reduciéndolas a una pacífica unidad de virtud, de partes y aspectos diferentes compuesta, universal y poderosa sobre toda manera, Y si así se puede decir, no solo son un dechado de paz clarísimo y bello, sino un pregón y un loor que con voces manifiestas y encarecidas nos notifica cuán excelentes bienes son los que la paz en sí contiene y los que hace en todas las cosas. La cual voz y pregón, sin ruido, se lanza en nuestras almas, y de lo que en ellas lanzada hace, se ve y entiende bien la eficacia suya y lo mucho que las persuade. Porque luego, como convencidas de cuánto les es útil y hermosa la paz, se comienzan ellas a pacificar en sí mismas y a poner a cada una de sus partes en orden. Porque, si estamos atentos a lo secreto que en nosotros pasa, veremos que este concierto y orden de las estrellas, mirándolo, pone en nuestras almas sosiego; y veremos que, con solo tener los ojos enclavados en él con atención, sin sentir en qué manera, los deseos nuestros y las afecciones turbadas, que confusamente movían ruido en nuestros pechos, de día, se van quietando poco a poco y como adormeciéndose se reposan, tomando cada una su asiento, y reduciéndose a su lugar propio, se ponen sin sentir en su sujeción y concierto. Y veremos que así como ellas se humillan y callan, así lo principal y lo que es señor en el alma, que es la razón, se levanta y recobra su derecho y su fuerza, y como alentada con esta vista celestial y hermosa, concibe pensamientos altos y dignos de sí, y, como en una cierta manera, se recuerda de su primer origen, al fin pone todo lo que es vil y bajo en su parte, y huella sobre ello. Y así, puesta ella en su trono como emperatriz, y reducidas a sus lugares todas las demás partes del alma, queda todo el hombre ordenado y pacífico.

Mas ¿qué digo de nosotros, que tenemos razón? Esto insensible y aquesto rudo del mundo, los elementos y la tierra, y el aire y los brutos, se ponen todos en orden, y se quietan luego que, poniéndose el Sol, se les representa aqueste ejército resplandeciente ¿No veis el silencio que tienen ahora las cosas, y cómo parece que, mirándose en este espejo bellísimo, se componen todas ellas y hacen paz entre sí, vueltas a sus lugares y oficios y contentas con ellos? Es, sin duda, el bien de todas las cosas universalmente la paz, y así, dondequiera que la ven, la aman. Y no solo ella, mas la vista de su imagen de ella las enamora y las enciende en codicia de asemejársele, porque todo se inclina fácil y dulcemente a su bien. Y aun si confesamos, como es justo confesar, la verdad, no solamente la paz es amada generalmente de todos, mas sola ella es amada y seguida y procurada por todos. Porque cuanto se obra en esta vida por los que vivimos en ella, y cuanto se desea y afana, es por conseguir este bien de la paz; y éste es el blanco adonde enderezan su intento, y el bien a que aspiran todas las cosas. Porque si navega el mercader y Si corre las mares, es por tener paz en su codicia que le solicita y guerrea. Y el labrador en el sudor de su cara y rompiendo la tierra, busca paz, alejando de sí, cuanto puede, al enemigo duro de la pobreza. Y por la misma manera el que sigue el deleite, y el que anhela a la honra, y el que brama por la venganza, y finalmente todos y todas las cosas buscan la paz en cada una de sus pretensiones. Porque, o siguen algún bien que les falta, o huyen algún mal que los enoja.

    Y porque así el bien que se busca como el mal que se padece o se teme, el uno con su deseo y el otro con su miedo y dolor, turban el sosiego del alma y son como enemigos suyos que le hacen guerra, colígese manifiestamente que es huir la guerra y buscar la paz todo cuanto se hace. Y si la paz es tan grande y tan único bien, ¿quién podrá ser Príncipe de ella, esto es, causador de ella y principal fuente suya, sino ese mismo que nos es el principio y el autor de todos los bienes, Jesucristo, Señor y Dios nuestro? Porque si la paz es carecer de mal que aflige y de deseo que atormenta, y gozar de reposado sosiego, solo Él hace exentas las almas del temer, y las enriquece de tal manera que no les queda cosa que poder desear.

Mas, para que esto se entienda, será bien que digamos por su orden qué cosas es paz y las diferentes maneras que de ella hay, y si Cristo es Príncipe y autor de ella en nosotros según todas sus partes y maneras, y de la forma en como es su autor y su Príncipe.

—Lo primero de esto que proponéis —dijo entonces Sabino—, paréceme, Marcelo, que es lo ya declarado por vos en lo que habéis dicho hasta ahora, adonde lo probasteis con la autoridad y testimonio de San Agustín.

—Es verdad que dije —respondió Marcelo— que la paz, según dice San Agustín, es no otra cosa sino una orden sosegada o un sosiego ordenado. Y aunque no pienso ahora determinarla por otra manera, porque esta de San Agustín me contenta, todavía quiero insistir algo acerca de esto mismo que San Agustín dice, para dejarlo más enteramente entendido.

Porque, como veis, Sabino, según esta sentencia, dos cosas diferentes son las de que se hace la paz, conviene a saber, sosiego y orden. Y hácese de ellas así, que no será paz si alguna de ellas, cualquiera que sea, le faltare. Porque lo primero, la paz pide orden, o por mejor decir, no es ella otra cosa sino que cada una cosa guarde y conserve su orden: que lo alto esté en su lugar, y lo bajo por la misma manera; que obedezca lo que ha de servir, y lo que es de suyo señor que sea servido y obedecido; que haga cada uno su oficio, y que responda a los otros con el respeto que a cada uno se debe.

Pide, lo segundo, sosiego la paz. Porque, aunque muchas personas en la república, o muchas partes en el alma y en el cuerpo del hombre, conserven entre sí su debido orden y se mantengan cada una en su puesto, pero si las mis mas están como bullendo para desconcertarse, y como forcejeando entre sí para salir de su orden, aun antes que consigan su intento y se desordenen, aquel mismo bullicio suyo y aquel movimiento destierra la paz de ellas, y el moverse o el caminar a la desorden, o siquiera el no tener en la orden estable firmeza, es sin duda una especie de guerra.

Por manera que la orden sola, sin el reposo, no hace paz; ni, al revés, el reposo y sosiego, si le falta la orden.

Porque una desorden sosegada, si puede haber sosiego en la desorden, pero si le hay, como de hecho le parece haber en aquellos en quien la grandeza de la maldad, confirmada con la larga costumbre, amortiguando el sentido del bien, hace asiento; así que el reposo en la desorden y mal no es sosiego de paz, sino confirmación de guerra; y es, como en las enfermedades confirmadas del cuerpo, pelea y contienda y agonía incurable. Es, pues, la paz sosiego y concierto. Y porque así el sosiego como el concierto dicen respecto a otro tercero, por eso propiamente la paz tiene por sujeto a la muchedumbre; porque en lo que es uno y del todo sencillo, si no es refiriéndolo a otro, y por respecto de aquello a quien se refiere, no se asienta propiamente la paz.

Pues cuanto a este propósito pertenece, podemos comparar el hombre y referirlo a tres cosas: lo primero, a Dios; lo segundo, a ese mismo hombre, considerando las partes diferentes que tiene y comparándolas entre sí; y lo tercero, a los demás hombres y gentes con quien vive y conversa. Y, según estas tres comparaciones, entendemos luego que puede haber paz en él por tres diferentes maneras: una, si estuviere bien concertado con Dios; otra, si él dentro de sí mismo viviere en concierto; y la tercera, si no se atravesare y encontrare con otros.

La primera consiste en que el alma esté sujeta a Dios y rendida a su voluntad, obedeciendo enteramente sus leyes, y en que Dios, como en sujeto dispuesto, mirándola amorosa y dulcemente, influya el favor de sus bienes y dones. La segunda está en que la razón mande, y el sentido y los movimientos de él obedezcan a sus mandamientos; y no solo en que obedezcan, sino en que obedezcan con presteza y con gusto, de manera que no hay alboroto entre ellos ninguno ni rebeldía, ni procure ninguno porque la haya, sino que gusten así todos del estar a una, y les sea así agradable la conformidad que ni traten de salir de ella ni por ello forcejeen. La tercera es dar su derecho a todos cada uno, y recibir cada uno de todos aquello que se le debe, sin pleito ni contienda. Cada una de estas paces es para el hombre de grandísima utilidad y provecho, y de todas juntas se compone y fabrica toda su felicidad y bienandanza.

La utilidad de la postrera manera de paz, que nos ajunta estrechamente y nos tiene en sosiego a los hombres unos con otros, cada día hacemos experiencia de ella; y los llorosos males que nacen de las contiendas y de las diferencias y de las guerras, nos la hacen más conocer y sentir.

El bien de la segunda, que es vivir concertada y pacíficamente consigo mismo, sin que el miedo nos estremezca, ni la afición nos inflame, ni nos saque de nuestros quicios la alegría vana ni la tristeza, ni menos el dolor nos envilezca y encoja, no es bien tan conocido por la experiencia, porque por nuestra miseria grande son muy raros los que hacen experiencia de él, mas convéncese por razón y por autoridad claramente. Porque ¿qué vida puede ser la de aquel en quien sus apetitos y pasiones, no guardando ley ni buena orden alguna, se mueven conforme a su antojo; la de aquel que por momentos se muda con aficiones contrarias, y no solo se muda, sino muchas veces apetece y desea juntamente lo que en ninguna manera se compadece estar junto, ya alegre, ya triste, ya confiado, ya temeroso, ya vil, ya soberbio? O ¿qué vida será la de aquel en cuyo ánimo hace presa todo aquello que se le pone delante; del que todo lo que se ofrece al sentido desea; del que se trabaja por alcanzarlo todo; y del que revienta con rabia y coraje porque no lo alcanza; del que lo alcanza hoy, lo aborrece mañana, sin tener perseverancia en ninguna cosa más de en ser inconstante? ¿Qué bien puede ser bien entre tanta desigualdad? O ¿cómo será posible que un gusto tan turbado halle sabor en ninguna prosperidad ni deleite? O, por mejor decir, ¿cómo no turbará y volverá de su cualidad malo y desabrido a todo aquello que en él se infundiere? No dice esto mal, Sabino, vuestro poeta:

> A quien teme o desea sin mesura
> su casa y su riqueza ansí le agrada
> como a la vista enferma la pintura;
> Como a la gota el ser muy fomentada,
> o como la vihuela en el oído
> que la podre atormenta amontonada.
> Si el vaso no está limpio, corrompido,
> aceda todo aquello que infundieres.

Y mejor mucho y más brevemente el profeta, diciendo: «El malo, como mar que hierve, que no tiene sosiego». Porque no hay mar brava en quien los vientos más furiosamente ejecuten su ira, que iguale a la tempestad y a la tormenta que, yendo unas olas y viniendo otras, mueven en el corazón desordenado del hombre sus apetitos y sus pasiones. Las cuales a las veces le oscurecen el día, y le hacen temerosa la noche, y le roban el sueño, y la cama se la vuelve dura, y la mesa se la hacen trabajosa y amarga, y finalmente no le dejan una hora de vida dulce y apacible de veras. Y así concluye diciendo: «Dice el Señor, no caben en los malos paz». Y si es tan dañosa aquesta desorden, el carecer de ella, y la paz que la contradice y que pone orden en todo el hombre, sin duda es gran bien. Y por semejante manera se conoce cuán dulce cosa es y cuán importante es el andar a buenas con Dios y el conservar su amistad, que es la tercera manera de paz, que decíamos, y la primera de todas tres.

Porque de los efectos que hace su ira en aquellos contra quien mueve guerra, vemos por vista de ojos cuán provechosa e importante es su paz. Jeremías, en nombre de Jerusalén, encarece con lloro el estrago que hizo en ella el enojo de Dios y las miserias a que vino por haber trabado guerra con Él: «Quebrantó —dice— con ira y braveza toda la fortaleza de Israel; hizo volver atrás su mano derecha delante del enemigo, y encendió en Jacob como una llama de fuego abrasante en derredor. Flechó su arco como contrario; refirmó su derecha como enemigo, y puso a cuchillo todo lo hermoso, y todo lo que era de ver en la morada de la hija de Sión; derramó como fuego su gran coraje. Volvióse Dios enemigo; despeñó a Israel; asoló sus muros; deshizo sus reparos; colmó a la hija de Judá de bajeza y miseria». Y va por aquesta manera prosiguiendo muy largamente. Mas en el libro de Job se ve como dibujado el miserable mal que pone Dios en el corazón de aquellos contra quien se muestra enojado: «Sonido —dice— de espanto siempre en sus orejas, y cuando tiene paz, se recela de alguna celada; no cree poder salir de tinieblas y mira en derredor recatándose por todas partes de la espada; atemorízale la tribulación, y cércale a la redonda la angustia». Y sobre todos, refiriendo Job sus dolores, pinta singularmente en sí mismo el estrago que hace Dios en los que se enoja. Y decirlo he en la manera que nuestro común amigo en verso castellano lo dijo. Dice pues:

> Veo que Dios los pasos me ha tomado
> cortándome la senda, y con oscura
> tiniebla mis caminos ha cerrado.
> Quitó de mi cabeza la hermosura
> del rico resplandor con que iba al cielo;
> desnudo me dejó con mano dura.
> Cortóme en derredor, y vine al suelo,
> cual árbol derrocado, mi esperanza
> el viento la llevó con presto vuelo.
> Mostró de su furor la gran pujanza
> airado, y —¡triste yo!—, como si fuera
> contrario, así de Sí me aparta y lanza.
> Corrió como en tropel su escuadra fiera,
> y vino y puso cerco a mi morada,
> y abrió por medio de ella gran carrera.

Y, si del tener por contrario a Dios y del andar en bandos con Él nacen estos daños, bien se entiende que carecerá de ellos el que se conservare en su paz y amistad; y no solo carecerá de estos daños, mas gozará de señalados provechos.

Porque como Dios enojado y enemigo es terrible, así amigo y pacífico es liberal y dulcísimo; como se ve en lo que Esaías en su persona de Él dice que hará con la congregación santa de sus amigos y justos: «Alegraos con Jerusalén —dice— y regocijaos con ella todos los que la queréis bien; gozaos, gozaos mucho con ella todos los que la llorábades, para que, a los pechos de su contento puestos, los gustéis y os hartéis, para que los exprimáis y tengáis sobra de los deleites de su perfecta gloria. Porque el Señor dice así: Yo derivaré sobre ella, como un río de paz y como una avenida creciente, la gloria de las gentes de que gozaréis; traeros han a los pechos, y sobre las rodillas puestas os harán regalos; como si una madre acariciase a su hijo, así yo os consolaré a vosotros; con Jerusalén seréis consolados». Así que cada una de estas tres paces es de mucha importancia. Las cuales, aunque parecen diferentes, tienen entre sí cierta conformidad y orden, y hacen de la una de ellas las otras por aquesta manera. Porque del estar uno concertado y bien compuesto dentro de sí y del tener paz consigo mismo, no habiendo en él cosa rebelde que a la razón contradiga, nace como de fuente, lo primero, el estar en concordia con Dios, y, lo segundo el conservarse en amistad con los hombres.

Y digamos de cada una cosa por sí.

Porque, cuanto a lo primero, cosa manifiesta es que Dios, cuando se nos pacifica, y, de enemigo, se amista y se desenoja y ablanda, no se muda. Él, ni tiene otro parecer o querer de aquel que tuvo desde toda la eternidad sin principio, por el cual perpetuamente aborrece lo malo y ama lo bueno y se agrada de ello; sino el mudarnos nosotros, usando bien de sus gracias y dones, y el poner en orden a nuestras almas, quitando lo torcido de ellas y lo contumaz y rebelde, y pacificando su reino y ajustándolas con la ley de Dios; y, por este camino, el quitarnos del cuento y de la lista de los perdidos y torcidos que Dios aborrece, y traspasarnos al bando de los buenos que Dios ama, y ser el número de ellos, eso quita a Dios de enojo y nos torna en su buena gracia. No porque se mude ni altere Él, ni porque comience a amar ahora otra cosa diferente de lo que amó siempre, sino porque mudándonos nosotros, venimos a figurarnos en aquella manera y forma que a Dios siempre fue agradable y amable. Y así Él, cuando nos convida a su amistad por el profeta, no nos dice que se mudará Él, sino pídenos que nos convirtamos a Él nosotros, mudando nuestras costumbres. «Convertíos a mí —dice— y Yo me convertiré a vosotros.» Como diciendo: Volveos vosotros a mí, que haciendo vosotros esto, por el mismo caso Yo estoy vuelto a vosotros y os miro con los ojos y con las entrañas de amor con que siempre estoy mirando a los que debidamente me miran. Que, como dice David en el salmo: «los ojos del Señor sobre los justos, y sus oídos en sus ruegos de ellos». Así que Él mira siempre a lo bueno con vista de aprobación y de amor. Porque, como sabéis, Dios y lo que es amado de Dios siempre se están mirando entre sí y, como si dijésemos, Dios es el que ama, y el que ama a Dios en ese mismo Dios tiene siempre enclavado los ojos. Dios mira por él por particular providencia, y él mira a Dios para agradarle con solicitud y cuidado. De lo primero dice David en el salmo: «Los ojos del Señor sobre los justos, y sus oídos a los ruegos de ellos». De lo segundo dicen ellos también: «Como los ojos de los siervos miran con atención a las manos y a los semblantes de sus señores, así nuestros ojos los tenemos fijados en Dios». Y en los Cantares pide al Esposo al ánima justa que le muestre la cara, porque ése es el oficio del justo. Y a muchos justos, en las Sagradas Letras en particular, para decirles Dios que sean justos y que perseveren y se adelanten en la virtud, les dice así y les pide que no se escondan de Él, sino que anden en su presencia y que le traigan siempre delante.

 Pues cuando dos cosas en esta manera juntamente se miran, si es así que la una de ellas es inmudable, y si con esto acontece que se dejen de mirar algún tiempo, eso de necesidad avendrá, porque la otra, que se podía torcer, usando de su poder, volvió a otra parte la cara; y si tornaren a mirarse después, será la causa porque aquella misma que se torció y escondió, volvió otra vez su rostro hacia la primera, mudándose. Y de aquesta misma manera, estándose Dios firme e inmutable en sí mismo, y no habiendo más alteración en su querer y entender que la hay en su vida y en su ser —porque en Él todo es una misma cosa, el ser y el querer—, nuestra mudanza miserable, y las veces de nuestro albedrío, que, como vientos diversos juegan con nosotros y nos vuelven al mal por momentos, nos llevan a la gracia de Dios ayudados de ella, y nos sacan de ella con su propia fuerza mil veces. Y mudándome yo, haga que parezca Dios mudarse conmigo, no mudándose Él nunca. Así que por el mismo caso que lo torcido de mi alma se destuerce, y lo alborotado de ella se pone en paz, y se vuelve, vencidas las nieblas y la tempestad del pecado, a la pureza y a lo sereno de la luz verdadera, Dios luego se desenoja con ella. Y de la paz de ella consigo misma, criada en ella por Dios, nace la paz segunda, que, como dijimos, consiste en que Dios y ella, puestos aparte los enojos, se amen y quieran bien.

    Y de la misma manera el tener uno paz consigo es principio certísimo para tenerla con todos los otros. Porque sabida cosa es que lo que nos diferencia, y lo que nos pone en contienda y en guerra a unos con otros, son nuestros deseos desordenados, y que la fuente de la discordia y rencilla siempre es y fue la mala codicia de nuestro vicioso apetito.

    Porque todas las diferencias y enojos que los hombres entre sí tienen, siempre se fundan sobre la pretensión de algunos de estos bienes, que llaman bienes los hombres, como son, o el interés, o la honra, o el pasatiempo y deleite; que como son bienes limitados y que tienen su cierta tasa, habiendo muchos que los pretenden sin orden, no bastan a todos, o vienen a ser para cada uno menores, y así se embarazan y se estorban los unos a los otros aquellos que sin rienda los aman. Y del estorbo nace el disgusto, y de él el enojo, y al enojo se le siguen los pleitos y las diferencias, y, finalmente, las enemistades capitales y las guerras. Como lo dice Santiago casi por estas mismas palabras: «¿De dónde hay en vosotros pleitos y guerras, sino por causa de vuestros deseos malos?» Y, al revés, el hombre de ánimo bien compuesto y que conserva paz y buena orden consigo, tiene atajadas y como cortadas casi todas las ocasiones y, cuanto es de su parte, sin duda todas las que le pueden encontrar con los hombres.

Que si los otros se desentrañan por estos bienes, y si a rienda suelta y como desalentados siguen en pos del deleite, y se desuelan por las riquezas, y se trabajan y fatigan por subir a mayor grado y a mayor dignidad, adelantándose a todos; este que digo, no se les pone delante para hacerles dificultad o para cerrarles el paso, antes, haciéndose a su parte, y rico y contento con los bienes que posee en su ánima, les deja a los demás campo ancho, y, cuanto es de su parte, bien desembarazado, adonde a su contento se espacien. Y nadie aborrece al que en ninguna cosa le daña. Y el que no ama lo que los otros aman, y ni quiere ni pretende quitar de las manos y de las uñas a ninguno su bien, no daña a ninguno.

Así que, como la piedra que en el edificio está asentada en su debido lugar, o por decir cosa más propia, como la cuerda en la música, debidamente templada en sí misma, hace música dulce con todas las demás cuerdas sin disonar con ninguna, así el ánimo bien concertado dentro de sí, y que vive sin alboroto y tiene siempre en la mano la rienda de sus pasiones, y de todo lo que en él puede mover inquietud y bullicio, consuena con Dios y dice bien con los hombres, y teniendo paz consigo mismo, la tiene con los demás. Y, como dijimos, aquestas tres paces andan eslabonadas entre Sí mismas, y de la una de ellas nacen como de fuentes las otras, y esta de quien nacen las demás es aquella que tiene su asiento en nosotros. De la cual San Agustín dice bien en esta manera: «Vienen a ser pacíficos en sí mismos los que, poniendo primero en concierto todos los movimientos de su ánima y sujetándolos a la razón, esto es, a lo principal del alma y espíritu, y teniendo bien domados los deseos carnales, son hechos reino de Dios, en el cual todo está ordenado, así que mande en el hombre lo que en él es más excelente, y lo demás en que convenimos con los animales brutos, no le contradiga, y eso mismo excelente, que es la razón, esté sujeta a lo que es mayor que ella, esto es, a la verdad misma y al Hijo unigénito de Dios, que es la misma Verdad. Porque no le será posible a la razón tener sujeto lo que es inferior, si ella, a lo que superior le es, no sujetase a sí misma. Y ésta es la paz que se concede en el suelo a los hombres de buena voluntad, y la en que consiste la vida del sabio perfecto». Mas, dejando esto aquí, averigüemos ahora y veamos —que ya el tiempo lo pide— qué hizo Cristo para poner el reino de nuestras almas en paz, y por dónde es llamado Príncipe de ella. Que decir que es Príncipe de aquesta obra, es decir, no solo que Él la hace, mas que es solo Él el que la puede hacer, y que es el que se aventaja entre todos aquellos que han pretendido el hacer este bien; lo cual ciertamente han pretendido muchos, pero no les ha sucedido a ninguno. Y así habemos de asentar por muy ciertas dos cosas: una, que la religión, o la policía, o la doctrina o maestría que no engendra en nuestras ánimas paz y composición de afectos y de costumbres, no es Cristo, ni religión suya por ninguna manera. Porque como sigue la luz al Sol, así este beneficio acompaña a Cristo siempre, y es infalible señal de su virtud y eficacia. La otra cosa es que ninguno jamás, aunque lo pretendieron muchos, pudo dar aqueste bien a los hombres, sino Cristo y su Ley. Por manera que no solamente es obra suya esta paz, mas obra que Él solo la supo hacer; que es la causa por donde es llamado su Príncipe.

Porque unos, atendiendo a nuestro poco saber, e imaginando que el desorden de nuestra vida nacía solamente de la ignorancia, parecióles que el remedio era desterrar de nuestro entendimiento las tinieblas del error, y así pusieron su cuidado y diligencia en solamente dar luz al hombre con leyes, y en ponerle penas que le indujesen con su temor a aquello que le mandaban las leyes. De esto, como ahora decíamos, trató la Ley vieja, y muchos otros hombres que ordenaron leyes atendieron a esto, y mucha parte de los antiguos filósofos escribieron grandes libros acerca de este propósito.

Otros, considerando la fuerza que en nosotros tiene la carne y la sangre y la violencia grande de sus movimientos, persuadiéronse que de la compostura y complexión del cuerpo manaban como de fuente la destemplanza y turbaciones del ánima, y que se podría atajar este mal con solo cortar esta fuente. Y porque el cuerpo se ceba y se sustenta con lo que se come, tuvieron por cierto que con poner en ello orden y tasa, se reduciría a buena orden el alma y se conservaría siempre en paz y salud, y así vedaron unos manjares, los que les pareció que, comidos, con su vicioso jugo acrecentarían las fuerzas desordenadas y los malos movimientos del cuerpo, y de otros señalaron cuándo y cuánto de ellos se podía comer; y ordenaron ciertos ayunos y ciertos lavatorios con otros semejantes ejercicios, enderezados todos a adelgazar el cuerpo, criando en él una santa y limpia templanza. Tales fueron los filósofos indios, y muchos sabios de los bárbaros siguieron por este camino, y en las leyes de Moisés algunas de ellas se ordenaron para esto también.

Mas ni los unos ni los otros salieron con su pretensión, porque, puesto caso que estas cosas sobredichas, todas ellas son útiles para conseguir este fin de paz que decimos, y algunas de ellas muy necesarias, mas ninguna de ellas, ni juntas todas, no son bastantes ni poderosas para criar en el alma esta paz enteramente, ni para desterrar de ella, o a lo menos para poner en concierto en ella, aquestas olas de pasiones y movimientos furiosos que la alteran y la turban.

Porque habéis de entender que, en el hombre en quien hay alma y hay cuerpo, y en cuya alma hay voluntad y razón, por el grande estrago que hizo en él el pecado primero, todas estas tres cosas quedaron miserablemente dañadas: la razón con ignorancias, el cuerpo y la carne con sus malos siniestros dejados sin rienda, y la voluntad, que es la que mueve en el reino del hombre, sin gusto para el bien y golosa para el mal, y perdidamente inclinada y como despojada del aliento del cielo, y como revestida de aquel malo y ponzoñoso espíritu de la serpiente, de quien esta mañana tantas veces y tan largamente decíamos.

Y con esto, que es cierto, habéis también de entender que de estos tres males y daños el de la voluntad es como la raíz y el principio de todos. Porque, como en el primer hombre se ve, que fue el autor de estos males, el primero en quien ellos hicieron prueba y experiencia de sí mismos, el daño de la voluntad fue el primero, y de allí se extendió cundiendo la pestilencia al entendimiento y al cuerpo. Porque Adán no pecó porque primero se desordenase el sentido en él, ni porque la carne con su ardor violento llevase en pos de sí la razón; ni pecó por haberse cegado primero su entendimiento con algún grave error, que, como dice San Pablo, en aquel artículo no fue engañado el varón, sino pecó porque quiso lisamente pecar; esto es, porque abriendo de buena gana las puertas de su voluntad, recibió en ella al espíritu del demonio, y, dándole a él asiento, la sacó a ella de la obediencia de Dios y de su santa orden, y de la luz y favor de su gracia. Y de hecho una por una este daño, luego de él le nació en el cuerpo desorden y en la razón cegueadad. Así que la fuente de la desventura y guerra común es la voluntad dañada y como emponzoñada con esta maldad primera.

 Y porque los que pusieron leyes para alumbrar nuestro error mejoraban la razón solamente, y los que ordenaron la dieta corporal, vedando y concediendo manjares templaban solamente lo dañado del cuerpo, y la fuente del desconcierto del hombre y de aquestas desórdenes todas no tenía asiento ni en la razón ni en el cuerpo, sino, como habemos dicho, en la voluntad maltratada, como no atajaban la fuente, ni atinaban, ni podían atinar a poner medicina en aquesta podrida raíz, por eso careció su trabajo del fruto que pretendían. Solo aquel lo consiguió, que supo conocer esta origen, y, conocida, tuvo saber y virtud para poner en ella su medicina propia, que fue Jesucristo nuestra verdadera salud. Porque lo que remedia este mal espíritu y aqueste perverso brío, con que se corrompió en su primer principio la voluntad, es un otro espíritu, santo y del cielo; y lo que sana esta enfermedad y malatia de ella, es el don de la gracia, que es salud y verdad. Y esta gracia y aqueste espíritu, solo Cristo pudo merecerlo, y solo Cristo lo da. Porque, como decíamos acerca del nombre pasado —y es bien que se torne a decir para que se entienda mejor porque es punto de grande importancia—, no se puede falsear ni contrastar lo que dice San Juan: «Moisés hizo la ley, mas la gracia es obra de Cristo». Como si en más palabras dijera: Esto que es hacer leyes y dar luz con mandamientos al entendimiento del hombre.

Moisés lo hizo, y muchos otros legisladores y sabios lo intentaron a hacer, y en parte lo hicieron; y aunque Cristo también en esta parte sobró a todos ellos con más ciertas y más puras leyes que hizo, pero lo que puede enteramente sanar al hombre, y lo que es sola y propia obra de Cristo, no es eso; que muy bien se compadecen, entendimiento claro y voluntad perversa, razón desengañada y mal inclinada voluntad; mas es sola la gracia y el espíritu bueno, en el cual ni Moisés ni ningún otro sabio ni criatura del mundo tuvo poder para darlo sino es solo Cristo Jesús. Lo cual es en tanta manera verdad no solo que Cristo es el que nos da esta medicina eficaz de la gracia, sino que sola ella es la que nos puede sanar enteramente, y que los demás medios de luz y ejercicios de vida jamás nos sanaron, que muchas veces aconteció que la luz que alumbraba el entendimiento, y las leyes que le eran como antorcha para descubrirle el camino justo, no solo no remediaron el mal de los hombres, mas antes, por la disposición de ellos mala, les acarrearon daño y enfermedad notablemente mayor. Y lo que era bueno en sí, por la cualidad del sujeto enfermo y malsano, se les convertía en ponzoña que los dañaba más, como lo escribe expresamente San Pablo en una parte, diciendo «que la ley le quitó la vida del todo»; y en otra, que por «ocasión de la ley se acrecentó y salió el pecado» como de madre; y en otra, dando la razón de esto mismo, porque —dice— «el pecado que se comete habiendo ley, es pecado en manera superlativa»; esto es, porque se peca, cuando así se peca, más gravemente, y viene así a llegar a sus mayores quilates la malicia del mal.

Porque, a la verdad, como muestra bien Platón en el segundo Alcibíades, a los que tienen dañada la voluntad, o no bien aficionada acerca del fin último y acerca de aquello que es lo mejor, la ignorancia les es útil las más de las veces, y el saber peligroso y dañoso; porque no les sirve de freno para que no se arrojen al mal, porque sobrepuja sobre todo el desenfrenamiento y, como si dijésemos, el desbocamiento de su voluntad estragada, sino antes les es ocasión unas veces para que pequen más sin disculpa, y otras para que de hecho pequen los que sin aquella luz no pecaran. Porque, por su grande maldad, que la tienen ya como embebida en las venas, usan de la luz, no para encaminar sus pasos bien, sino para hallar medios e ingenios para traer a ejecución sus perversos deseos más fácilmente; y aprovéchanse de la luz y del ingenio, no para lo que ello es, para guía del bien, sino para adalid o para ingeniero del mal; y por ser más agudos y más sabios, vienen a corromperse más y a hacerse peores. De lo cual todo resulta que sin la gracia no hay paz ni salud, y que la gracia es obra nacida del merecimiento de Cristo.

Mas porque esto es claro y certísimo, veamos ahora qué cosa es gracia o qué fuerza es la suya, y en qué manera, sanando la voluntad, cría paz en todo el hombre interior y exterior.

Y diciendo esto Marcelo, puso los ojos en el agua, que iba sosegada y pura, y relucían en ella como en espejo todas las estrellas y hermosura del cielo, y parecía como otro cielo sembrado de hermosos luceros; y alargando la mano hacia ella, y como mostrándola, dijo luego así:

—Aquesto mismo que ahora aquí vemos en esta agua, que parece como un otro cielo estrellado, en parte nos sirve de ejemplo para conocer la condición de la gracia; porque así como la imagen del cielo, recibida en el agua, que es cuerpo dispuesto para ser como espejo, al parecer de nuestra vista la hace semejante a sí mismo, así, como sabéis, la gracia, venida al alma y asentada en ella, no al parecer de los ojos, sino en el hecho de la verdad, la asemeja a Dios y la da sus condiciones de Él, y la transforma en el cielo, cuanto le es posible a una criatura, que no pierde su propia sustancia, ser transformada.

Porque es una cualidad, aunque criada, no de la cualidad ni del metal de ninguna de las criaturas que vemos, ni tal cuales son todas las que la fuerza de la naturaleza produce; que ni es aire, ni fuego, ni nacida de ningún elemento, y la materia del cielo y los cielos mismos le reconocen ventaja en orden de nacimiento y en grado más subido de origen. Porque todo aquello es natural y nacido por ley natural; mas ésta es sobre todo lo que la naturaleza puede y produce. En aquella manera nacen las cosas con lo que les es natural y propio, y como debido a su estado y a su condición; mas lo que la gracia da, por ninguna manera puede ser natural a ninguna sustancia criada, porque, como digo, traspasa sobre todas ellas, y es como un retrato de lo más propio de Dios, y cosa que le retrae y remeda mucho, lo cual no puede ser natural sino a Dios.

De arte que la gracia es una como deidad y una como figura viva del mismo Cristo, que, puesta en el alma, se lanza en ella y la deifica, y, si va a decir verdad, es el alma del alma. Porque así como mi alma, abrazada a mi cuerpo y extendiéndose por todo él, siendo caedizo y de tierra y de suyo cosa pesadísima y torpe, le levanta en pie y le menea y le da aliento y espíritu, y así le enciende en calor que le hace como una llama de fuego y le da las condiciones del fuego, de manera que la tierra anda, y lo pesado discurre ligero, y lo torpísimo y muerto vive y siente y conoce, así en el alma, que por ser criatura tiene condiciones viles y bajas, y que por ser el cuerpo adonde vive de linaje dañado, está ella aún más dañada y perdida, entrando la gracia en ella y ganando la llave de ella, que es la voluntad, y lanzándosele en su seno secreto y, como si dijésemos, penetrándola toda, y de allí extendiendo su vigor y virtud por todas las demás fuerzas del ánimo, la levanta de la afición de la tierra y, convirtiéndola al cielo y a los espíritus que se gozan en él, le da su estilo y su vivienda, y aquel sentimiento y valor y alteza generosa de lo celestial y divino, y, en una palabra, la asemeja mucho a Dios en aquellas cosas que le son a Él más propias y más suyas; y de criatura que es suya la hace hija suya muy su semejante; y finalmente, la hace un otro Dios así adoptado por Dios, que parece nacido y engendrado de Dios.

Y porque, como dijimos, entrando la gracia en el alma y asentándose en ella, adonde primero prende es la voluntad; y porque en Dios la voluntad es la misma ley de todo lo justo, y eso es bien lo que Dios quiere y solamente quiere aquello que es bueno, por eso, lo primero que en la voluntad la gracia hace es hacer de ella una ley eficaz para el bien, no diciéndole lo que es bueno, sino inclinándola y como enamorándola de ello. Porque como ya habemos dicho, se debe entender que esto que llamamos o ley o dar ley, puede acontecer en dos diferentes maneras. Una es la ordinaria y usada que vemos, que consiste en decir y señalar a los hombres lo que les conviene hacer o no hacer, escribiendo con pública autoridad mandamientos y ordenaciones de ello y pregonándolas públicamente. Otra es que consiste, no tanto en aviso como en inclinación; que se hace, no diciendo ni mandando lo bueno, sino imprimiendo deseo y gusto de ello. Porque el tener uno inclinación y prontitud para alguna otra cosa que le conviene, es ley suya de aquel que está en aquella manera inclinado, y así la llama la filosofía; porque es lo que le gobierna la vida, y lo que le induce a lo que le es conveniente, y lo que le endereza por el camino de su provecho, que todas son obras propias de ley. Así es ley de la tierra la inclinación que tiene a hacer asiento en el centro, y del fuego el apetecer lo subido y lo alto; y de todas las criaturas sus leyes son aquello mismo a que las lleva sus naturaleza propia.

    La primera ley, aunque es buena, pero, como arriba está dicho, es poco eficaz cuando lo que se avisa es ajeno de lo que apetece el que recibe el aviso, como lo es en nosotros por razón de nuestra maldad. Mas la segunda ley es en grande manera eficaz, y ésta pone Cristo con la gracia en nuestra alma. Porque por medio de ella escribe en la voluntad de cada uno con amor y afición aquello mismo que las leyes primeras escriben en los papeles con tinta; y de los libros de pergamino, y de las tablas de piedra o de bronce, las leyes que estaban esculpidas en ellas con cincel o buril, las traspasa la gracia y les esculpe en la voluntad. Y la ley que por defuera sonaba en los oídos del hombre y le afligía el alma con miedo, la gracia se la encierra dentro del seno y se la derrama, como si dijésemos, tan dulcemente por las fuerzas y apetitos del alma, que se la convierten en su único deleite y deseo; y, finalmente, hace que la voluntad del hombre, torcida y enemiga de la ley, ella misma quede hecha una justísima ley, y como en Dios, así en ella su querer sea lo justo, y lo justo sea todo su deseo y querer, cada uno según su manera, como maravillosamente lo profetizó Jeremías en el lugar que está dicho.

    Queda, pues, concluido que la gracia, como es semejanza de Dios, entrando en nuestra alma y prendiendo luego su fuerza en la voluntad de ella, la hace por participación como de suyo es la de Dios, ley e inclinación y deseo de todo aquello que es justo y que es bueno. Pues, hecho esto, luego por orden secreta y maravillosa se comienza a pacificar el reino del alma, y a concertar lo que en ella estaba encontrado, y a ser desterrado de allí todo lo bullicioso y desasosegado que la turbaba; y descúbrese entonces la paz, y muestra la luz de su rostro y sube y crece, y finalmente queda reina y señora.

Porque, lo primero, en estando aficionada por virtud de la gracia, en la manera que habemos dicho, la voluntad luego calla, y desaparece el temor horrible de la ira de Dios, que le movía cruda guerra, y que, poniéndosele cada momento delante, la traía sobresaltada y atónita. Así lo dice San Pablo: «Justificados con la gracia, luego tenemos paz con Dios.

Porque no le miramos ya como a juez airado, sino como a padre amoroso, ni le concebimos ya como a enemigo nuestro, poderoso y sangriento, sino como a amigo dulce y blando. Y como por medio de la gracia nuestra voluntad se conforma y se asemeja con Él, amamos a lo que se nos parece, y confiamos por el mismo caso que nos ama Él como a sus semejantes.

Lo segundo, la voluntad y la razón, que estaban hasta aquel punto perdidamente discordes, hacen luego paz entre sí. Porque de allí adelante lo que juzga la una parte, eso mismo desea la otra, y lo que la voluntad ama, eso mismo es lo que aprueba el entendimiento. Y así cesa esta amarga y continua lucha, y aquel alboroto fiero y aquel continuo reñir con que se despedazan las entrañas del hombre, que tan vivamente San Pablo con sus divinas palabras pintó, cuando dice: «No hago el bien que juzgo, sino el mal que aborrezco y condeno. Juzgo bien de la ley de Dios, según el hombre interior; pero veo otra ley en mi mismo apetito, que contradice a la ley de mi espíritu, y me lleva cautivo en seguimiento de la ley de pecado, que en mis inclinaciones tiene asiento. ¡Desventurado yo! ¿Y quién me podrá librar de la maldad mortal de este cuerpo?» Y no solamente convienen en uno de allí adelante la razón y la voluntad, mas con su bien guiado deseo de ella, y con el fuego ardiente de amor con que apetece lo bueno, enciende en cierta manera luz con que la razón viene más enteramente en el conocimiento del bien; y de muy conformes y de muy amistados los dos, vienen a ser entre semejantes y casi a trocar entre sí sus condiciones y oficios, y el entendimiento levanta luz que aficione, y la voluntad enciende amor que guíe y alumbre, y casi enseña la voluntad y el entendimiento apetece.

Lo tercero, el sentido y las fuerzas del alma más viles, que nos mueven con ira y deseos con los demás apetitos y virtudes del cuerpo, reconocen luego el nuevo huésped que ha venido a su casa, y la salud y nuevo valor que para contra ellos le ha venido a la voluntad; y reconociendo que hay justicia en su reino y quien levante vara en él poderosa para escarmentar con castigo a lo revoltoso y rebelde, recógense poco a poco, y, como atemorizados, se retiran y no se atreven ya a poner unas veces fuego, y otras veces hielo, y continuamente alboroto y desorden, bulliciosos y desasosegados como antes solían; y si se atreven, con una sofrenada la voluntad santa los pacifica y sosiega; y crece ella cada día más en vigor, y creciendo siempre y entrañándose de continuo en ella más los buenos y justos deseos, y haciéndolos como naturales a sí, pega su afición y talante a las otras fuerzas menores, y apartándolas insensiblemente de sus malos siniestros, y como desnudándolas de ellos, las hace a su condición e inclinación ella misma y de la ley santa de amor en que está transformada por gracia, deriva también y comunica a los sentidos su parte; y como la gracia apoderándose del alma, hace como un otro Dios a la voluntad, así ella deificada y hecha del sentido como reina y señora, cuasi le convierte de sentido en razón. Y como acontece en la naturaleza y en las mudanzas de la noche y del día, que, como dice David en el salmo: «En viniendo la noche, salen de sus moradas las fieras, y esforzadas y guiadas por las tinieblas, discurren por los campos y dan estrago a su voluntad en ellos; mas luego que amanece el día y que apunta la luz, esas mismas se recogen y encuevan»; así el desenfrenamiento fiero del cuerpo y la rebeldía alborotadora de sus movimientos, que, cuando estaba en la noche de su miseria la voluntad nuestra caída, discurrían con libertad y lo metían todo a sangre y a fuego, en comenzando a lucir el rayo del buen amor, y en mostrándose el día del bien, vuelve luego el pie atrás y se esconde en su cueva, y deja que lo que es hombre en nosotros salga a luz, y haga su oficio sosegada y pacíficamente y de Sol a Sol. Esto dice, pues, San Crisóstomo.

Porque, a la verdad, ¿qué es lo que hay en el cuerpo que sea poderoso para desasosegar a quien es regido por una voluntad y razón semejante? ¿Por ventura el deseo de los bienes de esta vida le solicitará, o el temor de los males de ello le romperá su reposo? ¿Alterarse ha con ambición de honras o con amor de riquezas o, con la afición de los ponzoñosos deleites desalentado, saldrá de sí mismo? ¿Cómo le turbará la pobreza al que de esta vida no quiere más que una estrecha pasada? ¿Cómo le inquietará con su hambre el grado alto de dignidades y honras, al que huella sobre todo lo que se precia en el suelo? ¿Cómo la adversidad la contradicción, las mudanzas diferentes y los golpes de la fortuna le podrán hacer mella al que a todos sus bienes los tiene seguros y en sí? Ni el bien le azozobra, ni el mal le amedrenta, ni la alegría lo engríe, ni el temor le encoge, ni las promesas le llevan, ni las amenazas le desquician, ni es tal que o lo próspero o lo adverso le mude. Si se pierde la hacienda, alégrase como libre de una carga pesada. Si le faltan los amigos, tiene a Dios en su alma, con quien de contino se abraza. Si el odio o si la envidia arma los corazones ajenos contra él, como sabe que no le pueden quitar su bien, no los teme. En las mudanzas está quedo, y entre los espantos seguro; y, cuando todo a la redonda de él se arruine, él permanece más firme, y, como dijo aquel grande elocuente, luce en las tinieblas y, empellido de su lugar, no se mueve.

 Y lo postrero con que aqueste bien se perfecciona últimamente, es otro bien que nace de aquesta paz interior, y, naciendo de ella, acrecienta a esa misma paz de donde nace y procede. Y este bien es el favor de Dios que la voluntad así concertada tiene, y la confianza que se le despierta en el alma con aqueste favor. Porque ¿quién pondrá alboroto o espanto en la conciencia que tiene a Dios de su parte? O ¿cómo no tendrá a Dios de su parte el que es una voluntad con Él y un mismo querer? Bien dijo Sófocles: Si Dios manda en mí, no estoy sujeto a cosa mortal. Y cierto es que no me puede dañar aquello a quien no estoy sujeto.

 Así que de la paz del alma justa nace la seguridad del amparo de Dios, y de esta seguridad se confirma más y se fortifica la paz. Y así David juntó, a lo que parece, aquestas dos cosas, paz y confianza, cuando dijo en el salmo: «En paz y en uno dormiré y reposaré». Adonde, como veis con la paz puso el sueño, que es obra, no de ánimo solícito, sino de pecho seguro y confiado. Sobre las cuales palabras, si bien me acuerdo, dice así San Crisóstomo: «Esta es otra especie de merced que hace Dios a los suyos: que les da paz». «De paz —dice— gozan los que aman tu ley, y ninguna cosa les es estropiezo. Porque ninguna cosa hace así paz como es el conocimiento de Dios y el poseer la virtud; lo cual destierra del ánimo sus perturbaciones, que son su guerra secreta, y no permite que el hombre traiga bandos consigo. Que, a la verdad, el que de esta paz no gozare, dado que en las cosas de fuera tenga gran paz y no sea acometido de ningún enemigo, será sin duda miserable y desventurado sobre todos los hombres. Porque ni los escitas bárbaros, ni los de Tracia ni los sármatas, o los indios o moros, ni otra gente o nación alguna, por más fiera que sea, pueden hacer guerra tan cruda, como es la que hace un malvado pensamiento cuando se lanza en lo secreto del ánimo, o una desordenada codicia, o el amor del dinero sediento, o el deseo entrañable de mayor dignidad, u otra afición cualquiera acerca de aquellas cosas que tocan a esta vida presente.

Y la razón pide que sea así, porque aquella guerra es guerra de fuera, mas aquésta es guerra de dentro de casa. Y vemos en todas las cosas que el mal que nace de dentro es mucho más grave que no aquello que acomete de fuera. Porque al madero la carcoma que nace de dentro de él lo consume más; y a la salud y fuerzas del cuerpo las enfermedades que proceden de lo secreto de él, le son más dañosas que no los males que le advienen de fuera. Y a las ciudades y repúblicas no las destruyen tanto los enemigos de fuera, cuanto las asuelan los domésticos, y los que son de una misma comunidad y linaje. Y por la misma manera, a nuestra alma lo que la conduce a la muerte, no son tanto los artificios e ingenios con que es acometida de fuera, cuanto las pasiones y enfermedades suyas y que nacen en ella.

Por donde si algún temeroso de Dios compusiere los movimientos turbados del ánimo, y si les quitare a los malvados deseos, que son como fieras, que no vivan y alienten, y, si no les permitiendo que hagan cueva en su alma, apaciguare bien esta guerra, ese tal gozará de paz pura y sosegada. Esta paz nos dio Cristo viniendo al mundo. Esta misma desea San Pablo cuando dice en todas sus cartas: "Gracia en vosotros, Y paz de Dios, Padre nuestro". El que es señor de esta paz, no solo no teme al enemigo bárbaro mas ni al mismo demonio, antes hace burla de él y de todo su ejército. vive sosegado y seguro, y alentado más que otro ninguno, como aquel a quien ni la pobreza le aprieta, ni enfermedad le es grave, ni le turba caso ninguno adverso de los que sin pensar acontecen. Porque su alma, como sana y valiente, se vadea fácil y generosamente por todo. Y para que veáis a los ojos que es aquesto verdad, pongamos que es uno envidioso, y que en lo demás no tiene enemigo ninguno, ¿qué le aprovechará no tenerle? Él mismo se hace guerra a sí mismo; él mismo afila contra sí sus pensamientos, más penetrables que espada. Oféndese de cuanto bien ve, y llágase a sí con cuantas buenas dichas suceden a otros; a todos los mira como a enemigos, y para con ninguno tiene su ánimo desenconado y amable. ¿Qué provecho, pues, le trae al que es como éste el tener paz por de fuera, pues la guerra grande que trae dentro de sí le hace andar discurriendo furioso y lleno de rabia, y tan acosado de ella que apetece ser antes traspasado con mil saetas, o padecer antes mil muertes, que ver a alguno de sus iguales, o bien reputado, o en otro alguna manera próspero?

Demos otro que ame el dinero, cierto es que levantará en su corazón por momentos discordias innumerables, y que, acosado de su turbada afición, ni aun respirar no podrá. No es así, no, el que está libre de semejantes pasiones, antes como quien está en puerto seguro, de espacio y con reposo, hinche su pecho de deleites sabios, ajeno de todas las molestias sobredichas.» Y en lo postrero que dice descubre otro bien y otro fruto que de la paz se recoge, y que en este nuestro discurso será lo postrero, que es el gozo santo que halla en todo el que está pacífico en sí. Porque el que tiene consigo guerra, no es posible que en ninguna cosa halle contento puro y sencillo. Porque, así como el gusto mal dispuesto por la demasía de algún humor malo que le desordena, en ninguna cosa halla el sabor que ella tiene, así el que trae guerra entre sí, no le es posible gozar de lo puro y de la verdad del buen gusto. En el ánimo con paz sosegado, como en agua reposada y pura, cada cosa, sin engaño ni confusión, se muestra cual es, y así de cada uno coge el gozo verdadero que tiene y goza de sí mismo, que es lo mejor. Porque así como de la salud y buena afición de la voluntad que Cristo, por medio de su gracia, pone en el hombre, como decíamos, se pacifica luego el alma con Dios, y cesa la rencilla que antes de esto había entre el entender y el querer, y también el sentido se rinde, y lo bullicioso de él o se acaba o se esconde, y de toda esta paz nace el andar el hombre libre y bien animado y seguro; así de todo aqueste amontonamiento de bien nace aqueste gran bien, que es gozar el hombre de sí y poder vivir consigo mismo, y no tener miedo de entrar en su casa, como debajo de hermosas figuras, conforme a su costumbre, lo profetiza Miqueas, diciendo lo que en la venida de Cristo al mundo, y en la venida del mismo en el alma de cada uno, había de acontecer a los suyos: «No levantará —dice— espada una nación contra otra, y olvidarán de allí adelante las artes de guerra, y cada uno asentado debajo de su vid, y debajo de su higuera gozará de ella, y no habrá quien de allí con espanto le aparte». Adonde, juntamente con la paz hecha por Cristo, pone el descanso seguro con que gozará de sí y de sus bienes el que en esta manera tuviere paz.

Mas David en el salmo, vuelto a la Iglesia y a cada uno de los justos que son parte de ella, con palabras breves, pero llenas de significación y de gozo, comprende todo cuanto habemos dicho muy bien. Dice: «Alaba, Jerusalén, al Señor» esto es, todos los que sois Jerusalén, poseedores de paz, alabad al Señor. Y aunque les dice que alaben, y aunque parece que así se lo manda, este mandar propiamente es profetizar lo que de esta paz acontece y nace; porque, como dijimos, al punto que toma posesión de la voluntad, luego el alma hace paces con Dios, de donde se sigue luego el amor y el loor.

Mas añade David: «Porque fortaleció las cerraduras de tus puertas, y bendijo a tus hijos en ti». Dice la otra paz que se sigue a la primera paz de la voluntad, que es la conformidad y el estar a una entre sí todas las fuerzas y potencias del alma, que son como hijos de ella, y como las puertas por donde le viene o el mal o el bien. Y dice maravillosamente que está fortalecido y cerrado dentro de sus puertas el que tiene esta paz; porque, como tiene rendido el deseo y la razón, y, por el mismo caso, como no apetece desenfrenadamente ninguno de los bienes de fuera, no puede venirle de fuera, ni entrarle en su casa sin su voluntad cosa ninguna que le dañe o enoje, sino, cerrado dentro de sí y bastecido y contento con el bien de Dios que tiene en sí mismo, y como dice el poeta del sabio, liso y redondo, no halla en él asidero ninguno la fuerza enemiga. Porque ¿cómo dañará el mundo al que no tiene ningunas prendas en él?

Y en lo que luego David añade se ve más claramente esto mismo, porque dice así: «Y puso paz en tus términos». Porque de tener en paz el alma a todo aquello que vive dentro de sus murallas y de su casa, de necesidad se sigue que tendrá también pacífica su comarca; que es decir que no tiene cosa en que los que andan fuera de ella y al derredor de ella, dañarla puedan. Tiene paz en su comarca, porque en ninguna cosa tiene competencia con su vecino, ni se pone a la parte en las cosas que precia el mundo y desea; y así nadie le mueve guerra, ni, en caso que se la quisiesen mover, tiene en qué hacerla. Porque su comarca aun por esta razón es pacífica, porque es campiña rasa y estéril, que no hay viñedos en ella, ni sembrados fértiles, ni minas ricas, ni arboledas, ni jardines, ni caserías deleitosas e ilustres, ni tiene el alma justa cosa que precie que no la tenga encerrada dentro de sí.

Por eso goza seguramente de sí, que es el fruto último, como decíamos, y el que significa luego este salmo en las palabras que dice: «Y te mantiene con hartura con lo apurado del trigo». Porque, a la verdad, los que sin esta paz viven, por más bien afortunados que vivan, no comen lo apurado del pan. Salvados son sus manjares, el desecho del bien es aquello por quien andan golosos; su gusto y su mantenimiento es lo grosero y lo moreno y lo feo, y sin duda las escorias de lo que es sustancia y verdad. Y aun eso mismo, tal cual es y en la manera que es, no se les da con hartura. Mi pacífico solo es el que come con abundancia, y el que come lo apurado del bien para él nace el día bueno, y el Sol claro él es el que solamente le ve, en la vida, en la muerte, en lo adverso, en lo próspero, en todo halla su gusto; y el manjar de los ángeles es su perpetuo manjar, y goza de él alegre, y sin miedo que nadie le robe, y, sin enemigo que le pueda ser enemigo, vive en dulcísima y abundosísima paz, divino bien y excelente merced hecha a los hombres solamente por Cristo.

Por lo cual, tornando a lo primero del salmo, le debemos celebrar con continos y soberanos loores, porque él salió a nuestra causa perdida, y tomó sobre sí nuestra guerra, y puso nuestro desconcierto en su orden, y nos amistó con el cielo, y encarceló a nuestro enemigo el demonio, y nos libertó de la codicia y el miedo, y nos aquietó y pacificó cuanto hay de enemigo y de adverso en la tierra; y el gozo y el reposo y el deleite de su divina y riquísima paz Él nos le dio, el cual es la fuente y el manantial de donde nace, y su autor único, por donde con justísima razón es llamado su Príncipe.

Y habiendo dicho aquesto, Marcelo calló. Y Juliano, incontinente, viéndole callar, dijo:

—Es sin duda, Marcelo, Príncipe de Paz Jesucristo, por la razón que decís; mas, no mudando eso que es firme, sino añadiendo sobre ello, paréceme a mí que le podemos también llamar así porque con solo Él se puede tener aquesto que es paz. Aquí Sabino, vuelto a Juliano, y como maravillado de lo que decía: —No entiendo bien —dice Juliano— lo que decís, y traslúceseme que decís gran verdad. Y así, si no recibís pesadumbre, me holgaría que os declarásedes más.

—Ninguna —respondió Juliano—; mas decidme, pues así os place, Sabino, ¿entendéis que todos los que nacen y viven en esta vida son dichosos en ella y de buena suerte, o que unos lo son y otros no?

—Cierto es —dijo Sabino— que no lo son todos.

—¿Y sonlo algunos? —añadió Juliano.

Respondió Sabino:

—Sí son.

Y luego Juliano dijo:

—Decidme, pues; el serlo así, ¿es cosa con que se nace, o caso de suerte o viéneles por su obra e industria?

—No es nacimiento ni suerte —dijo Sabino—, sino cosa que tiene principio en la voluntad de cada uno y en su buena elección.

—Verdad es —dijo Juliano—, y habéis dicho también que hay algunos que no vienen a ser dichosos, ni de buena suerte.

—Sí he dicho —respondió.

—Pues decidme —dijo Juliano—: esos que no lo son, ¿no lo quieren ser o no lo procuran ser?

—Antes —dijo Sabino— lo procuran y lo apetecen con ardor grandísimo.

—Pues —replicó Juliano—, ¿escóndeseles por ventura la buena dicha o no es una misma?

—Una misma es —dijo Sabino—, y a nadie se esconde; antes, cuanto es de su parte, ella se les ofrece a todos y se les entra en su casa; mas no la conocen todos, y así algunos no la reciben.

—Por manera que decís, Sabino —dijo Juliano—, que los que no vienen a ser dichosos no conocen la buena dicha, y por esa causa la desechan de sí.

—Así es —respondió Sabino.

—Pues decidme —dijo Juliano—, ¿puede ser apetecido aquello de quien el que lo ha de amar no tiene noticia?

—Cierto es —dijo Sabino— que no puede.

—¿Y decís que los que no alcanzan la buena dicha no la conocen? —dijo Juliano.

Respondió Sabino que era así.

—Y también habéis dicho —añadió Juliano— que esos mismos que no lo son apetecen y aman el ser bienaventurados.

Concedió Sabino que lo había dicho.

—Luego —dijo Juliano— apetecen lo que no saben ni conocen. Y así se concluye una de dos cosas: o que lo no conocido puede ser amado, o que los de mala suerte no aman la buena suerte, que cada una de ellas contradice a lo que, Sabino, habéis dicho. Ved ahora si queréis mudar alguna de ellas.

Reparó entonces Sabino un poco y dijo luego:

—Parece que de fuerza se habrá de mudar.

Mas Juliano, tornando a tomar la mano, dijo así:

—Id conmigo, Sabino, que podría ser que por esta manera llegásemos a tocar la verdad. Decidme: la buena dicha, ¿es ella alguna cosa que vive, o que tiene ser en sí misma, o qué manera de cosa es?

—No entiendo bien, Juliano —respondió Sabino—, lo que me preguntáis.

—Ahora —dijo Juliano— lo entenderéis. El avariento, decidme, ¿ama algo?

—Sí ama —dijo Sabino.

—¿Qué? —dijo Juliano.

—El oro sin duda —dijo Sabino— y las riquezas.

—Y el que las gasta —añadió Juliano— en fiestas y en banquetes, en aquello que hace, ¿busca y apetece algún bien?

—No hay duda de eso —dijo Sabino.

—¿Y qué bien apetece? —preguntó Juliano.

—Apetece —respondió Sabino—, a mi parecer, su gusto propio y su contento.

—Bien decís, Sabino —dijo Juliano luego—. Mas decidme: el contento que nace del gastar las riquezas, y esas mismas riquezas, ¿tienen una misma manera de ser? ¿No os parece que el oro y plata es una cosa que tiene sustancia y tomo, que la veis con los ojos y la tocáis con las manos? Mas el contento no es así, sino como un accidente que sentís en vos mismos, o que os imagináis que sentís. Y no es cosa que o la sacáis de las minas, o que el campo o de suyo o con vuestra labor la produce, y, producida, la cogéis de él y la encerráis en el arca, sino cosa que resulta en vos de la posesión de alguna de las cosas que son de tomo, que o poseéis u os imagináis poseer.

—Verdad es —dijo Sabino— lo que decís.

—Pues ahora —dijo Juliano— entenderéis mi pregunta, que es: si la buena dicha tiene ser como las riquezas y el oro, o como las cosas que llamamos gusto y contento.

—Como el gusto y el contento —dijo Sabino luego—. Y aun me parece a mí que la buena dicha no es otra cosa sino un perfecto y entero contento, seguro de lo que se teme y rico de lo que se ama y apetece.

—Bien habéis dicho —dijo Juliano—; mas si es como el contento o es el contento mismo, y habemos dicho que el contento es una cosa que resulta en nosotros de algún bien de sustancia, que o tenemos o nos imaginamos tener, necesaria cosa será que de la buena dicha haya alguna cosa de tomo que sea como su fuente y raíz, de manera que le dé ser dichoso al que la poseyere, cualquiera que él sea.

—Eso —dijo Sabino— no se puede negar.

—Pues decidme, ¿hay una fuente sola o hay muchas fuentes?

—Parece —dijo Sabino— que hay una sola.

—Con razón os parece así —dijo Juliano entonces—, porque el entero contento del hombre en una sola manera puede ser; por la misma razón no tiene sino una sola causa. Mas esta causa que llamamos fuente, y que, como decís, es una, ¿ámanla y búscanla todos?

—No la aman —dijo Sabino.

—¿Por qué? —respondió Juliano.

Y Sabino dijo:

—Porque no la conocen.

—Y ninguno —dijo Juliano— deja de amar, como antes decíamos, lo que es buena dicha.

—Así es —respondió.

—Y no se ama —replicó— lo que no se conoce. Luego habéis de decir, Sabino, que los que aman el ser dichosos, y no lo alcanzan, conocen lo general del descanso y del contento, mas no conocer la particular y verdadera fuente de donde nace, ni aquello uno en que consiste y que lo produce. Y habéis de decir que, llevados por una parte del deseo, y por otra parte no sabiendo el camino, ni pueden parar ni les es posible atinar, al revés de los que hallan la buena suerte. Mas decidme, Sabino: los que buscan ser dichosos y nunca vienen a serlo, ¿no aman ellos algo también, y lo procuran haber como a fuente de su buena dicha, la que ellos pretenden?

—Aman —dijo Sabino—, sin duda.

—Y ese su amor —dijo Juliano—, ¿hácelos dichosos?

—Ya está dicho que no los hace —respondió Sabino—, porque la cosa a quien se allegan y a quien le piden su contento y su bien, no es la fuente de él ni aquello de donde nace.

—Pues si ese amor no les da buena dicha —dijo Juliano—, ¿hace en ellos otra cosa alguna, o no hace nada?

—¿No bastará —dijo Sabino— que no les dé buena dicha?

—Por mí —dijo Juliano— baste en buen hora, que no deseo su daño, mas no os pido aquello con que yo por ventura quedaría contento si fuese el repartidor, sino lo que la razón dice, que es juez que no se dobla.

—Paréceme —dijo Sabino— que como el hijo de Príamo, que puso su amor en Helena y la robó a su marido, persuadiéndose que llevaba con ella todo su descanso y su bien, no solo no halló allí el descanso que se prometía, mas sacó de ella la ruina de su patria y la muerte suya, con todo lo demás que Homero canta de calamidad y miseria; así, por la misma manera, los no dichosos por fuerza vienen a ser desdichados y miserables; porque aman como a fuente de su descanso lo que no lo es; y, amándolo así, pídenselo y búscanlo en ello, y trabájanse miserablemente por hallarlo, y al fin no lo hallan. Y así los atormenta juntamente y como en un tiempo el deseo de haberlo y el trabajo de buscarlo y la congoja de no poderlo hallar. De donde resulta que no solo no consiguen la buena dicha que buscan, mas en vez de ella caen en infelicidad y miseria.

—Recojamos —dijo Juliano entonces— todo lo que habemos dicho hasta ahora, y así podremos después mejor ir en seguimiento de la verdad. Pues tenemos de todo lo sobredicho: lo uno que todos aman y pretenden ser dichosos; lo otro, que no lo son todos; lo tercero, que la causa de esta diferencia está en el amor de aquellas cosas que llamamos fuentes o causas, entre las cuales la verdadera es sola una, y las demás son falsas y engañosas. Y lo último, tenemos que, como el amor de la verdadera hace buena suerte; así hace, no solo falta de ella, sino miseria extremada, el amor de las falsas.

—Todo eso está dicho; mas de todo eso —dijo Sabino—, ¿qué queréis, Juliano, inferir?

—Dos cosas infiero —dijo Juliano luego—; la una, que todos aman, los buenos y los malos, los felices y los infelices, y que no se puede vivir sin amar. La otra, que como el amor en los unos es causa de su buena andanza, así en los otros es la fuente de su miseria; y siendo en todos amor, hace en los unos y en los otros efectos muy diferentes, o por decir verdad, claramente contrarios.

—Así se infiere —dijo Sabino.

—Mas decidme —añadió Juliano—, ¿atreveros heis, Sabino, a buscar conmigo la causa de aquesta desigualdad y contrariedad que en sí encierra el amor?

—¿Qué causa decís, Juliano? —respondió Sabino.

—El porqué —dijo Juliano— el amor, que nos es tan necesario y tan natural a todos, es en unos causa de miseria, y en otros de felicidad y buena suerte. —Claro está esto —dijo Sabino luego—, porque, aunque en todos se llama amor, no es en todos uno mismo, mas en unos es amor de lo bueno, y así les viene el bien de él, y en otros de lo malo, y así les fructifica miseria.

—¿Puede —replicó Juliano— amar nadie lo malo?

—No puede —dijo Sabino—, como no puede desamar a sí mismo. Mas el amor malo que digo, llámole así, no porque lo que ama es en sí malo, sino porque no es aquel bien que es la fuente y el minero del sumo bien.

—Eso mismo —dijo Juliano— es lo que hace mi duda y mi pregunta más fuerte.

—¿Más fuerte? —respondió Sabino—. ¿Y en qué manera?

—De esta manera —dijo Juliano—; porque si los hombres pudieran amar la miseria, claro y descubierto estaba el porqué el amor hacía miserables a los que la amaban; mas, amando todos siempre algún bien, aunque no sea aquel bien de donde nace el sumo bien, ya que este su amor no los hace enteramente dichosos, a lo menos, pues es bien lo que aman, justo y razonable sería que el amor de él les hiciese algún bien. Y así no parece verdad lo que poco antes asentábamos por muy cierto, que el amor hace también a las veces miseria en los hombres.

—Así parece —respondió Sabino.

—No os rindáis —dijo Juliano— tan presto, sino id conmigo inquiriendo el ingenio y la condición del amor; que, si la hallamos, ella nos podrá descubrir la luz que buscamos.

—¿Qué ingenio es ése —respondió Sabino—, o cómo se ha de inquirir?

—Muchas veces habréis oído decir, Sabino —respondió Juliano—, que el amor consiste en una cierta unidad.

—Sí he —dijo Sabino— oído y leído que es unión el amor y que es unidad, y que es como un lazo estrecho entre los que juntamente se aman, y que, por ser así, se transforma el que ama en lo que ama, por tal manera, que se hace con él una misma cosa.

—¿Y paréceos —dijo Juliano— que todo el amor es así?

—Sí parece —respondió Sabino.

—Apolo —dijo Juliano—, a vuestro parecer, ¿amaba, cuando en la fábula, como canta el poeta, sigue a Dafne, que le huye? O el otro de la comedia, cuando pregunta: dónde buscará, dónde descubrirá, a quién preguntará, cuál camino seguirá para hallar a quien había perdido de vista, pregunto: ¿amaba también?

—Así —dijo— parece.

—Y ambos —replicó Juliano— estaban tan lejos de ser unos con lo que amaban, que el uno era aborrecido de ello, y el otro no hallaba manera para alcanzarlo.

—Verdad es —dijo Sabino— cuanto al hecho, mas cuanto al deseo ya lo eran, porque esa unidad era lo que apetecían, Si amaban.

—Luego —dijo Juliano— ya el amor no era él la unidad, sino un apetito y deseo de ella.

—Así —dijo— parece.

—Pues decidme —añadió Juliano—, aquestos mismos, si Consiguieran su intento, u otros cualesquiera que aman, y que lo que aman lo consiguen y alcanzan, y vienen a ser uno mismo con ello, ¿dejan de amarlo luego o ámanlo todavía también?

—Como puede uno no amar a sí mismo, así podrán —dijo Sabino— dejar de amar al que ya es una misma cosa con ellos.

—Bien decís —dijo Juliano—; mas decidme, Sabino, ¿será posible que desee alguno aquello mismo que tiene?

—No es posible —dijo Sabino.

—Y habéis dicho —añadió Juliano— que ya aquestos tales han venido a tener unidad.

—Sí han venido —dijo.

—Luego habéis de decir —replicó Juliano— que ya no la desean ni apetecen.

—Sí es —dijo— verdad. Y es verdad que se aman —añadió Juliano—; luego no lo es decir que el amar es desear la unidad.

Estuvo entonces sobre sí Sabino un poco, y dijo luego:

—No sé, Juliano, qué fin han de tener hoy estas redes vuestras, ni qué es lo que con ellas deseáis prender. Mas, pues, así me estrecháis, dígoos que hay dos amores o dos maneras de amar: una de deseo y otra de gozo. Y dígoos que en el uno y en el otro amor hay su cierta unidad; el uno la desea, y, cuanto es de su parte, la hace; y el otro la posee y la abraza, y se deleita y aviva con ella misma el uno camina a este bien, y el otro descansa y se goza en él; el uno es como el principio, y el otro es como lo sumo y lo perfecto; y así el uno como el otro se rodea como sobre quicio, sobre la unidad sola, el uno haciéndola, y el otro como gozando de ella.

—No han hecho mala presa estas que llamáis mis redes, Sabino —dijo Juliano entonces—, pues han cogido de vos esto que decís ahora, que está muy bien dicho: y con ello yo más cerca del fin que pretendo, de lo que vos, Sabino, pensáis.

Porque, pues es así que todo amor, cada uno en su manera, o es unidad o camina a ella y la pretende; y pues es así, que es como el blanco y el fin del bien querer. el ser unos los que se quieren, cosa cierta será que todo aquello que fuere contrario, o en alguna forma dañoso a aquesta unidad, será desabrido enemigo para el amor, y que el que amare, por el mismo caso que ama, padecerá tormento gravísimo todas las veces que o le aconteciere algo de lo que divide el amor, o temiere que le puede acontecer. Porque. como con el cuerpo siempre que se corta o que se divide lo uno de él y lo que está ayuntado y continuo, se descubre luego un dolor agudo, así todo lo que en el amor, que es unidad, se esfuerza a poner división, pone por el mismo caso en el alma que ama una miseria y una congoja viva, mayor de lo que declarar se puede.

—Esa es verdad en que no hay duda —dijo entonces Sabino.

—Pues si en esto no hay duda —añadió Juliano—, ¿podréisme decir, Sabino, cuántas y cuáles sean las cosas que tiene esta fuerza, o que la pretenden tener, de cortar y dividir aquello con que el amor se anuda y se hace uno?

—Tiene —dijo Sabino— esa fuerza todo aquello que a cualquiera de los que aman o le deshace en el ser, o le muda y le trueca en la voluntad, o totalmente o en parte, como son, en lo primero, la enfermedad y la vejez y la pobreza y los desastres, y, finalmente, la muerte; y en lo segundo, la ausencia, el enojo, la diferencia de pareceres, la competencia en unas mismas cosas, el nuevo querer, y la liviandad nuestra natural. Porque, en lo primero, la muerte deshace el ser, y así aparta aquello que deshace de aquello que queda con vida; y la enfermedad y vejez y pobreza y desastres, así como disponen para la muerte, así también son ministros y como instrumentos con que este apartamiento se obra. Y, en lo segundo, cierto es que la ausencia hace olvido, y que el enojo divide Y que la diferencia de pareceres pone estorbo en la conversación; y así, apartando el trato, enajena poco a poco las voluntades, y las desata para que cada una se vaya por sí. Pues con el nuevo amor, claro es que se corta el primero, y manifiesto es que nuestro natural mudable es como una lima secreta que de continuo, con deseo de hacer novedad, va dividiendo lo que está bien ajuntado.

—No se dará bien, conforme a eso, Sabino —dijo Juliano entonces—, el amor en cualquier suelo.

Respondió Sabino:

—¿Cómo no se dará?

Y Juliano dijo:

—Como dicen de algunos frutales que, plantados en Persia, su fruta es ponzoña, y nacidos en estas provincias nuestras, son de manjar sabroso y saludable, así digo que se concluye de lo que hasta ahora está dicho, que el amor y la amistad todas las veces que se plantare en lo que estuviere sujeto a todos o a algunos de esos accidentes que habéis contado, Sabino, como planta puesta en lugar, no solo ajeno de su condición, mas contrario y enemigo de la cualidad de su ingenio, producirá no fruta que recree, sino tóxico que mate. Y si, como poco antes decíamos, para venir a ser dichosos y de buena suerte nos conviene que amemos algo que nos sea como fuente de aquesta buena ventura; y si la naturaleza ordenó que fuese el medio y el tercero de toda la buena dicha el amor, bien se conoce ya lo que arriba dudábamos, que el amor que se empleare en aquello que está sujeto a las mudanzas y daños que dicho habéis, no solo no dará a su dueño ni el sumo bien, ni aquella parte de bien, cualquiera que ella se sea, que posee en sí aquello a quien se endereza, mas le hará triste y miserable del todo. Porque el dolor que le traspasará las entrañas, cuando alguno de los casos y de los accidentes que dijisteis, Sabino, pues no se excusan, le aconteciere, y el temor perpetuo de que cada hora le pueden acontecer, le convertirán el bien en continua miseria. Y no le valdrá tanto lo bueno que tiene aquello que ama, para acarrearle algún gusto, cuanto será poderoso lo quebradizo y lo Vil y lo mudable de su condición, para le afligir con perpetuo e infinito tormento.

Mas si es tan perjudicial el amor cuando se emplea mal, y si se emplea mal en todo lo que está sujeto a mudanza, y si todo lo semejante le es suelo enemigo, adonde, si prende, produce frutos de ponzoña y miseria, ya veis, Sabino, la razón por qué dije al principio que solo Cristo es Aquel con quien se puede tener paz y amistad; porque Él solo es el mudable y el bueno, y Aquel que, cuanto de su parte es, jamás divide la unidad del amor con que Él se pone; y así Él solo el sujeto propio y la tierra natural y feliz, adonde florece bienaventuradamente y adonde hace buen fruto esta planta. Porque ni en su condición hay cosa que lo divida, ni se aparta de él por las mudanzas y desastres a que está sujeta la nuestra, como nosotros libremente no lo apartemos, dejándole. Que ni llega a Él la vejez, ni la enfermedad le enflaquece, ni la muerte le acaba, ni puede la fortuna con sus desvaríos poner cualidad en Él que le haga menos amable. Que, como dice el salmista, «aunque tú, Señor, mismo desde el principio cimentaste la tierra, y aunque son obra de tus manos los cielos ellos perecerán, y Tú permanecerás; ellos se envejecerán como se envejece la ropa, y como se pliega la capa los plegarás, y serán plegados; mas Tú eres siempre uno mismo, y tus años nunca desmenguan». Y «tu trono, Señor, por siglos y siglos vara de derechezas la vara de tu gobierno». Esto es en el ser; que en su voluntad para con nosotros, si nosotros no le huimos primero, no puede caber desamor. Porque, si viniéramos a pobreza y a menos estado, nos amará; y si el mundo nos aborreciere, Él conservará su amor con nosotros; en las calamidades, en los trabajos y en las afrentas en los tiempos temerosos y tristes, cuando todos nos huyan, Él con mayores regalos nos recogerá a sí. No temeremos que podrá venir a menos su amor por ausencia, pues está siempre lanzado en nuestra alma y presente. Ni cuando, Sabino, se marchitare en vos esa flor de la edad, ni cuando, corriendo los años y haciendo su obra, os desfiguraren la belleza del rostro, ni en las canas, ni en la flaqueza, ni en el temblor de los miembros, ni en el frío de la vejez, se resfriará su amor en ninguna cosa para con vos. Antes rico para hacer siempre bien, y de riquezas que no se agotan haciéndole, y deseosísimo continuamente de hacerlo, cuando se os acabare todo, se os dará todo Él, «y renovará vuestra edad como el águila», y vistiéndoos de inmortalidad y de bienes eternos como Esposo verdadero vuestro, os ayuntará del todo consigo con lazo que jamás faltará, estrecho y dulcísimo.

—Mas esto ya os toca a vos, Marcelo —dijo Juliano prosiguiendo, y volviéndose a Él—, porque es del nombre de Esposo de que últimamente habéis de decir, y de que yo de propósito os he detenido que no dijéses con aquesto que he dicho, no tanto por añadir cosa que importase a vuestras razones, cuanto para que reposásedes entre tanto vos, y así entrásedes con nuevo aliento en aquesto que os resta.

—Vos, Juliano —dijo Marcelo entonces—, siempre que habláredes será con propósito y provecho mucho; y lo que habéis hablado ahora ha sido tal, que hacéis mal en no llevarlo adelante. Y pues ello mismo os había metido en el nombre de Esposo, fuera justo que lo prosiguiérades vos, a lo menos siquiera porque entre tanto malo como he dicho yo, tuviera tan buen remate esta plática. Que yo os confieso que en este nombre no puede decir lo que hay en él quien no lo ha sabido sentir; y de mí ya conocéis cuán lejos estoy de todo buen sentimiento.

—Ya conocemos —dijeron juntos Juliano y Sabino— cuán mal sentís de estas cosas, y por esa causa os queremos oír en ellas; demás de que es justo que sea de un paño todo.

—Justo es —dijo Marcelo— que sea todo de sayal, y que a cosa tan grosera no se añada pieza más fina. Mas, pues es forzoso, será necesario que, como suelen hacer los poetas en algunas partes de sus poesías, adonde se les ofrece algún sujeto nuevo, o más dificultoso que lo pasado o de mayor cualidad, que tornan a invocar el favor de sus musas, así yo ahora torne a pedir a Cristo su favor y su gracia, para poder decir algo de lo que en un misterio como aquéste se encierra, porque sin él no se puede entender ni decir.

Y con esto humilló Marcelo templadamente la cabeza hacia el suelo, y, como encogiendo los hombros, calló por un espacio pequeño; y luego, tornándola a alzar, y tendiendo el brazo derecho, y en la mano de él, que tenía cerrada, abriendo ciertos dedos de ella y extendiéndolos, dijo: E S P O S O [Llámase Cristo Esposo, y explícase cómo lo es de la Iglesia, y las circunstancias de este desposorio.]

—Tres cosas son, Juliano y Sabino, las que este nombre de Esposo nos da a entender, y las de que nos obliga a tratar: el ayuntamiento y la unidad estrecha que hay entre Cristo y la Iglesia; la dulzura y deleite que en ella nace de aquesta unidad; los accidentes y, como si dijésemos, los aparatos y circunstancias del desposorio. Porque, si Cristo es Esposo de toda la Iglesia y de cada una de las ánimas justas, como de hecho lo es, manifiesto es que han de concurrir en ello aquestas tres cosas. Porque el desposorio, o es un estrecho nudo, en que dos diferentes se reducen en uno, o no se entiende sin él; y es nudo por muchas maneras dulce, y nudo que quiere su cierto aparato, y a quien le anteceden siempre y le siguen algunas cosas dignas de consideración. Y, aunque entre lo hombres hay otros títulos y otros conciertos, u ordenados por su voluntad de ellos mismos, o con que naturalmente nacen así, con que se ayuntan en uno unas veces más, y otras menos —porque el título de deudo o de padre es unidad que hace la naturaleza con el parentesco; y los títulos de rey y de ciudadano y de amigo son respetos de estrechezas, con que por su voluntad los hombres se adunan—, mas aunque esto es así, el nombre de Esposo y la verdad de este nombre hace ventaja a los demás en dos cosas: la primera, en que es más estrecho y de más unidad que ninguno; la segunda, en que es lazo más dulce y causador de mayor deleite que todos los otros.

Y en aqueste artículo es muy digna de considerar la maravillosa blandura con que ha tratado Cristo a los hombres; que con ser nuestro Padre, y con hacerse nuestra Cabeza y con regirnos como Pastor, y curar nuestra salud como médico, y allegarse a nosotros, y ayuntarnos a sí, con otros mil títulos de estrecha amistad, no contento con todos, añadió a todos ellos aqueste nudo y aqueste lazo también, y quiso decirse y ser nuestro Esposo. Que para lazo es el más apretado lazo; y para deleite, el más apacible y más dulce; y para unidad de vida, el de mayor familiaridad; y para conformidad de voluntades, el más uno; y para amor, el más ardiente y el más encendido de todos.

Y no solo en las palabras, mas en el hecho es así nuestro Esposo, que toda la estrecheza de amor y de conversación y de unidad de cuerpos, que en el suelo hay entre dos, marido y mujer, comparada con aquella con que se enlaza con nuestra alma este Esposo, es frialdad y tibieza pura. Porque en el otro ayuntamiento no se comunica el espíritu, mas en éste su mismo espíritu de Cristo se da y se traspasa a los justos, como dice San Pablo: «El que se ayunta a Dios, hácese un mismo espíritu con Dios». En el otro, así dos cuerpos se hacen uno, que se quedan diferentes en todas sus cualidades, mas aquí así se ayuntó la Persona del Verbo a nuestra carne, que osa decir San Juan «que se hizo carne».

Allí no recibe vida el un cuerpo del otro; aquí vive y vivirá nuestra carne por medio del ayuntamiento de la carne de Cristo.

Allí al fin son dos cuerpos en humores e inclinaciones diversos; aquí, ayuntando Cristo su Cuerpo a los nuestros, los hace de las condiciones del suyo, hasta venir a ser con Él cuasi un cuerpo mismo, por una tan estrecha y secreta manera que apenas explicarse puede. Y así lo afirma y encarece San Pablo: «Ninguno —dice— aborreció jamás a su carne, antes la alimenta y la abriga, como Cristo a la Iglesia; porque somos miembros de su cuerpo, de su carne de Él y de sus huesos de Él. Por esto dejará el hombre a su padre y a su madre, y se ayuntará a su mujer, y serán dos en una carne. Este es un secreto y un sacramento grandísimo, mas entiéndolo yo en la Iglesia con Cristo». Pero vamos declarando poco a poco, cuanto nos fuere posible, cada una de las partes de aquesta unidad maravillosa por la cual todo el hombre se enlaza estrechamente con Cristo, y todo Cristo con él.

Porque, primeramente, el ánima del hombre justo se ayunta y se hace una con la divinidad y con el alma de Cristo, no solamente porque las anuda el amor, esto es, porque el justo ama a Cristo entrañablemente, y es amado de Cristo por no menos cordial y entrañable manera, sino también por otras muchas razones.

Lo uno, porque imprime Cristo en su alma de Él, y le dibuja una semejanza de sí mismo viva y un retrato eficaz de aquel grande bien, que en sí mismo contienen sus dos naturalezas, humana y divina. Con la cual semejanza figurado nuestro ánimo y como vestido de Cristo, parece otro Él, como poco ha que decíamos, hablando de la virtud de la gracia. Lo otro, porque demás de esta imagen de gracia, que pone Cristo como de asiento en nuestra alma, le aplica también su fuerza y su vigor vivo, y que obra y lánzalo por ella toda; y apoderado así de ella, dale movimiento y despiértala y hácela que no repose, sino que, conforme a la santa imagen suya que impresa en sí tiene, así obre y se menee y bulla siempre, y como fuego arda y levante llama y suba hasta el cielo ensalzándose. Y como el artífice que, como alguna vez acontece, primero hace de la materia que le conviene lo que le ha de ser instrumento en su arte, figurándolo en la manera que debe para el fin que pretende, y después, cuando lo toma en la mano, queriendo usar de él, le aplica su fuerza y le menea, y le hace que obre conforme a la forma de instrumento que tiene y conforme a su cualidad y manera; y en cuanto está así el instrumento, es como un otro artífice vivo, porque el artífice vive en él y le comunica, cuanto es posible, la virtud de su arte, así Cristo, después que con la gracia, semejanza suya, nos figura y concierta en la manera que cumple, aplica su mano a nosotros, y lanza en nosotros su virtud obradora, y dejándonos llevar de ella nosotros, sin le hacer resistencia, obra Él y obramos con Él y por Él lo que es debido al ser suyo que en nuestra alma está puesto, y a las condiciones hidalgas y al nacimiento noble que nos ha dado; y hechos así otro Él, o por mejor decir, envestidos en Él, nace de Él y de nosotros una obra misma, y ésa cual conviene que sea la que es obra de Cristo.

Mas ¿por ventura parará aquí el lazo con que se anuda Cristo a nuestra alma? Antes pasa adelante; porque —y sea esto lo tercero, y lo que ha de ser forzosamente lo último— no solamente nos comunica su fuerza y el movimiento de su virtud en la forma que he dicho, mas también, por una manera que apenas se puede decir, pone presente su mismo Espíritu en cada uno de los ánimos justos. Y no solamente se junta con ellos por los buenos efectos de gracia y de virtud y de bien obrar que allí nace, sino porque el mismo Espíritu divino suyo está dentro de ellos presente, abrazado y ayuntado con ellos por dulce y bienaventurada manera.

Que así como en la divinidad del Espíritu Santo, inspirado juntamente de las personas del Padre y del Hijo, es el amor, y como si dijésemos, el nudo dulce y estrecho de ambos, así Él mismo, inspirado a la Iglesia y con todas las partes justas de ella enlazado y en ellas morando, las vivifica y las enciende y las enamora y las deleita y las hace entre sí y con Él una cosa misma: «Quien me amare —dice Cristo—, será amado de mi Padre, y vendremos a Él, y haremos morada en Él». Y San Pablo: «La caridad de Dios nos es infundida en nuestros corazones por el Espíritu Santo, que nos es dado». Y en otra parte dice que nuestros cuerpos son templo suyo, y que vive en ellos y en nuestros espíritus». Y en otra, «que nos dio el Espíritu de su Hijo», que en nuestras almas y corazones a boca llena le llama Padre y más Padre..

Y como aconteció a Eliseo con el hijo de la huéspeda muerto, que le aplicó primero su báculo y se ajustó con él después, y lo último de todo le comunicó su aliento y espíritu, así en su manera es lo que pasa en este ayuntamiento y en este abrazo de Dios; que primero pone Di s en el alma sus dones, y después aplica a ella sus manos y rostro, y últimamente le infunde su aliento y espíritu, con el cual la vuelve a la vida del todo, y, viviendo a la manera que Dios vive en el cielo, y viviendo por Él, dice con San Pablo: «Vivo yo, mas no yo, sino vive en mí Jesucristo». Esto, pues, es lo que hace en el alma; y no es menos maravilloso que esto lo que hace con el cuerpo, con el cual ayunta el suyo estrechísimamente. Porque, demás de que tomó nuestra carne en la naturaleza de su humanidad, y la ayuntó con su persona divina con ayuntamiento tan firme que no será suelto jamás, el cual ayuntamiento es un verdadero desposorio, o por mejor decir un matrimonio indisoluble, celebrado entre nuestra carne y el Verbo, y el tálamo donde se celebró fue, como dice San Agustín, el vientre purísimo; así que, dejando esta unión aparte, que hizo con nuestra carne haciéndola carne suya, y vistiéndose de ella, y saliendo en pública plaza en los ojos de todos los hombres abrazado con ella, también esta misma carne y cuerpo suyo, que tomó de nosotros, lo ayunta con el cuerpo de su Iglesia y con todos los miembros de ella, que debidamente le reciben en el Sacramento del altar, allegando su carne a la carne de ellos, y haciéndola, cuanto es posible, con la suya una misma: «Y serán —dice— dos en una carne. Gran sacramento es éste, pero entiéndolo yo de Cristo y de la Iglesia». No niega San Pablo decirse con verdad de Eva y de Adán aquello, y serán una carne los dos, de los cuales al principio se dijo, pero dice que aquella verdad fue semejanza de aqueste otro hecho secreto.

Y dice que en aquello la razón de ello era manifiesta y descubierta razón; mas aquí dice que es oculto misterio.

Y a este ayuntamiento real y verdadero de su cuerpo y el nuestro miran también claramente aquellas palabras de Cristo: «Si no comiéredes mi carne y bebiéredes mi sangre, no tendréis vida en vosotros». Y luego, o en el mismo lugar: «El que come mi carne, y bebe mi sangre, quede en Mí y Yo en él». Y, ni más ni menos, lo que dice San Pablo: «Todos somos un cuerpo, los que participamos de un mismo mantenimiento». De lo cual se concluye que, así como por razón de aquel tocamiento son dichos ser una carne Eva y Adán, así y con mayor razón de verdad, Cristo Esposo fiel de su Iglesia, y ella, Esposa querida y amada suya, por razón de este ayuntamiento que entre ellos se celebra, cuando reciben los fieles dignamente en la hostia su carne, son una carne y un cuerpo entre sí.

Bien brevemente Teodoreto sobre el principio de los Cantares, y sobre aquellas palabras de ellos: «Béseme de besos de su boca», en este propósito dice de esta manera: «No es razón que ninguno se ofenda de aquesta palabra de beso, pues es verdad que al tiempo que se dice la misa y al tiempo que se comulga en ella, tocamos al cuerpo de nuestro ESPOSO, y le besamos y le abrazamos, y como ESPOSO así nos ayuntamos con Él». Y San Crisóstomo dice más larga y más claramente lo mismo: «Somos —dice— un cuerpo, y somos miembros suyos hechos de su carne, y hechos de sus huesos. Y no solo por medio del amor somos uno con Él realmente nos ayunta y convierte en su carne por medio del manjar de que nos ha hecho merced. Porque, como quisiese declararnos su amor, enlazó y como mezcló con su cuerpo el nuestro, e hizo que todo fuese uno, para que así quedase el cuerpo unido con su cabeza, lo cual es muy propio de los que mucho se aman. Y así Cristo, para obligarnos con mayor amor y para mostrar más para con nosotros su buen deseo, no solamente se deja ver de los que le aman, sino quiere ser también tocado de ellos, y ser comido, y que con su carne se ingiera la de ellos, como diciéndoles: Yo deseé y procuré ser vuestro hermano, y así por este fin me vestí como vosotros de carne y de sangre, y eso mismo con que me hice vuestro deudo y pariente, eso mismo yo ahora os lo doy y comunico». Aquí Juliano, asiendo de la mano a Marcelo, dijo:

—No os canséis en esto, Marcelo, que lo mismo que dicen Teodoreto y Crisóstomo, cuyas palabras nos habéis referido lo dicen por la misma manera casi toda la antigüedad de los santos: San Ireneo, San Hilario, San Cipriano, San Agustín, Tertuliano, Ignacio, Gregorio Niseno, Cirilo, León, Focio y Teofilacto. Porque, así como es cosa notoria a los fieles que la carne de Cristo, debajo de los accidentes de la hostia, recibida por los cristianos y pasada al estómago, por medio de aquellas especies toca a nuestra carne, y es nuestra carne tocada de ella, así también es cosa en que ninguno que lo hubiere leído puede dudar, que así las Sagradas Letras como los santos doctores usan por esta causa de aquesta forma de hablar, que es decir, que somos un cuerpo con Cristo, y que nuestra carne es de su carne, y de sus huesos los nuestros, y que no solamente en los espíritus, mas también en los cuerpos estamos todos ayuntados y unidos. Así que estas dos cosas ciertas son, y fuera de toda duda están puestas.

Lo que ahora, Marcelo, os conviene decir, si nos queréis satisfacer, o por mejor decir, si deseáis satisfacer al sujeto que habéis tomado y a la verdad de las cosas, es declarar cómo por solo que se toque una carne con otra, y solo porque el un cuerpo con el otro cuerpo se toquen, se puede decir con verdad que son ambos cuerpos un cuerpo, y ambas carnes una misma carne, como las Sagradas Letras y los santos doctores, que así las entienden, lo dicen. ¿Por ventura no toco yo ahora con mi mano a la vuestra, mas no por eso son luego un mismo cuerpo y una misma carne vuestra mano y mi mano?

—No lo son sin duda —dijo Marcelo entonces—, ni menos es un cuerpo y una carne la de Cristo y la nuestra solamente porque se tocan, cuando recibimos su cuerpo. Ni los santos por solo este tocamiento ponen esta unidad de cuerpo entre Él y nosotros; que los pecadores, que indignamente le reciben, también se tocan con Él, sino porque, tocándose ambos, por razón de haber recibido dignamente la carne de Cristo, y por medio de la gracia que se da por ella, viene nuestra carne a remedar en algo a la de Cristo, haciéndosele semejante.

—Eso —dijo Juliano entonces, dejando a Marcelo—, nos dad más a entender.

Y Marcelo, callando un poco, respondió luego de esta manera:

—Quedará muy entendido si yo, Juliano, hiciere ahora clara la verdad de dos cosas: la primera, que para que se diga con verdad que dos cosas son una misma, basta que sean muy semejantes entre sí; la segunda, que la carne de Cristo, tocando a la carne del que la recibe dignamente en el Sacramento, por medio de la gracia que produce en el alma, hace en cierta manera semejante nuestra carne a la suya.

—Si vos probáis eso, Marcelo —respondió Juliano—, no quedará lugar de dudar. Porque si una grande semejanza es bastante para que se digan ser unos los que son dos, y si la carne de Cristo, tocando a la nuestra, la asemeja mucho a sí misma, clara cosa es que se puede decir con verdad que, por medio de este tocamiento, venimos a ser con Él un cuerpo y una carne. Y a lo que a mí me parece, Marcelo, en la primera de esas dos cosas propuestas no tenéis mucho que trabajar ni probar. Porque cosa razonable y conveniente parece que lo muy semejante se llame uno mismo, y así lo solemos decir.

—Es conveniente —respondió Marcelo—, y conforme a razón, y recibido en el uso común de los que bien sienten y hablan. De dos, cuando mucho se aman, ¿por ventura no decimos que son uno mismo, y no por más de porque se conforman en la voluntad y querer? Luego si nuestra carne se despojare de sus cualidades y se vistiere de las condiciones de la carne de Cristo, serán como una ella y la carne de Cristo; y demás de muchas otras razones, será también por esta razón carne de Cristo la nuestra, y como parte de su cuerpo, y parte muy ayuntada con Él. De un hierro muy encendido decimos que es fuego, no porque en sustancia lo sea, sino porque en las cualidades, en el ardor, en el encendimiento, en la color y en los efectos lo es; pues así, para que nuestro cuerpo se diga cuerpo de Cristo, aunque no sea una sustancia misma con Él, bien le debe bastar el estar acondicionado como Él. Y para traer a comparación lo que más vecino es y más semejante, ¿no dice a boca llena San Pablo que «el que se ayunta con Dios se hace un espíritu con Él?» ¿Y no es cosa cierta que el ayuntarse con Dios el hombre no es otra cosa sino recibir en su alma la virtud de la gracia, que, como ya tenemos dicho otras veces, es una cualidad celestial que, puesta en el alma, pone en ella mucho de las condiciones de Dios y la figura muy a su semejanza? Pues si al espíritu de Dios y al nuestro espíritu los dice ser uno el Predicador de las gentes, por la semejanza suya que hace en el nuestro el de Dios, bien bastará para que se digan nuestra carne y la carne de Cristo ser una carne, el tener la nuestra, si lo tuviere, algo de lo que es propio y natural a la carne de Cristo.

Son un cuerpo de república y de pueblo mil hombres en linajes extraños, en condiciones diversos, en oficios diferentes y en voluntades e intentos contrarios entre sí mismos, porque los ciñe un muro, y porque los gobierna una ley; y dos carnes tan juntas, que traspasa por medio de la gracia mucho de su virtud y de su propiedad la una en la otra, y cuasi la embebe en Sí misma, ¿no serán dichas ser una?

Y si en esto no hay que probar por ser manifiesto, como, Juliano, decís, ¿cómo puede ser oscuro o dudoso lo segundo que propuse y que después de aquesto se sigue? Un guante oloroso, traído por un breve tiempo en la mano, pone su buen olor en ella, y apartando de ella lo deja allí puesto; y la carne de Cristo, virtuosísima y eficacísima estando ayuntada con nuestro cuerpo e hinchiendo de gracia nuestra alma, ¿no comunicará su virtud a nuestra carne? ¿Qué cuerpo, estando junto a otro cuerpo, no le comunica sus condiciones? Este aire fresco que ahora nos toca, nos refresca; y poco antes de ahora cuando estaba encendido, nos comunicaba su calor y encendía.

Y no quiero decir que ésta es obra de naturaleza, ni digo que es virtud que naturalmente obra, la que acondiciona nuestro cuerpo y le asemeja al cuerpo de Cristo; porque, si fuese así, siempre y con todos aquellos a quien tocase, sucedería lo mismo; mas no es con todos así, como parece en aquellos que le reciben indignos. En los cuales el pasar atrevidamente a sus pechos sucios el cuerpo santísimo de Jesucristo, demás de los daños del alma, les es causa en el cuerpo de malos accidentas y de enfermedades, y a las veces de muerte, como claramente nos lo enseña San Pablo.

Así que no es obra de naturaleza aquésta, mas es muy conforme a ella y a lo que naturalmente acontece a los cuerpos cuando entre sí mismos se ayuntan. Y si por entrar la carne de Cristo en el pecho no limpio ni convenientemente dispuesto, como ahora decía, justamente se le destempla la salud corporal a quien así le recibe, cuando, por el contrario, estuviere bien dispuesto el que la recibiere, ¿cómo no será justo que con maravillosa virtud, no solo le santifique el alma, mas también con la abundancia de la gracia que en ella pone, le apure el cuerpo, y le avecine a sí mismo todo cuanto pudiere? Que no es más inclinado al daño que al bien el que es la misma bondad; ni el bien hacer le es dificultoso al que con el querer solo lo hace.

Y no solamente es conforme a lo que la naturaleza acostumbra, mas es muy conveniente y muy debido a lo que piden nuestras necesidades. ¿No decíamos esta mañana que el soplo de la serpiente y aquel manjar vedado y comido nos desconcertó el alma y nos emponzoñó el cuerpo? Luego convino que este manjar, que se ordenó contra aquél, pusiese no solamente justicia en el alma, sino también, por medio de ella, santidad y pureza celestial en la carne; pureza digo que resistiese a la ponzoña primera y la desarraigase poco a poco del cuerpo. Como dice San Pablo: «Así como en Adán murieron todos, así cobraron vida en Jesucristo». En Adán hubo daño de carne y de espíritu; y hubo inspiración del demonio, espiritual para el alma, y manjar corporal para el cuerpo. Pues si la vida se contrapone a la muerte y el remedio ha de ir por las pisadas del daño, necesario es que Cristo, en ambas a dos cosas, produzca salud y vida, en el alma con su espíritu, y en la carne ayuntando a ella su cuerpo. Aquella manzana, pasada al estómago, así destempló el cuerpo, que luego se descubrieron en él mil malas cualidades, más ardientes que el fuego, esta carne santa allegada debidamente a la nuestra por virtud de su gracia, produzca en ella frescor y templanza. Aquel fruto atoxicó nuestro cuerpo, con que viene a la muerte; esta carne, comida, enriquézcanos así con su gracia, que aun descienda su tesoro a la carne, que la apure y le dé vida y la resucite.

Bien dice acerca de esto San Gregorio Niseno: «Así como en aquellos que han bebido ponzoña, y que amatan su fuerza mortífera con algún remedio contrario, conviene que conforme a como hizo el veneno, asimismo la medicina penetre por las entrañas, para que se derrame por todo el cuerpo el remedio, así nos conviene hacer a nosotros, que, pues comimos la ponzoña que nos desata, recibamos la medicina que nos repara, para que con la virtud de ésta desechemos el veneno de aquélla. Mas esta medicina, ¿cuál es? Ninguna otra sino aquel santo cuerpo que sobrepujó a la muerte y nos fue causa de vida. Porque así como un poco de levadura, como dice el Apóstol, asemeja a sí a toda la masa, así aquel cuerpo a quien Dios dotó de inmortalidad, entrando en el nuestro, le traspasa en sí todo y le muda. Y así como lo ponzoñoso con lo saludable mezclado hace a lo saludable dañoso, así al contrario, este cuerpo inmortal, a aquel de quien es recibido, le vuelve semejantemente inmortal». Esto dice Niseno.

Mas entre todos, San Cirilo lo dice muy bien: «No podía —dice— este cuerpo corruptible traspasarse por otra manera a la inmortalidad y a la vida sino siendo ayuntado a aquel cuerpo a quien es como suyo el vivir. Y si a mí no me crees, da fe a Cristo, que dice: "Sin duda os digo que, si no comiéredes la carne del Hijo del hombre, y si no bebiéredes su sangre, no tendréis vida en vosotros. Que el que come mi carne y bebe mi sangre tiene vida eterna y yo le resucitaré en el postrero día. Bien oyes cuán abiertamente te dice que no tendrás vida, si no comes su carne y si no bebes su sangre". No la tendréis —dice— en vosotros; esto es, dentro de vuestro cuerpo no la tendréis. Mas ¿a quién no tendréis? A la vida. Vida llama convenientemente a su carne de vida, porque ella es la que en el día último nos ha de resucitar. Y deciros he cómo.

Esta carne viva, por ser carne del Verbo unigénito, posee la vida, y así no la puede vencer el morir; por donde, si se junta a la nuestra, alanza de nosotros la muerte; porque nunca se aparta de su carne el Hijo de Dios. Y porque está junto y es como uno con ella, por eso dice: "Y yo le resucitaré en el día postrero"». Y en otro lugar, el mismo doctor dice así: «Es de advertir que el agua, aunque es de naturaleza muy fría, sobreviniéndole el fuego, olvidada de su frialdad natural, no cabe en sí de calor. Pues nosotros por la misma manera, dado que por la naturaleza de nuestra carne somos mortales, participando de aquella vida que nos retira de nuestra natural flaqueza, tornamos a vivir por su virtud propia de ella. Porque convino que no solamente el alma alcanzase la vida por comunicársele el Espíritu Santo, mas que también este cuerpo tosco y terreno fuese hecho inmortal, con el gusto de su metal, y con el tacto de ello y con el mantenimiento. Pues como la carne del Salvador es carne vivífica, por razón de estar ayuntada al Verbo, que es vida por naturaleza, por eso, cuando la comemos, tenemos vida en nosotros, porque estamos unidos con aquello que está hecho vida. Y por esta causa Cristo, cuando resucitaba a los muertos, no solamente usaba de palabra y de mando como Dios, mas algunas veces les aplicaba su carne como juntamente obradora, para mostrar con el hecho que también su carne, por ser suya y por estar ayuntada con él, tenía virtud de dar vida». Esto es de Cirilo.

Así que la mala disposición que puso en nosotros el primer manjar nos obliga a decir que el cuerpo de Cristo, que es su contrario, es causa que haya en el nuestro, por secreta y maravillosa virtud, nueva pureza y nueva vida.

Y lo mismo podemos ver, si ponemos los ojos en lo que se puso por blanco Cristo en cuanto hizo, que es declararnos su amor por todas las maneras posibles. Porque el amor, como platicábades ahora, Juliano y Sabino, es unidad, o todo su oficio es hacer unidad; y cuanto es mayor y mejor la unidad, tanto es mayor y más excelente el amor. Por donde, cuanto por más particulares maneras fueren uno mismo dos entre sí, tanto sin duda ninguna se tendrán más amor. Pues si en nosotros hay carne y espíritu, y si con el espíritu ayunta el suyo Cristo por tantas maneras, poniendo en él su semejanza y comunicándole su vigor y derramando por él su espíritu mismo, ¿no os parecerá, Juliano, forzoso el decir, o que hay falta en su amor para con nosotros, o que ayunta también su cuerpo con el nuestro, cuanto es posible ayuntarse dos cuerpos?

Mas ¿quién se atreverá a poner mengua en su amor en esta parte, el cual por todas las demás partes es sobre todo encarecimiento extremado? Porque pregunto: ¿O no le es posible a Dios hacer esta unión, o hecha, no declara ni engrandece su amor, o no se precia Dios de engrandecerle? Claro es que es posible y manifiesto que añade quilates, y notorio y sin duda que se precia Dios de ser en todo lo que hace perfecto. Pues si esto es cierto, ¿cómo puede ser dudoso, si hace Dios lo que puede ser hecho, y lo que importa que se haga para el fin que pretende? El mismo Cristo dice, rogando a su Padre: «Señor, quiero que Yo y los míos seamos una misma cosa, así como Yo soy una misma cosa contigo». No son una misma cosa el Padre y el Hijo solamente porque se quieren bien entre sí ni solo porque son así en voluntades como en juicios conformes, sino también porque son una misma sustancia de manera que el Padre vive en el Hijo, y es un mismo ser y vivir el de entrambos.

Pues así, para que la semejanza sea perfecta cuanto ser puede, conviene sin duda que a nosotros los fieles entre nosotros, y a cada uno de nosotros con Cristo, no solamente nos anude y haga uno la caridad, que el Espíritu en nuestros corazones derrama, sino que también en la manera del ser, así en la del cuerpo como en la manera del alma, seamos todos uno cuanto es hacedero y posible. Y conviene que, siendo muchos en personas, como de hecho lo somos, empero por razón de que mora en nuestras almas un Espíritu mismo, y por razón que nos mantiene un individuo y solo manjar, seamos todos uno en un Espíritu y en un Cuerpo divino; los cuales Espíritu y Cuerpo divino, ayuntándose estrechamente con nuestros propios cuerpos y espíritus, los cualifiquen y los acondicionen a todos de una misma manera; y a todos de aquella condición y manera que le es propia a aquel divino Cuerpo y Espíritu, que es la mayor unidad que se puede hacer o pensar en cosas tan apartadas de suyo. De manera que, como una nube en quien ha lanzado la fuerza de su claridad y de sus rayos el Sol, llena de luz, y —si aquesta palabra aquí se permite— en luz empapada, por dondequiera que se mire es un Sol; así, ayuntando Cristo, no solamente su virtud y su luz sino su mismo Espíritu y su mismo Cuerpo con los fieles y justos. y como mezclando en cierta manera su alma con la suya de ellos, y con el cuerpo de ellos su Cuerpo, en la forma que he dicho, les brota Cristo y les sale afuera por los ojos y por la boca y por los sentidos; y sus figuras todas y sus semblantes y sus movimientos son Cristo, que los ocupa así a todos y se enseñorea de ellos tan íntimamente, que sin destruirles o corromperles su ser, no se verá en ellos en el último día ni se descubrirá otro ser más del suyo, y un mismo ser en todos. Por lo cual así Él como ellos, sin dejar de ser Él y ellos, serían un Él y uno mismo.

Grande nudo es aquéste, Sabino, y lazo de unidad tan estrecho, que en ninguna cosa de las que, o la naturaleza ha compuesto o el arte inventado, las partes diversas que tiene se juntaron jamás con juntura tan delicada, o que así huyese la vista, como es esta juntura. Y cierto es ayuntamiento de matrimonio tanto mayor y mejor, cuanto se celebra por modo más uno y más limpio. Y la ventaja que hace al matrimonio o desposorio de la carne en limpieza, ésa o mucho mayor ventaja le hace en unidad y estrecheza. Que allí se inficionan los cuerpos; y aquí se deifica el alma y la carne. Allí se aficionan las voluntades; aquí todo es una voluntad y un querer. Allí adquieren derecho el uno sobre el cuerpo del otro; aquí, sin destruir su sustancia, convierte en su cuerpo, en la manera que he dicho, el Esposo Cristo a su Esposa. Allí se yerra de ordinario; aquí se acierta siempre. Allí de contino hay solicitud y cuidado, enemigo de la conformidad y unidad; aquí seguridad y reposo ayudador y favorecedor de aquello que es uno. Allí se ayuntan para sacar a luz a otro tercero; aquí por un ayuntamiento se camina a otro, y el fruto de aquesta unidad es afinarse en ser uno, y el abrazarse es para más abrazarse.

Allí el contento es aguado, y el deleite breve y de bajo metal; aquí lo uno y lo otro tan grande, que baña el cuerpo y el alma; tan noble, que es gloria; tan puro, que ni antes le precede, ni después se le sigue, ni con él jamás se mezcla o se ayunta el dolor.

Del cual deleite —pues habemos dicho ya del ayuntamiento, que es lo que propusimos primero— lo que el Señor nos ha comunicado, será bien que digamos ahora lo que se pudiere decir, aunque no sé si es de las cosas que no se han de decir; a lo menos, cierto es que, cómo ello es y cómo pasa, ninguno jamás lo supo ni pudo decir.

Y así sea ésta la primera prueba y el argumento primero de su no medida grandeza, que nunca cupo en lengua humana, y que el que más lo prueba lo calla más, y que su experiencia enmudece la habla, y que tiene tanto de bien que sentir, que ocupa el alma toda su fuerza en sentirlo, sin dejar ninguna parte de ella libre para hacer otra cosa. De donde la Sagrada Escritura, en una parte adonde trata de aqueste gozo y deleite, le llama «maná abscondido», y en otra «nombre nuevo», que no lo sabe leer sino aquel solo que lo recibe; y en otra, introduciendo como en imagen una figura de aquestos abrazos, venido a este punto de declarar sus deleites de ellos, hace que se desmaye y que quede muda y sin sentido la Esposa que lo representa. Porque, así como en el desmayo se recoge el vigor del alma a lo secreto del cuerpo, y ni la lengua, ni los ojos, ni los pies, ni las manos hacen su oficio, así este gozo, al punto que se derrama en el alma, con su grandeza increíble la lleva toda a sí, por manera que no le deja comunicar lo que siente a la lengua.

Mas ¿qué necesidad hay de rastrear por indicios lo que abiertamente testifican las Sagradas Letras, y lo que por clara y llana razón se convence? David dice en su divina Escritura: «¡Cuán grande es, Señor, la muchedumbre de tu dulzura, la que escondiste para los que te temen!» Y en otra parte: «Serán, Señor, vuestros siervos embriagados con el abundancia de los bienes de vuestra casa, y daréisles a beber del arroyo impetuoso de vuestros deleites». Y en otra parte: «Gustad y ved cuán dulce es el Señor». Y en otra: «Un río de avenida baña con deleite la ciudad de Dios». Y: «Voz de salud y alegría suena en las moradas de los justos». Y: «Bienaventurado es el pueblo que sabe qué es jubilación». Y, finalmente, Esaías: «Ni los ojos lo vieron, ni lo oyeron los oídos, ni pudo caber en humano corazón lo que Dios tiene aparejado para los que esperan en Él». Y conviene que, como aquí se dice, así sea por necesaria razón y tan clara que se tocará con las manos, si primero entendiéramos qué es y cómo se hace aquesto que llamamos deleite. Porque deleite es un sentimiento y movimiento dulce que acompaña y como remata todas aquellas obras en que nuestras potencias y fuerzas, conforme a sus naturalezas o a sus deseos sin impedimento ni estorbo se emplean. Porque todas las veces que obramos así, por el medio de aquestas obras alcanzamos alguna cosa que, o por naturaleza o por disposición y costumbre, o por elección y juicio nuestro, nos es conveniente y amable. Y como, cuando no se posee y se conoce algún bien, la ausencia de él causa en el corazón una agonía y deseo, así es necesario decir que, por el contrario, cuando se posee y se tiene, la presencia de él en nosotros y el estar ayuntado y como abrazado con nuestro apetito y sentidos, conociéndolo nosotros así, los halaga y regala. Por manera que el deleite es un movimiento dulce del apetito.

Y la causa del deleite son: lo primero, la presencia, y como si dijésemos, el abrazo del bien deseado; al cual abrazo se viene por medio de alguna obra conveniente que hacemos, y es como si dijésemos el tercero de esta concordia, o por mejor decir, el que la saborea y sazona, el conocimiento y el sentido de ella. Porque a quien no siente ni conoce el bien que posee ni si lo posee, no le puede ser el bien ni deleitoso ni apacible. Pues esto presupuesto de aquesta manera, vamos ahora mirando estas fuentes de adonde mana el deleite, y examinando a cada una de ellas por sí, que adondequiera que las descubriéremos más, y en todas aquellas cosas adonde halláremos mayores y más abundantes mineros de él, en aquellas cosas sin duda el deleite de ellas será de mayores quilates.

Es, pues, necesario para el deleite, y como fuente suya de donde nace, lo primero, el conocimiento y sentido; lo segundo, la obra, por medio de la cual se alcanza el bien deseado; lo tercero, ese mismo bien; lo cuarto y lo último, su presencia y el ayuntamiento de él con el alma. Y digamos del conocimiento primero, y después diremos de lo demás por su orden.

El conocimiento, cuanto fuere más vivo, tanto —cuanto es de su parte— será causa de más vivo y más acendrado deleite. Porque, por la razón que no pueden gozar de él todas aquellas cosas, que no tienen sentido, por esa misma se convence que las que le tienen, cuanto más de él tuvieren tanto sentirán la dulzura más, conforme a como la experiencia lo demuestra en los animales. Que en la manera que a cada uno de ellos, conforme a su naturaleza y especie, o más o menos se les comunica el sentido, así más o menos les es deleitable y gustoso el bien que poseen. Y cuanto en cada una orden de ellos está la fuerza del sentido más bota, tanto cuanto se deleitan es menor su deleite.

Y no solamente se ve esto entre las cosas que son diferentes, comparándolas entre sí mismas, mas en un linaje mismo de cosas y en los particulares que en sí contiene se ve. Porque los hombres, los que son de más bien sentido, gustan más del deleite; y en un hombre solo, si o por acaso o por enfermedad tiene amortecido el sentido del tacto en la mano, aunque la tenga fría y la allegue a la lumbre, no le hará gusto el calor. Y como se fuere en ella, por medio de la medicina, o por otra alguna manera, despertando el sentir, así, por los mismos pasos y por la medida misma, crecerá en ella el poder gozar del deleite. Por donde, si esto es así, ¿quién no sabe ya cuán más subido y agudo sentido es aquel con que se comprenden y sienten los gozos de la virtud, que no aquel de quien nacen los deleites del cuerpo? Porque el uno es conocimiento de razón y el otro es sentido de carne; el uno penetra hasta lo último de las cosas que conoce, el otro para en la sobrehaz de lo que siente; el uno es sentir bruto y de aldea, el otro es entender espiritual y de alma. Y conforme a esta diferencia y ventaja, así son diferentes y se aventajan entre sí los deleites que hacen.

Porque el deleite que nace del conocer del sentido es deleite ligero o como sombra de deleite, y que tiene de él como una vislumbre o sobrehaz solamente, y es tosco y aldeano deleite; mas el que nos viene del entendimiento y razón es vivo gozo, y macizo gozo, y gozo de sustancia y verdad.

Y así como se prueba la grande sustancia de aquestos deleites del alma por la viveza del entendimiento que los siente y conoce, así también se ve su nobleza por el metal de la obra que nos ayunta al bien de do nacen. Porque las obras por cuya mano metemos a Dios en nuestra casa, que, puesto en ella, la hinche de gozo, son el contemplarle y el amarle y el ocupar en él nuestro pensamiento y deseo, con todo lo demás que es santidad y virtud. Las cuales obras, ellas en sí mismas, son, por una parte, tan propias de aquello que en nosotros verdaderamente es ser hombre, y, por otra, tan nobles en sí, que ellas mismas por sí, dejado aparte el bien que nos traen, que es Dios, deleitan el alma, que con sola su posesión de ellas se perfecciona y se goza. Como, al revés, todas las obras que el cuerpo hace, por donde consigue aquello con que se deleita el sentido, sean obras o no propias del hombre, o así toscas y viles, que nadie las estimaría ni se alegraría con ellas por sí solas si o la necesidad pura o la costumbre dañada no le forzase.

Así que en lo bueno, antes que ello deleite, hay deleite y eso mismo que va en busca del bien y que lo halla y le echa las manos, es ello en sí bien que deleita, y por un gozo se camina a otro gozo; por el contrario de lo que acontece en el deleite del cuerpo, adonde los principios son intolerable trabajo; los fines, enfado y hastío; los frutos, dolor y arrepentimiento.

Mas cuando acerca de esto faltase todo lo que hasta ahora se ha dicho para conocer que es verdad, basta la ventaja sola que hace el bien de donde nacen estos espirituales deleites a los demás bienes que son cebo de los sentidos.

Porque, si la pintura hermosa, presente a la vista, deleita los ojos, y si los oídos se alegran con la suave armonía, y si el bien que hay en lo dulce, o en lo sabroso, o en lo blando, causa contentamiento en el tacto, y si otras cosas menores y menos dignas de ser nombradas pueden dar gusto al sentido, injuria será que se hace a Dios poner en cuestión si deleita o qué tanto deleita al alma que se abraza con Él. Bien lo sentía esto aquel que decía: «¿Qué hay para mí en el cielo, y fuera de Vos, Señor, que puedo desear en la tierra?» Porque si miramos lo que, Señor, sois en Vos, sois un océano infinito de bien; y el mayor de los que por acá se conocen y entienden, es una pequeña gota, comparada con Vos, y es como una sombra vuestra oscura y ligera. Y si miramos lo que para nosotros sois y en nuestro respeto, sois el deseo del alma, el único paradero de nuestra vida, el propio y solo bien nuestro, para cuya posesión somos criados, y en quien solo hallamos descanso, y a quien, aun sin conoceros, buscamos en todo cuanto hacemos.

Que a los bienes del cuerpo y casi a todos los demás bienes que el hombre apetece, apetécelos como a medios para conseguir algún fin y como a remedios y medicinas de alguna falta o enfermedad que padece, busca el manjar porque le atormenta la hambre; allega riquezas por salir de pobreza; sigue el son dulce y vase en pos de lo proporcionado y hermoso porque sin esto padecen mengua el oído y la vista.

Y por esta razón, los deleites que nos dan estos bienes son deleites menguados y no puros; lo uno, porque se fundan en mengua y en necesidad y tristeza; y lo otro, porque no duran más de lo que ella dura, por donde siempre la traen junto a sí y como mezclada consigo. Porque, si no hubiese hambre, no sería deleite el comer, y, en faltando ella, falta él juntamente. Y así no tienen más bien de cuanto dura el mal para cuyo remedio se ordenan. Y por la misma razón no puede entregarse ninguno a ellos sin rienda, antes es necesario que los use, el que de ellos usar quisiere, con tasa, si le han de ser, conforme a como se nombran, deleites; porque lo son hasta llegar a un punto cierto, y, en pasando de él, no lo son.

Mas Vos, Señor, sois todo el bien nuestro y nuestro soberano fin verdadero, y, aunque sois el remedio de nuestras necesidades y aunque hacéis llenos todos nuestros vacíos, para que os ame el alma mucho más que a sí misma no le es necesario que padezca mengua, que Vos por Vos merecéis todo lo que es el querer y el amor. Y cuanto el que os amare, Señor, estuviere más rico y más abastado de Vos, tanto os amará con más veras. Y así como Vos, en Vos, no tenéis fin ni medida, así el deleite que nace de Vos en el alma, que consigo os abraza dichosa, es deleite que no tiene fin; y que cuanto más crece es más dulce; y deleite en quien el deseo, sin recelo de caer en hartura, puede alargar la rienda cuanto quisiere, porque, como testificáis de Vos mismo: «Quien bebiere de vuestra dulzura, cuanto más bebiere, tendrá de ella más sed». Y por esta misma razón —si, Juliano, no os desagrada, y según que ahora a la imaginación se me ofrece— en la Sagrada Escritura aqueste deleite que Dios en los suyos produce, es llamado con nombres de avenida y de río, como cuando el salmista decía que da de beber Dios a los suyos un río de deleite grandísimo. Porque en decirlo así, no solamente quiere decir que les dará Dios a los suyos grande abundancia de gozo, sino también nos dice y declara que ni tiene límite aqueste gozo, ni menos es gozo, que hasta un cierto punto es sabroso; y, pasado de él, no lo es; ni es como lo son los deleites que vemos, agua encerrada en vaso que tiene su hondo, y que fuera de aquellos términos, con que se cerca, no hay agua, y que se agota y se acaba bebiéndola, sino que es agua en río que corre siempre, y que no se agota, bebida, y que, por más que se beba, siempre viene fresca a la boca, sin poder jamás llegar a algún paso, adonde no haya agua, esto es.

adonde aquel dulzor no lo sea. De manera que, por razón de ser Dios bien infinito y bien que sobrepuja sin ninguna comparación a todos los bienes, se entiende que en el alma que le posee, el deleite que hace es entre todos los deleites el mayor deleite, y por razón de ser nuestro último fin, se convence que jamás aqueste deleite da en cara.

Y si esto es por ser Dios el que es, ¿qué será por razón del querer que nos tiene, y por el estrecho nudo de amor con que con los suyos se enlaza? Que si el bien presente y poseído deleita, cuanto más presente y más ayuntado estuviere.

sin ninguna duda deleitará más.

Pues ¿quién podrá decir la estrecheza no comparable de aqueste ayuntamiento de Dios? No quiero decir lo que ahora he ya dicho, repitiendo las muchas y diversas maneras como se ayunta Dios con nuestros cuerpos y almas; mas digo que, cuando estamos más metidos en la posesión de los bienes del cuerpo, y somos hechos mas de ellos señores, toda aquella unión y estrechez es una cosa floja y como desatada en comparación de este lazo. Porque el sentido y lo que se junta con el sentido solamente se tocan en los accidentes de fuera, que ni veo sino lo colorado, ni oigo sino el retintín del sonido, ni gusto sino lo dulce o amargo, ni percibo tocando si no es la aspereza o blandura, mas Dios, abrazado con nuestra alma, penetra por ella todo, y se lanza a sí mismo por todos sus apartados secretos hasta ayuntarse con su más íntimo ser; adonde hecho como alma de ella, y enlazada con ella, la abraza estrechísimamente. Por cuya causa en muchos lugares la Escritura dice que mora Dios en el medio del corazón». Y David en el salmo le compara al aceite, que, puesto «en la cabeza del sacerdote, viene al cuello, y se extiende a la barba», y desciende corriendo «por las vestiduras todas hasta los pies». Y en el libro de la Sabiduría, por aquesta misma razón es comparado Dios a la niebla, que por todo penetra.

Y no solamente se ayunta mucho Dios con el alma, sino ayúntase todo; y no todo, sucediéndose unas partes a otras, sino todo junto y como de un golpe, y sin esperarse lo uno a lo otro; lo que es al revés en el cuerpo, a quien sus bienes —los que él llama bienes— se le allegan de espacio y repartidamente, y sucediéndose unas partes a otras, ahora una, y después de ésta, otra; y cuando goza de la segunda, ha perdido ya la primera. Y cómo se reparten y dividen aquéllos, ni más ni menos, se corrompen y acaban, y cuales ellos son, tal es el deleite que hacen: deleite como exprimido por fuerza, y como regateado, y como dado blanca a blanca con escasez; y deleite, al fin, qué vuela ligerísimo, y que se desvanece como humo y se acaba. Mas el deleite que hace Dios, viene junto y persevera junto y estable, y es como un todo no divisible, presente siempre todo a sí mismo; y por eso dice la Escritura en el salmo que «deleita Dios con río y con ímpetu a los vecinos de su ciudad», no gota a gota, sino con todo el ímpetu del río así junto.

De todo lo cual se concluye, no solamente que hay deleite en este desposorio y ayuntamiento del alma y de Dios, sino que es un deleite que, por dondequiera que se mire, vence a cualquier otro deleite. Porque ni se mezcla con necesidad, ni se agua con tristeza, ni se da por partes, ni se corrompe en un punto, ni nace de bienes pequeños, ni de abrazos tibios o flojos, ni es deleite tosco o que se siente a la ligera, como es tosco y superficial el sentido, sino divino bien y gozo íntimo y deleite abundante, y alegría no contaminada, que baña el alma toda, y la embriaga y anega por tal manera que, cómo ello es, no se puede declarar por ninguna.

Y así la Escritura divina, cuando nos quiere ofrecer alguna como imagen de aqueste deleite, porque no hay una que se le asemeje del todo, usa de muchas semejanzas e imágenes. Que unas veces, como antes de ahora decíamos, le llama maná escondido: maná, porque es deleite dulcísimo, y dulcísimo no de una sola manera, ni sabroso con un solo sabor, sino como del maná se escribe en la Sabiduría, hecho al gusto del deseo, y lleno de innumerables sabores. Maná escondido, porque está secreto en el alma, y porque, si no es quien lo gusta, ninguno otro entiende bien lo que es. Otras veces le llama aposento de vino, como en el libro de los Cantares; y otras el vino mismo; y otras licor mejor mucho que el vino. Aposento de vino, como quien dice amontonamiento y tesoro de todo lo que es alegría. Más que el vino, porque ninguna alegría, ni todas juntas, se igualan con ésta.

Otras veces nos le figura, como en el mismo libro, por nombre de pechos. Porque no son los pechos tan dulces ni tan sabrosos al niño, como los deleites de Dios son deleitables a aquel que los gusta. Y porque no son deleites que dañan la vida, o que debilitan las fuerzas del cuerpo, sino deleites que alimentan el espíritu y le hacen que crezca, y deleites que cuyo medio comunica Dios al alma la virtud de su sangre hecha leche, esto es, por manera sabrosa y dulce.

Otras veces son dichos mesa y banquete, como por Salomón y David, para significar su abastanza y la grandeza y variedad de sus gustos, y la confianza y el descanso y el regocijo y la seguridad y esperanzas ricas que ponen en el alma del hombre.

Otras los nombra sueño, porque se repara en ellos el espíritu de cuanto padece y lacera en la continua contradicción que la carne y el demonio le hace. Otras los compara a «guija, o a piedrecilla pequeña y blanca, y escrita de un nombre que solo el que lo tiene le lee». Porque así como, según la costumbre antigua, en las causas criminales, cuando echaba el juez una piedra blanca en el cántaro, era dar vida; y como los días buenos y de sucesos alegres los antiguos los contaban con pedrezuelas de aquesta manera, asimismo el deleite que da Dios a los suyos es como una prenda sensible de su amistad, y como una sentencia que nos absuelve de su ira, que por nuestra culpa nos condenaba al dolor y a la muerte; y es voz de vida en nuestra alma, y día de regocijo para nuestro espíritu, y de suceso bienaventurado y feliz. Y, finalmente, otras veces significa aquestos deleites con nombre de embriaguez y de desmayo y de enajenamiento de sí, porque ocupan toda el alma, que con el gusto de ellos se mete tan adelante en los brazos y sentimientos de Dios, que desfallece al cuerpo y cuasi no comunica con él su sentido, y dice y hace cosas el hombre que parecen fuera de toda naturaleza y razón.

Y a la verdad, Juliano, de las señales que podemos tener de grandeza de estos deleites, los que deseamos conocerlos y no merecemos tener su experiencia, una de las más señaladas y ciertas es el de ver los efectos y las obras maravillosas y fuera de toda orden común que hacen en aquellos que experimentan su gusto. Porque, si no fuera dulcísimo incomparablemente el deleite que halla el bueno con Dios, ¿cómo hubiera sido posible, o a los mártires padecer los tormentos que padecieron, o a los ermitaños durar en los yermos por tan luengos años en la vida que todos sabemos?

Por manera que la grandeza no medida de este dulzor, y la violencia dulce con que enajena y roba para sí toda el alma, fue quien sacó a la soledad a los hombres, y los apartó de cuasi todo aquello que es necesario al vivir. Y fue quien los mantuvo con yerbas y sin comer muchos días, desnudos al frío y cubiertos al calor y sujetos a todas las injurias del cielo. Y fue quien hizo fácil y hacedero y usado, lo que parecía en ninguna manera posible. Y no pudo tanto, ni la naturaleza con sus necesidades, ni la tiranía y crueldad con sus no oídas cruezas para retraerlos del bien, que no pudiese mucho más para detenerlos en él aqueste deleite; y todo aquel dolor que pudo hacer el artificio y el cielo, la naturaleza y el arte, el ánimo encrudelescido. Y, y la ley natural poderosa, fue mucho menor que este gozo. Con el cual esforzada el alma y cebada y levantada sobre sí mismo, y hecha superior sobre todas las cosas, llevando su cuerpo tras sí, le dio que no pareciese ser cuerpo.

Y si quisiésemos ahora contar por menudo los ejemplos particulares y extraños que de esto tenemos, primero que la historia se acabaría la vida; y así baste por todos uno, y éste sea el que es la imagen común de todos, que el Espíritu Santo nos dibujó en el libro de los Cantares, para que, por las palabras y acontecimientos que conocemos, veamos como en idea todo lo que hace Dios con sus escogidos. Porque ¿qué es lo que no hace la Esposa allí para encarecer aqueste su deleite que siente, o lo que el Esposo no dice para este mismo propósito? No hay palabra blanda, ni dulzura regalada, ni requiebro amoroso, ni encarecimiento dulce, de cuantos en el amor jamás se dijeron o se pueden decir, que o no lo diga allí o no lo oiga la Esposa. Y si por palabras o por demostraciones exteriores se puede declarar el deleite del alma, todas las que significan un deleite grandísimo, todas ellas se dicen y hacen allí; y comenzando de menores principios, van siempre subiendo, y esforzándose siempre más el soplo del gozo, al fin, las velas llenas, navega el alma justa por un mar de dulzor, y viene a la fin a abrasarse en llamas de dulcísimo fuego, por parte de las secretas centellas que recibió al principio de sí misma.

Y acontécele, cuanto a este propósito, al alma con Dios como al madero no bien seco, cuando se le avecina el fuego, le aviene. El cual, así como se va calentando del fuego y recibiendo en sí su calor, así se va haciendo sujeto apto y dispuesto para recibir más calor, y lo recibe de hecho. Con el cual calentado, comienza primero a despedir humo de sí, y a dar de cuando en cuando algún estallido; y corren algunas veces gotas de agua por él; y procediendo en esta contienda y tomando por momentos el fuego en él mayor fuerza, el humo que salía se enciende de improviso en llama que luego se acaba Y dende a poco se torna a encender otra vez, y a apagarse también; y así hace la tercera y la cuarta, hasta que al fin el fuego, ya lanzado en lo íntimo del madero y hecho señor de todo él, sale todo junto y por todas partes afuera levantando sus llamas, las cuales, prestas y poderosas y a la redonda bullendo hacen parecer un fuego el madero.

Y por la misma manera cuando Dios se avecina al alma y se junta con ella y le comienza a comunicar su dulzura, ella, así como la va gustando, así la va deseando más, y con el deseo se hace a sí misma más hábil para gustarla, y luego la gusta más; y así creciendo en ella aqueste deleite por puntos, al principio la estremece toda, y luego la comienza a ablandar, y suenan de rato en rato unos tiernos suspiros, y corren por las mejillas a veces y sin sentir algunas dulcísimas lágrimas, y procediendo adelante, enciéndese de improviso como una llama compuesta de luz y de amor, y luego desaparece volando, y torna a repetirse el suspiro, y torna a lucir y cesar otro no sé qué resplandor, y acreciéntase el lloro dulce, y anda así por un espacio haciendo mudanzas el alma traspasándose unas veces, y otras tornándose a sí, hasta que, sujeta ya del todo al dulzor, se traspasa del todo, y levantada enteramente sobre sí misma y no cabiendo en sí misma, espira amor y ternura y derretimiento por todas sus partes, y no entiende ni dice otra cosa si no es: ¡Luz, amor, vida, descanso sumo, belleza infinita, bien inmenso y dulcísimo, dame que me deshaga yo, y que me convierta en Ti toda, Señor!

Mas callemos, Juliano, lo que por mucho que hablemos no se puede hablar.

Y calló, diciendo esto, Marcelo un poco, y tornó luego a decir:

—Dicho he del nudo y del deleite de este desposorio lo que he podido; quédame por decir lo que supiere de las demás circunstancias y requisitos suyos.

Y no quiero referir yo ahora las causas que movieron a Cristo, ni los accidentes de donde tomó ocasión para ser nuestro Esposo, porque ya en otros lugares habemos dicho hoy acerca de esto lo que conviene, ni diré de los terceros que entrevinieron en estos conciertos, porque el mayor y el que a todos nos es manifiesto, fue la grandeza de su piedad y bondad; mas diré de la manera cómo se ha habido con esta su Esposa por todo el espacio que, desde que se prometieron, corre hasta el día del matrimonio legítimo; y diré de los regalos y dulces tratamientos que por este tiempo le hace, y de las prendas y joyas ricas, y por ventura de las leyes de amor y del tálamo, y de las fiestas y cantares ordenados para aquel día.

Porque así como acontece a algunos hombres que se desposan con mujeres muy niñas, y que para casarse con ellas aguardan a que lleguen a legítima edad, así nos conviene entender que Cristo se desposó con La Iglesia luego en naciendo ella, o por mejor decir, que la crió e hizo nacer para Esposa suya y que se ha de casar con ella a su tiempo.

Y habemos de entender que, como aquellos cuyas esposas son niñas las regalan y les hacen caricias primero como a niñas, y así por consiguiente, como va creciendo la edad, van ellos también creciendo en la manera de amor que les tienen y en las demostraciones de él que les hacen, así Cristo a su Esposa, la Iglesia, le ha ido criando y acariciando conforme a sus edades, y diferentemente según sus diferencias de tiempos; primero como a niña, y después como a algo mayor, y ahora la trata como a doncelleja ya bien entendida y crecida y cuasi ya casadera.

Porque toda la edad de la Iglesia, desde su primer nacimiento hasta el día de la celebridad de sus bodas, que es todo el tiempo que hay desde el principio del mundo hasta su fin, se divide en tres estados de la Iglesia y tres tiempos: el primero que llamamos de naturaleza, y el segundo de ley, y el tercero y postrero de gracia.

El primero fue como la niñez de esta Esposa, en el segundo vino a algún mayor ser; en este tercero que ahora corre, se va acercando mucho a la edad de casar. Pues como ha ido creciendo la edad y el saber, así se ha habido con ella diferentemente su Esposo, midiendo con la edad los favores y ajustándolos siempre con ella por maravillosa manera, aunque siempre por manera llena de amor y de regalo, como se ve claramente en el libro, de quien poco antes decía de los Cantares, el cual no es sino un dibujo vivo de todo aqueste trato amoroso y dulce que ha habido hasta ahora, y de aquí adelante ha de haber entre estos dos, Esposo y Esposa, hasta que llegue el dichoso día del matrimonio, que será el día cuando se cerraren los siglos.

Digo que es una imagen compuesta por la mano de Dios, en que se nos muestran por señales y semejanzas visibles, y muy familiares al hombre, las dulzuras que entre estos dos esposos pasan, y las diferencias de ellas conforme a los tres estados y edades diferentes que he dicho. Porque en la primera parte del libro, que es hasta casi la mitad del segundo capítulo, dice Dios lo que hace significación de las condiciones de esta su Esposa en aquel su estado primero de naturaleza, y la manera de los amores que le hizo entonces su Esposo. Y desde aquel lugar, que es donde se dice en el segundo capítulo: «Veis, mi Amado me habla» y dice: «Levántate, y apresúrate y ven», hasta el capítulo 5, adonde torna a decir: «Yo duermo y mi corazón vela», se pone lo que pertenece a la edad de la ley. Mas desde allí hasta el fin, todo cuanto entre aquestos dos se platica es imagen de las dulzuras de amor que hace Cristo a su Esposa en aqueste postrero estado de gracia.

Porque comenzando por el primero, y tocando tan solamente las cosas y como señalándolas desde lejos —porque decirlas enteramente sería negocio muy largo, y no de aqueste breve tiempo que resta—, así que, diciendo de lo que pertenece a aquel estado primero, como era entonces niña la Esposa, y le era nueva y reciente la promesa de Dios de hacerse carne como ella, y de casarse con ella, como tierna y como deseosa de un bien tan nunca esperado, del cual entonces comenzaba a gustar, entra con la licencia que le da su niñez, y con la impaciencia que en aquella edad suele causar el deseo, pidiendo apresuradamente sus besos. «Béseme —dice— de besos de su boca, que mejores son los tus pechos que el vino.» En que debajo de este nombre de besos le pide ya su palabra, y el aceleramiento de la promesa de desposarla en su carne, que apenas le acaba de hacer. Porque desde el tiempo que puso Dios con el hombre de vestirse de su carne de él y de, así vestido, ser nuestro Esposo, desde ese punto el corazón del hombre comenzó a haberse regalada y familiarmente con Dios, y comenzaron desde entonces a bullir en él unos sentimientos de Dios nuevos y blandos, y por manera nunca antes vista dulcísimos. Y hace significación de aquesta misma niñez lo que luego dice y prosigue: «Las niñas doncellicas te aman», porque las doncellicas y la Esposa son una misma. Y el aficionarse al olor, y el comparar y amar al Esposo como a un ramillete florido, y el no poderse aún tener bien en los pies, y el pedir al Esposo que le dé la mano diciendo: «Llévame en pos de ti; correremos»; y el prometerle el Esposo tortolicas y sartalejos; todo ello demuestra lo niño y lo imperfecto de aquel amor y conocimiento primero.

Y porque tenía entonces la Iglesia presente y como delante de los ojos dos cosas, la una su culpa y pérdida, y la otra la promesa dichosa de su remedio, como mirándose a sí, por eso dice allí así: «Negra soy, mas hermosa, hijas de Jerusalén, como los tabernáculos de Cedar, y como las tiendas de Salomón». Negra por el desastre de mi culpa primera, por quien he quedado sujeta a las injurias de mis penalidades; mas hermosa por la grandeza de dignidad y de rica esperanza, a que por ocasión de este mal he subido. Y si el aire y el agua me maltratan de fuera, la palabra que me es dada y la prenda que de ella en el alma tengo, me enriquece y alegra. Y si los hijos de mi madre se encendieron contra mí, porque viniendo de un mismo Padre el ángel y yo, el ángel malo, encendido de envidia, convirtió su ingenio en mi daño, y si me pusieron por guarda de viñas, sacándome de mi felicidad al polvo y al sudor y al desastre continuo de esta larga miseria, y si la mi viña, esto es, la mi buena dicha primera no la supe guardar, como sepa yo ahora adónde, ¡oh Esposo!, sesteas, y como tenga noticia y favor para ir a los lugares bienaventurados adonde está de tu rebaño su pasto, yo quedaré mejorada. Y así, por esta causa misma el Esposo entonces no se le descubre del todo, ni le ofrece luego su presencia y su guía, sino dícele que, si le ama como dice y si le quiere hallar, que siga la huella de sus cabritos. Porque la luz y el conocimiento que en aquella edad dio guía a la Iglesia, fue muy pequeño y muy flaco conocimiento en comparación del de ahora. Y porque ella era pequeña entonces, esto es, de pocas personas en número, y ésas esparcidas por muchos lugares y rodeadas por todas partes de infidelidad, por eso la llama allí, y por regalo la compara a la rosa, que las espinas la cercan».

Y también es rosa entre espinas, porque cuasi ya al fin de aquesta niñez suya, y cuando comenzaba a florecer y brotaba ya afuera su hermosa figura, haciendo ya cuerpo de república y de pueblo fiel con muchedumbre grandísima, que fue estando en Egipto y poco antes que saliese de allí, fue rosa entre espinas, así por razón de los egipcios infieles que la cercaban, como por causa de los errores y daños que se le pegaban de su trato y conversación, como también por respeto de la servidumbre con que la oprimían. Y no es lejos de aquesto, que en sola aquella parte del libro la compara el Esposo a cosas de las que en Egipto nacían, como cuando le dice: «A la mi yegua en los carros de Faraón te asemejé, amiga mía»; porque estaba sujeta ella a Faraón entonces, y como juncida al carro trabajoso de su servidumbre.

Mas llegando a este punto, que es el fin de su edad la primera y el principio de la segunda, la manera como Dios la trató es lo que luego y en el principio de la segunda parte del libro se dice: «Levántate, y apresúrate, amiga mía, y ven, que ya se pasó el invierno, y la lluvia ya se fue», con lo que después de esto se sigue. Lo cual todo por hermosas figuras declara la salida de esta santa Esposa, de Egipto. Porque llamándola el Esposa a que salga, significa el Espíritu Santo no solo que el Esposo la saca de allí, mas también la manera como le hace salir. Levántate —dice— porque con la carga del duro tratamiento estaba abatida y caída. Y apresúrate, porque salió con grandísima prisa de Egipto, como se cuenta en el Éxodo. Y ven, porque salió siguiendo a su Esposo. Y dice luego todo aquello que la convida a salir. «Porque ya —dice— el invierno» y los tiempos ásperos de su servidumbre «han pasado, y ya comienza a aparecer la primavera» de su mejor suerte.

Y ya —dice— no quiero que te me demuestres como rosa entre espinas, sino como paloma en los agujeros de la barranca, para significar el lugar desierto, y libre de compañías malas a do la sacó.

Y así ella, como ya más crecida y osada, responde alegremente a este llamamiento divino, y deja su casa y sale en busca de aquel a quien ama. Y para declarárnoslo, dice: «En mi lecho, y en la noche, de mi servidumbre y trabajo, busqué, y levanté el corazón a mi Esposo, busquéle, mas no le hallé. Levantéme, y rodeé la ciudad, y pregunté a las guardas de ella por él». Y dice esto así para declarar todas las dificultades y trabajos nuevos que se le recrecieron con los de Egipto, y con sus príncipes de ellos desde que comenzó a tratar de salir de su tierra hasta que de hecho salió.

Mas luego, en saliendo, halló como presente su figura de nube y en figura de fuego a su Esposo; y así añade, y le dice: «En pasando las guardas, hallé al que ama mi alma, asíle, y no le dejaré hasta que le encierre en la casa de mi madre, y en la recámara de la que me engendró». Porque hasta que entró con él en la tierra prometida, adonde caminaba por el desierto, siempre le llevó como delante de sí. Y porque se entienda que se habla aquí de aquel tiempo y camino, poco más abajo le dicen: «¿Quién es esta que sube por el desierto como varilla de humo de mirra y de incienso, y de todos los buenos olores?» Y lo que después se dice del lecho de Salomón, y de las guardas de él, con quien es comparada la Esposa, es la guarda grande, y las velas que puso el Esposo para la salud y defensa suya por todo aquel camino y desierto.

Y lo de la litera que Salomón hizo, y la pintura de sus riquezas y obra, es imagen de la obra del arca y del santuario, que en aquel mismo lugar y camino ordenó para regalo de aquesta su Esposa.

Y cuando luego, por todo el capítulo 4, dice de ella su Esposo encarecidos loores, cantando una por una todas sus figuras y partes; en la manera del loor y en la cualidad de las comparaciones que usa, bien se deja entender que el que allí habló aquello de que habla, lo concebía como una grande muchedumbre de ejército asentado en su real, y levantadas sus tiendas y divididas en sus estanzas por orden, en la manera como seguía su viaje entonces el pueblo desposado con Dios.

Porque, como en el libro de los Números vemos, el asiento del real de aquel pueblo cuando peregrinó en el desierto, estaba repartido en cuatro cuarteles, de aquesta manera: en la delantera tenían sus tiendas y asientos los de la tribu de Judá, con los de Isacar y Zabulón a sus lados; a la mano derecha tenían su cuartel los de Rubén, con los de Simeón y de Gad juntamente; a la izquierda moraban con los de Dan, los de Aser y Neftalí; lo postrero ocupaban Efraím con las tribus de Benjamín y de Manasés. Y en medio de este cuadrado estaba fijado el Tabernáculo del testimonio, y al derredor de él por todas sus partes tenían sus tiendas los levitas y sacerdotes. Y conforme a esta orden de asiento seguían su camino cuando levantaban real. Porque lo primero de todo iba la columna, que les era su guía. En pos de ella seguían, sus banderas tendidas, Judá con sus compañeros. A éstos sucedían luego los que pertenecían al cuartel de Rubén. Luego iba el Tabernáculo con todas sus partes, las cuales llevaban repartidas entre sí los levitas. Efraím y los suyos iban después. Y los de Dan iban en la retaguardia de todos.

Pues teniendo como delante los ojos el Esposo esta orden y como deleitándose en contemplar esta imagen, en el lugar que digo, lo va loando, como si loara en una persona sola y hermosa sus miembros. Porque dice que sus ojos, que eran la nube y el fuego que les servían de guía, eran como de paloma. Y sus cabellos, que es lo que se descubre primero, y el cuartel de los que iban delante, como hatos de cabras. Y sus dientes, que son Gad y Rubén, como manadas de ovejas. Y sus labios y habla, que eran los levitas y sacerdotes, por quien Dios les hablaba, como hilo de carmesí. Y por la misma manera llama mejillas a los de Efraím, y a los de Dan cuello. Y a los unos y a los otros los alaba con hermosos apodos. Y a la postre dice maravillas de sus dos pechos, esto es, de Moisés y Aarón, que eran como el sustento de ellos, y como los caminos por donde venía a aquel pueblo, lo que los mantenía en vida y en bien.

Y porque el paradero de este viaje era el llegar a la tierra que les estaba guardada y el alcanzar la posesión pacífica de ella, por eso en habiendo alabado la orden hermosa que guardaban en su real y camino, llégalos a la fin del camino y mételos como de la mano en sus casas y tierras. Y por esto le dice: «¡Ven del Líbano, Amiga mía, Esposa mía! Ven del Líbano, ven, y serás coronada, de la cumbre de Amana y de la altura de Sanir y de Hermón, de las cuevas de los leones, de los montes de las onzas, que es como una descripción de la región de Judea. En la cual región, después que de ella se apoderó Dios y su pueblo, creció y fructificó por muchos siglos con grandes acrecentamiento de santidad y virtudes la Iglesia.

Por donde el Esposo, luego que puso a la Esposa en la posesión de esta tierra, contemplando los muchos frutos de religión que en ella produjo, para darlo a entender, le dice que es huerto, y le dice que es fuente, y de lo uno y de lo otro dice en esta manera: «Huerto cercado, hermana mía, Esposa; huerto cercado, fuente sellada. Tus plantas, vergeles son de granados y de lindos frutales; el cipro y el nardo, y la canela y el cinamomo con todos los árboles del Líbano, la mirra, y el sándalo, con los demás árboles del incienso».

Y finalmente diciendo y respondiéndose a veces, concluyen todo lo que a la segunda edad pertenece.

Y, concluido, luego se comienza el cuento de lo que en esta tercera gracia pasa entre Cristo y su Esposa. Y comienza diciendo: «Voz de mi Amado que llama: ¡Ábreme, hermana mía, amiga mía, paloma mía, que mi cabeza llena está de rocío, y las mis guedejas con las gotas de la noche!» Que por cuanto Cristo, en el principio de esta edad que decimos, nació cubierto de nuestra carne y vino así a descubrirse visiblemente a su Esposa, vestido de su librea de ella y sujeto, como ella lo es, a los trabajos y a las malas noches que en la oscuridad de esta vida se pasan, por eso dice que viene maltratado de la noche y calado del agua y del rocío. Lo cual hasta aquel punto nunca de sí dijo el Esposo, ni menos dijo otra cosa que se pareciese a ello, o que tuviese significación de lo mismo. Pues ruégale que le abra la puerta, porque sabía la dificultad con que aquel pueblo donde nació, y donde en aquel tiempo se sustentaba aqueste nombre de Esposa, le había de recibir en su casa. Y esta dificultad y mal acogimiento es lo que luego incontinente se sigue: «Desnudéme la mi camisa; ¿cómo tornaré a vestírmela? Lavé los mis pies, ¿cómo los ensuciaré?» Y así, mal recibido, se pasa adelante a buscar otra gente.

Y porque algunos de los de aquel pueblo, aunque los menos de ellos, le recibieron, por eso dice que, al fin, salió la Esposa en su busca. Y porque los que le recibieron padecieron por la confesión y predicación de su fe muchos y muy luengos trabajos, por eso dice que lo rodeó todo buscándole, y que no le halló; y que la hallaron a ella las guardas que hacían la ronda, y que la despojaron, y que la hirieron con golpes». Y las voces que da llamando a su Esposo escondido, y las gentes que movidas de sus voces acuden a ella, y le preguntan qué busca y por quién vocea con ansia tan grande, no es otra cosa sino la predicación de Cristo, que ardiendo en su amor, hicieron por toda la gentilidad los apóstoles; y los que se allegan a la Esposa y los que le ofrecen su ayuda y compañía para buscar al que ama, son los mismos gentiles, todos aquellos que abriendo los oídos del alma a la voz del santo Evangelio, y dando asiento a las palabras de salud en su corazón se juntaron con fe viva a la Esposa y se encendieron con ella en un mismo amor y deseo de ir en seguimiento de Cristo.

Y como llegaba ya la Iglesia a su debido vigor, y estaba como si dijésemos, en la flor de su edad, y había conforme a la edad crecido en conocimiento, y el Esposo mismo se le había manifestado hecho hombre, da señas de el allí la Esposa y hace pintura de sus facciones todas, lo que nunca antes hizo en ninguna parte del libro. Porque el conocimiento pasado, en comparación de la luz presente, y lo que supo de su Esposo la Iglesia en la naturaleza y la ley, puesto con lo que ahora sabe y conoce, fue como una niebla cerrada y como una sombra oscurísima.

Pues como es ahora su amor de la Esposa y su conocimiento mayor que antes, así ella en esta tercera parte está más aventajada que nunca en todo género de espiritual hermosura; y no está, como estaba antes, encogida en un pueblo solo, sino extendida por todas las naciones del mundo. En significación de lo cual el Esposo en esta parte, lo que no había hecho en las partes primeras, la compara a ciudades, y dice que es semejante a un grande y bien ordenado escuadrón y repite todo lo que había dicho antes loándola, y añade sobre lo dicho otros nuevos y más soberanos loores. Y no solamente Él la alaba, sino también como a cosa ya hecha pública por todas las gentes y puesta en los ojos de todas ellas, alábanla con el Esposo otros muchos. Y la que antes de ahora no era alabada sino desde la cabeza hasta el cuello, es loada ahora de la cabeza a los pies, y aun de los pies es loada primero, porque lo humilde es lo más alto en la Iglesia. Y la que antes de ahora no tenía hermana, porque estaba. como he dicho, sola en un pueblo, ahora ya tiene hermana y casa y solicitud y cuidado de ella, extendiéndose por innumerables naciones. Y ama ya a su Bien, y es amada de Él por diferente y más subida manera; que no se contenta con verle y abrazarle a sus solas, como antes hacía, sino en público y en los ojos de todos, y sin mirar en respetos y en puntos, como trae una mozuela a su niño y hermano en los brazos, y como se abalanza a el, a doquier que le ve desea traerle ella así siempre y públicamente anudado con su corazón, como de hecho le trae en la Iglesia todo lo que merece perfectamente aqueste nombre de Esposa. Que es lo que da a entender cuando dice:

> Y dígalo Sabino por mí, pues yo no puedo ya,
> y el decirlo le toca a él.
> Y con esto Marcelo acabó, y Sabino dijo luego:
>
> Un rico y soberano pensamiento
> A Ti, divino Rey, mi entendimiento
>
> a Ti yo lo enderezo y celebrando irá,
> como escribano, volteando

Traspasas en beldad a los nacidos: que Dios en Ti a sus bienes escogidos

> ¡Sus! Ciñe ya tu espada, poderoso,
> tu prez, y sobre carro glorioso,

>   Ceñido de verdad y de clemencia
>   con hechos hazañosos su potencia
>   Los pechos enemigos tus saetas
>
>   y besen tus pisadas las sujetas
>   Y durará, Señor, tu trono erguido y de tu reino
>   el cetro esclarecido

Prosigues con amor lo justo y bueno; y así te colmó, ¡oh Dios!, tu Dios el seno Las ropas de tu fiesta, producidas despiden.

En Ti puestas, descogidas «¿Quién te me diese como hermano mamante pechos de mi madre? Hallaríate fuera, y besaríate y cierto no me despreciarían a mí. Asiré de ti, y te llevaré a casa de la mi madre, y tú me avezarás, y yo te regalaré». Y porque, llegando aquí, ha venido a todo lo que en razón de Esposa puede llegar, no le queda sino que desee y que pida la venida de su Esposo a las bodas y el día feliz en que se celebrará aqueste matrimonio dichoso.

Y así lo pide finalmente diciendo:

«Huye, Amado mío, y aseméjate a la cabra, y al cervatillo sobre los montes. Porque el huir es venir aprisa y volando; y el venir sobre los montes es hacer que el Sol, que sobre ellos amanece, nos descubra aquel día.

Del cual día y de su luz, a quien nunca sucede noche, y de sus fiestas, que no tendrán fin, y del aparato soberano del tálamo y de los ricos arreos con que saldrán en público el novio y novia, dice San Juan en el Apocalipsis cosas maravillosas, que no quiero yo ahora decir, ni, si va a decir verdad, puedo decirlas, porque las fuerzas me faltan. Y valga por todo lo que David acerca de esto dice en el salmo 44, que es propio y verdadero cantar de estas bodas, y cantar adonde el Espíritu Santo habla con los dos novios por divina y elegante manera.

> me bulle dentro el pecho.
> dedico, y cuanto he hecho mi lengua tu grandeza,
> la pluma con presteza.
> en gracia estás bañado; eterno asiento ha dado.
> tu prez y hermosura, con próspera ventura.
> y de bien soberano, dirá tu diestra mano.
> traspasen herboladas naciones derrocadas.
> por más de mil edades; cercado de igualdades.
> lo malo es tu enemigo; más que a ningún tu amigo.
> de los ricos marfiles olores mil gentiles.
> Son ámbar, y son mirra, y son preciosa algalia
> sus olores; rodéate de infantas
> copia hermosa ardiendo en tus amores.

Y la querida Reina está a tu lado, vestida de oro fino.

Pues, ¡oh tú!, ilustre hija, pon cuidado atiende de contino; Atiende y mira y oye lo que digo: si amas tu grandeza, olvidarás de hoy más tu pueblo amigo, y tu naturaleza.

Que el Rey por ti se abrasa; y tú le adora, que Él solo es señor tuvo; y tú también por Él serás señora de todo el gran bien suyo.

El Tiro y los más ricos mercaderes, delante ti humillados, te ofrecen, desplegando sus haberes, los dones más preciados.

Y anidará en ti toda la hermosura, y vestirás tesoro Y al Rey serás llevada en vestidura y en recamados de oro.

Y juntamente al Rey serán llevadas contigo otras doncellas irán siguiendo todas tus pisadas y tú delante de ellas.

Y con divina fiesta y regocijos te llevarán al lecho do, en vez de tus abuelos, tendrás hijos, de claro y alto hecho; A quien del mundo todo repartido darás el cetro y mando.

Mi canto, por los siglos extendido, tu nombre irá ensalzando.

Celebrarán tu gloria eternamente toda nación y gente.

Y dicho esto, y ya muy de noche, los tres se volvieron a su lugar.

Libros a la carta

A la carta es un servicio especializado para
empresas,
librerías,
bibliotecas,
editoriales
y centros de enseñanza;
y permite confeccionar libros que, por su formato y concepción, sirven a los propósitos más específicos de estas instituciones.

Las empresas nos encargan ediciones personalizadas para marketing editorial o para regalos institucionales. Y los interesados solicitan, a título personal, ediciones antiguas, o no disponibles en el mercado; y las acompañan con notas y comentarios críticos.

Las ediciones tienen como apoyo un libro de estilo con todo tipo de referencias sobre los criterios de tratamiento tipográfico aplicados a nuestros libros que puede ser consultado en Linkgua-ediciones.com.

Linkgua edita por encargo diferentes versiones de una misma obra con distintos tratamientos ortotipográficos (actualizaciones de carácter divulgativo de un clásico, o versiones estrictamente fieles a la edición original de referencia).

Este servicio de ediciones a la carta le permitirá, si usted se dedica a la enseñanza, tener una forma de hacer pública su interpretación de un texto y, sobre una versión digitalizada «base», usted podrá introducir interpretaciones del texto fuente. Es un tópico que los profesores denuncien en clase los desmanes de una edición, o vayan comentando errores de interpretación de un texto y esta es una solución útil a esa necesidad del mundo académico.

Asimismo publicamos de manera sistemática, en un mismo catálogo, tesis doctorales y actas de congresos académicos, que son distribuidas a través de nuestra Web.

El servicio de «libros a la carta» funciona de dos formas.

1. Tenemos un fondo de libros digitalizados que usted puede personalizar en tiradas de al menos cinco ejemplares. Estas personalizaciones pueden ser de todo tipo: añadir notas de clase para uso de un grupo de estudiantes, introducir logos corporativos para uso con fines de marketing empresarial, etc. etc.

2. Buscamos libros descatalogados de otras editoriales y los reeditamos en tiradas cortas a petición de un cliente.

www.ingramcontent.com/pod-product-compliance
Lightning Source LLC
Chambersburg PA
CBHW031855220426
43663CB00006B/639